1991년
열사투쟁과
한국 민주주의

1991년 열사투쟁과 한국 민주주의

펴낸날 2021년 11월 1일

엮은이 1991년 열사투쟁 30주년 기념사업회
펴낸이 주계수 | **편집책임** 이슬기 | **꾸민이** 전은정 | **표지** 디자인 네오이크

펴낸곳 밥북 | **출판등록** 제 2014-000085 호
주소 서울시 마포구 양화로 59 화승리버스텔 303호
전화 02-6925-0370 | **팩스** 02-6925-0380
홈페이지 www.bobbook.co.kr | **이메일** bobbook@hanmail.net

ISBN 979-11-5858-824-3 (03330)

※ 이 책은 민주화운동기념사업회의 지원으로 제작되었습니다.

불꽃으로 피어오른 1991년의 봄
숭고한 희생으로 이뤄낸 존엄과
자유, 그리고 민주주의

열사투쟁 30주년 기념집

1991년 열사투쟁과 한국 민주주의

1991년 열사투쟁 30주년 기념사업회 엮음

밥북

책을 펴내며

죽음을 통하여 생각하는 존엄과 자유, 그리고 민주주의

1991년 열사투쟁은 한국 민주주의 전진에 큰 획이었으며 전선운동으로서의 대규모 투쟁이었다. 1980년 광주항쟁과 1987년 6월항쟁 이후 비제도권의 학생운동과 재야, 그리고 노동운동 세력은 근본적인 한국 사회의 개혁, 혁명을 꿈꾸었다. 그것은 개량적 제도 민주주의를 뛰어넘어 평등과 자유, 평화와 노동해방, 그리고 평화통일에 대한 염원이 가득 찼던 항거였으며 투쟁이었고 저항이었다. 우리는 과거의 열사가 흘린 피와 땀어린 투쟁을 발 딛고 오늘 이 자리에 서 있다.

그날의 20대 청년은 50대의 장년이 되었고, 전교조의 참교육 세대는 40대가 되었다. 열사와 우리가 꿈꾸고 지향했던 보다 더 나은 사회, 사람이 존중받고 노동의 가치와 대가가 인정되는 더 나은 나라를 위한 맹세와 외침들은 아직도 살아 있다. 그것은 미완의 혁명이 아니라, 이루지 못했기에 완성을 지향하는 과제이며, 함께 만들어가야 하는 오늘과 미래의 임무인 것이다. 죽음을 통하여 의미 있는 삶을 보고 진정한 가치와 자유로운 존재자들로서의 존엄과 자유, 그리고 민주주의를 생각한다.

2021년은 1991년 뜨거웠던 열사들의 희생과 당시 동지들의 투쟁이 30주년이 되는 해이다. 이를 기념하기 위해 다시 한번 우리는 열사들을 호명하고 소환하며, 우리가 잊지 말아야 할 것과 지켜야 할 것들을 다짐하는 시간으로 여러 사업을 했다.

특별히 열사투쟁이 한국 민주주의에 미친 영향과 그 의미 등을 되새기는 자리를 마련하였다. 이를 위해 여러 학술 심포지엄이 서울과 광주, 대구, 그리고 각 추모사업회와 열사 기념사업회에서 진행되었다. 1991년 열사투쟁 30주년 기념사업회는 이를 기록하고 역사에 남기기 위해 관련 자료와 강연 자료, 그리고 여러 언론매체의 기고 글 등을 채록 수집하여 역사의 한 페이지를 썼다. 그리고 부족하지만 정성을 담아 살아남은 자들 앞에 내놓고자 한다. 그리고 열사들께 바치고자 한다.

앞으로도 매해 돌아오는 추모의 시간이 있지만 우리는 추모를 넘어 일상의 실천과 아직도 해소되지 못한 부조리와 불평등을 없애는 데 모쪼록 힘이 되었으면 한다. 이 책이 나오기까지 각 13분의 추모사업회 및 기념사업회와 전대협동우회와 관련 재야단체 및 민주노총 관계자분들께 감사드리며 후원을 해주신 민주화운동기념사업회에도 감사한 마음을 전한다. 아울러 열사의 동지들과 특히 유가족분들께 역사의 산증인이 된 열사를 우리는 사랑하고 존경하며 잊지 않을 것임을 함께 약속드린다.

1991년 열사투쟁 30주년 기념사업회를 대표해서

공동대표 **심우기**

차례

제3부

1991년 열사투쟁에 대한 기억과 소회

2021년에 마주 보는 1991년 봄

이원영 (민주화운동기념사업회 상임이사)

30년 전인 1991년 4월 26일, 명지대 총학생회장의 석방을 요구하는 시위 도중 명지대학교 강경대 학생이 소위 '백골단'이라고 불렸던 시위 진압 경찰의 폭력으로 사망한 사건이 발생하면서 우리 사회는 1987년 6월항쟁에 이어 또다시 민주화를 둘러싼 격랑에 빠졌다.

강경대의 사망 다음 날인 4월 27일 '고 강경대 열사 폭력살인 규탄 및 공안통치 종식을 위한 범국민대책회의'(범국민대책회의)가 결성되었고, 4월 29일 명지대·서울대·부산대·전남대 등 전국 60여 개 대학에서 5만 명이 각 학교별로 규탄 집회와 시위를 전개하였으며, 이어 서울에서는 '고 강경대 열사 폭력살인 규탄과 공안통치 분쇄를 위한 범국민결의대회'가 5만 명의 시민과 학생들이 참가한 가운데 열렸다. 이어 5월 1일에는 노동자, 학생들이 메이데이 투쟁과 결합하여 전국적으로 집회와 가두시위를 벌였으며, 5월 4일 '백골단 전경 해체와 공안통치 종식을 위한 범국민궐기대회'가 서울·부산·광주 등 전국 21개 지역에서 20여 만의 학생, 시민들의 참여와 호응 속에 진행되었다. 이어 5월 9일 '민자당 해체와 공안통치 종식을 위한 범국민결의대회'에서는 전국적으로 42개 시군에서 30여만 명이 참여한 가운데 6공화국 출범 이후 최대 규모의 조직적 시위가 벌어졌다. 특히 부산지역의 경우 10만여 인파가 시위에 동참, 서울에서 지역으로의 확산을 보여주었다. 전교조는 전국 4천여 개의 학교에서 점심시간 토론회 이후 2만 5천여 명의 교사가 참여하였다. 특히 전노협의 경우 소속 98개 노조 4만 4천 명이 시한부 파업을, 360개 노조 18만 명이 점심시간 집회와 잔업 거부에 참여했다. 강경대의 죽음으로 촉발된 5월투쟁이 학생 중심에서 여타 계급계층으로 확산되어 가는 양상을 보여준 것이다.

민주화 이행을 분석하기 위한 사건사적 인식론 필요

각계각층의 시국선언이 잇따르는 가운데 5월 15, 16, 17일 연일 전국적인 집회와 가두시위가 전개되었다. 5월 18일 5·18국민대회와 2차로 치러진 강경대 장례식은 전국 81개 시군에서 학생·노동자·농민·재야·정당 등 각계각층 40여만 명의 참여 속에 전개되어 5월투쟁의 최정점에 이르렀다. 9만여 노동자의 총파업과 시군 단위 농민들의 참여가 이루어졌고, 전교조·전노협·여성연합·예술인 등 각계각층의 시국선언과 서명운동이 잇따랐다. 강경대 장례식이 끝난 5월 18일을 전후하여 '범국민대책회의'는 '공안통치 분쇄와 민주정부 수립을 위한 범국민대책회의'로 명칭을 변경하고, 10대 강령을 내걸고 명동성당 농성투쟁에 돌입하였다. 5월 25일 김귀정의 죽음으로 다시금 긴장이 고조되고 있을 때인 6월 3일, 때마침 '정원식 총리서리 계란 투척 사건'이 '패륜 행위'라는 이름으로 언론에 대대적으로 보도되었고, 이를 계기로 5월투쟁은 급격히 퇴조했다. 정세 역전에 결정적으로 쐐기를 박은 것은 6월의 광역의회 선거였다. 선거가 집권여당인 민자당의 압승으로 끝나면서 어느 해보다 길었던 1991년 5월과 6월의 투쟁은 종결되었다.[1)]

투쟁이 이렇게 마무리되었기에 1991년 5월투쟁은 많은 이들에게 패배의 아픈 기억으로 남아 있다. 특히 투쟁 과정에서 희생된 많은 열사들의 죽음에도 불구하고 패배했다는 기억은 트라우마가 되었으며, 이는 1991년 5월투쟁에 대한 평가의 회피로 이어졌다. 그런데 과연 1991년 5월투쟁은 패배한 투쟁이라고만 평가할 수 있을까? 만일 패배한 것이라면 1987년 6월항쟁이 승리 이후 불과 4년 뒤에 있었던 거대한 규모의 투쟁이 왜 패배로 끝나게 되었을까? 만일 패배라고 평가하지 않는다면 1991년 5월투쟁은 우리 역사에서 어떤 의미로 자리매김 할 수 있을까? 더 근본적으로 민주화운동의 역사를 되돌아볼 때, 하나의 사건이 이후 한국 사회에 끼친 영향에 대해 추적하여 평가하는 작업이 이루어지지 않은 상태에서 현상적인 결과만을 놓고 투쟁의 승리 혹은 패배라는 이분법적 도식으로 평가할 수 있을까?

그렇다면 1991년 5월투쟁에 대한 평가를 위해서는 어떤 관점이 필요할까? 1991년 5월투쟁은 6월항쟁으로 시작된 '민주화 이행(transition to democrcy)' 시기에 일어난 사건이다. 그런데 6월항쟁의 결과로 1987년 12

1) 이러한 1991년 5월투쟁의 양상 변화에 대한 설명은 민주화운동기념사업회 오픈 아카이브 자료를 전재했다. (https://archives.kdemo.or.kr/collections/view/10000103)

월에 치러진 대통령 선거에서 민주정의당의 노태우 후보가 당선되었다는 것은 6월항쟁으로 '민주화 이행'이 시작되었지만 본격적인 민주화로의 이행 과정에서도 여전히 군사독재 정치세력과의 투쟁이 주요한 과제가 될 수밖에 없음을 보여주는 것이었다. 심지어 1990년의 민주정의당-통일민주당-신민주공화당의 3당 합당으로 민주자유당이 탄생한 것은 6월항쟁에서 민주화운동과 제휴했던 제도정치권 세력 중 일부가 군사독재 정치세력과 연합한 것으로 민주화 이행의 복잡한 경로를 예견케 하는 것이었다.

이런 점에서 민주화 이행을 분석하기 위해서는 '사건사(eventful history)'적 인식론이 필요하다. 즉 민주화 이행의 과정은 체계론적으로 혹은 구조에 의해서 짜여진 틀 내에서 일정한 방향으로 진행된다고 단언할 수는 없다. 오히려 '다양한 사건들(eventful)의 시간성'에 주목하여 '사건들의 연쇄'를 통해 사건이 구조를 재생산하면서 의식적이거나 무의식적 방식으로 다시 구조를 변화시키는 과정을 추적할 필요가 있다. 이와 더불어 현실에서 발생하는 사건의 '우연성'을 인정하면서도, 그것을 인과적 설명의 틀 안으로 끌어안음으로써, 여러 층위의 '인과 메커니즘'들이 작동하는 결과로 발생하는 사건들의 인과적 설명을 추구하고자 한다.[2] 결국 사건사적 인식론이란 체계론 혹은 구조결정론과 같은 마치 이미 예견 가능한 사건들의 흐름을 연역적으로 설명하는 것이 아니라, 사건들의 인과적 설명을 통해 귀납적으로 어떤 구조적 변화가 나타나고 있는지를 추적하려는 것이다.

2) 이러한 '사건사(eventful history)'적 관점에서의 인식론과 방법론에 대한 설명은 채오병, "사건사의 인식론과 방법론," 『사회와 역사』 제83집, (2009). 참조.

1991년 5월투쟁에 대한 새로운 접근과 재조명

이 책에서 학술적 글쓰기에 해당하는 1부 '1991년 열사투쟁과 한국 민주주의의 발전'에는 4편의 논문이 실려 있다. 먼저 송병헌은 '1991년 5월투쟁의 민주변혁적 성격과 한국 민주화운동사적 의의'에서 1991년 5월투쟁의 주체와 지향의 측면에서 1991년 5월투쟁이 갖는 한국 민주화운동사적 의의를 재조명한다. 저자는 1991년 5월투쟁의 의의에 대해 "1987년 6월항쟁의 한계를 넘어서서, 단순히 정부선택의 권리를 넘어 노조결성의 권리와 집회의 자유와 같은 '진정한' 확대된 '절차적 민주주의'와 인간다운 생활의 조건을 실현하는 '사회경제적 민주주의'라는, '더 많은 민주화'를 요구한 투쟁"이었다고 평가한다. 또한 이를 통해 "'절차적 정의'와 공정의 가치가 침해되고, 사회경제적 불평등이 심화되고 있는 현실에서 … 오늘날의 민주화 진전을 위하여 복원되어야 한다"고 주장한다.

정준희는 '잊혀진 1991년, 잊게 한 권력 : 다 말하지 못했던 것을 지금 불러내는 일의 의미'에서 "1991년의 그 처절한 희생이 한국 민주주의의 진로를 바꾸는 데 상당한 기여를 했다"고 평가한다. 그럼에도 불구하고 "1991년이 그렇게 기억되거나 평가받지 못하는 건, 3당 합당을 통해 이뤄진 김영삼 정부의 탄생을 한국 민주주의의 주요한 전환점으로 평가할 수 없었던 저간의 사정, 1991년 항쟁의 지도부가 설정했던 목표의 불명료함, 나아가 가장 결정적으로는 1991년의 희생을 '자기 파괴이자 패륜적 맹동'으로 오염시켰던 당대 권력의 강력한 이미지 공작이 상호 조합된 불행과 비극" 때문이었다고 판단하고 있다. 저자는 현재의 한국 사회가 직면하고 있는 민주적 한계, 즉 '명목상의 자유주의 기구들'에 대한 민주적 제어와 실질화 과제를 넘어 “새로운 빈곤과 불평등의 문제, 그리고 아직은 혼란스럽기만 한 현재와 미래의 ‘다층적 적대’를 새로운 문제 정의 및 해결의 계기로 전변시켜 역동적 민주주의의 에너지를 발화”하기 위해 1991년과의 대화 필요성을 제기하고 있다.

김봉국은 ‘로컬에서 1991년 5월투쟁을 다시 보기 : 광주지역을 중심으로’에서 1991년 5월투쟁을 ‘광주’라는 지역의 위치에서 구조화된 일상을 벗어나 거리로 나섰던 주체들을 중심에 놓고 다시 살펴본다. 이를 통해 “광주라는 로컬의 문맥에 위치했던 감성적 주체들의 시각에선 당시의 정치적 패배가 그대로 자기 삶의 아픔과 실패로만 귀결된 것은 아니”었음을 보여주고 있다. 즉 1980년 5월 광주항쟁을 경험했던 광주지역에서는 “단기적으로는 정치적 좌절을 목도해야 했지만 (…) 자신의 몸에 더 오랫동안 기억될 삶과 투쟁의 자원을 갖는 계기”가 되었다는 것이다. 따라서 저자는 “여러 지역의 맥락과 위치 속에서 5월투쟁에 대한 새로운 접근”의 필요성을 강조하고 있다.

김상숙은 ‘1988~1991년 대구·경북지역 민주화운동과 1991년 5월투쟁’에서 “1991년 5월투쟁은 1987년 대선 이후 1988년~1991년까지의 민주화운동과의 연관 속에서 고찰”했다. 저자는 이 시기를 “제도정치와 대중투쟁이 서로 영향을 주고받으며 지배 권력과 대치하던 민주화 세력의 공세기이자, 급진적 이념의 분출기”라는 민주화 이행기로 규정하고 있다. 이를 전제로 이 시기 대구·경북지역에서 있었던 대중투쟁들을 시간 순서에 따라 개괄적으로 살펴보고 있다. 특히 저자는 1991년 5월투쟁까지 대구·경북지역의 대중투쟁이 “보수대연합과 김영삼 정부의 출범을 막지는 못했고, 지역주의 통치의 장벽을 넘어서지”는 못했지만, “노태우 정권이 1987

년 6월 민주항쟁 이전으로 회귀하려는 시도를 저지”했고, “1991년 5월투쟁 세대라는 새로운 운동 세대를 배출해 1990년대와 2000년대에 지역 민주화운동을 새롭고 다양한 형태로 전개할 수 있는 밑거름”이 되었다고 평가했다. 특히 “수구·보수 세력의 심장부에서 민주주의의 의지를 끊임없이 표출하고 그들을 타격함으로써, 한국 사회 민주주의 발전에 중요한 보루 역할”을 했다고 대구·경북지역 차원에서의 의미를 정리하고 있다.

1부에 게재된 4편의 논문들은 5월투쟁의 패배의식이 서울 중심의 일면적 평가라는 한계를 지적하고 있으며, 한국 민주주의의 또 다른 분기점이 되었다는 의미 분석을 하고 있다. 물론 이러한 분석과 평가에 대해서는 다양한 의견이 있을 수 있지만, 이 4편의 논문들의 의의가 트라우마에 갇혀 있던 5월투쟁을 민주화운동사에서의 사건으로 역사의 무대에 세웠다는 점은 분명할 것이다. 이 논문들을 시작으로 보다 본격적인 연구와 논쟁이 전개될 수 있기를 기대한다.

2부 ‘1991년 열사들의 삶과 정신’에서는 1991년 5월투쟁의 과정에서 정권의 폭력에 의해 희생되었거나, 폭압적 정권에 항의하기 위해 스스로 희생한 강경대, 박승희, 김영균, 천세용, 박창수, 김기설, 윤용하, 김철수, 이정순, 정상순, 김귀정, 손석용, 양용찬 등 13분의 열사들의 삶과 죽음에 대한 이야기를 정리했다. 가족이거나 열사들과 함께 활동했던 이들이 중심이 되어 열사들의 일기나 유서와 같은 직접 기록을 바탕으로 서술했다.

3부 ‘1991년 열사투쟁에 대한 기억과 소회’는 1991년 5월투쟁에 직접 나섰던, 그러나 지금은 당시 열사들 또래의 자식을 둔 사람들이 2021년에 1991년 5월투쟁을 되돌아보는 글이다. 각자에게 30년 전의 5월투쟁은 30년 전에서 현재까지 이어지고 있는 자신의 역사이기도 하다. '지금 여기'에서 한국의 민주주의가 직면하고 있는 많은 도전에 대하여 어떻게 극복할 것인가라는 점은 여전히 각자에게 과제가 되고 있다는 것이 공통된 소회라고 할 수 있다.

'패배'가 아닌 민주주의 공고화로 가는 여정으로 평가해야

민주화운동기념사업회는 1991년 5월투쟁 30주년 기념사업을 시작하면서 몇 가지 원칙을 생각해보았다. 그것은 첫째, 30년 전 과거의 역사인 1991년 5월투쟁의 현재적 의미를 성찰할 수 있어야 한다. 둘째, 1991년 5월의 시간을 함께 살았던 많은 사람이 다시 한번 5월투쟁을 생각하는 계기가 되어야 한다. 셋째, 가능한 한 1991년 이후 세대들에게 말을 거는 노력을 해야 한다.

과연 이러한 원칙대로 1991년 5월투쟁 30주년 기념사업이 제대로 진행되었는지를 되돌아보면 성과보다는 아쉬운 점이 더 많이 떠오르고 있다. 특히 민주화운동기념사업회의 기관 성격상 늘 하고 있는, 관성적인 일로 이 사업을 진행하지는 않았는지 반성하게 된다. 그럼에도 불구하고 1991년 5월투쟁 30주년 기념사업을 통해 민주화 이후의 우리의 시간을 되돌아보는 계기를 마련할 수 있었음은 작지만 소중한 성과일 것이다. 또한 1991년 5월투쟁이 민주화운동의 역사 안에서 어떤 위치를 지니고 있으며, 어떤 의미를 가졌는지에 대해서도 본격적으로 토론할 수 있는 계기가 되었다고 생각한다.

올해는 민주화운동기념사업회 설립 20주년이 되는 해이다. 1991년 5월투쟁 30주년 기념사업을 통해 민주화운동기념사업회가 6월항쟁의 승리만으로는 설립될 수 없었겠다는 생각이 들었다. 민주화운동기념사업회는 민주화운동의 장구한 역사에 입각해 6월항쟁뿐만 아니라 1991년 5월투쟁을 비롯하여 1990년대에 지속된 다양한 민주화운동의 성과를 통해 설립될 수 있었다. 6월항쟁 이후의 민주화 이행기가 결코 안정적으로 이행되었던 시기가 아니었음을 이번 사업을 통해 다시 한번 느낄 수 있었다. 즉, 1990년대의 끈질기고 간고한 투쟁이 있었기에 불안정한 민주화 이행을 넘어 '민주주의 공고화'로 갈 수 있었다. 그러한 끈질기고 간고한 투쟁의 시작이 바로 1991년 5월투쟁이었다.

1980년대 후반 혹은 2000년대 초반 민중들의 힘으로 민주화의 길을 열었던 많은 아시아와 중동 국가들의 경우를 보면 1차적인 승리를 통해 민주화 이행의 계기를 만들었더라도 민주주의의 공고화로 가지 못한 사례가 적지 않았음을 알 수 있다. 이런 점에서 보더라도 우리의 민주주의 역사에서 1990년대의 민주화투쟁이 갖는 의미를 제대로 알 수 있다. 1991년 5월투쟁이 당시에는 패배한 것처럼 보일 수 있었지만, 우리의 민주주의 역사에서 볼 때, 그것은 패배가 아니라 '민주주의 공고화'로 가는 여정이었음은 분명하다. 그 순간은 패배한 듯이 보일 수 있었으나, 우리는 좌절하지 않았기에 '민주주의 공고화'의 길에 들어설 수 있었다.

이 책을 계기로 앞으로 1991년 5월투쟁에 대한 정리가 더욱 풍부하게 진행될 수 있기를 기대하며, 1991년 민주주의의 제단에 자신의 한 몸을 바쳤던 분들의 영전에 작으나마 이 책을 드리고자 한다.

제1부

1991년 열사투쟁과 한국 민주주의의 발전

1991년 5월투쟁의 민주변혁적 성격과 한국 민주화운동사적 의의[3)]

송병헌 (전 민주화운동보상심의위원회 대표전문위원, 정치학 박사)

1. 서론 - '91년 5월투쟁' 망각과 축소를 넘어서

91년 5월투쟁은 "백골단으로 상징되는 국가폭력에 의해 강경대 타살사건이 발생한 1991년 4월 26일부터 투쟁 지도부가 명동성당에서 완전히 철수하는 6월 29일까지 약 60여 일에 걸쳐 전개된 투쟁"[4)]을 말한다. 강경대 타살사건을 통해 확산된 노태우 정권의 야만적 국가폭력에 대한 분노는, 4월 29일 전남대 박승희의 항의 분신과 열사들의 분신으로 이어졌고, 대중들의 분노와 규탄을 폭발시켰다. 또한 1989년 봄부터 노골화된 노동운동에 대한 탄압과 치솟는 물가고와 부동산 투기 광풍, 무분별한 수입개방, 1월 5일 원진레이온 노동자 김봉호의 산재 사망사건과 3월 14일 대구지역에서 터진 두산전자 페놀방류사건 등으로 민중의 생존권과

3) 이 글은 2021년 5월 28일, 한국정치커뮤니케이션학회가 주최하고 한국언론진흥재단이 후원한 '91년 5월 민주화운동 30주년 토론회'에서 발표한 논문을 보완한 글이다.

4) 조현연, 「한국의 국가폭력과 '잊혀진' 91년 5월투쟁」, 91년 5월투쟁 청년모임 펴냄, 『그러나 지난 밤 꿈속에서 이 친구들이 나에 대하여 이야기하는 소리가 들려 왔다 1991년 5월』, 이후, 2002, 27쪽.

생명권마저 위협받던 상황에서, 5월 6일 한진중공업 박창수 노조위원장의 의문사를 계기로 5월투쟁은 학생들뿐만 아니라 노동자와 농민, 도시빈민과 시민들이 참여한 광범위한 대중투쟁으로 확산되었다.

그러나 91년 5월투쟁이 일어난 지 30년을 맞는 오늘, 그날의 5월투쟁의 의미와 역사적 의의는 충분히 인식되지 못한 채 잊히고 축소되어 왔다. 또한 5월투쟁 시기에, 참 민주세상을 꿈꾸며 노태우 정권의 정치–사회 지배구조에 몸을 던져 저항한 '5월의 열사들', 그들의 치열했던 삶과 열망과 투쟁은 충분히 조명되고 기억되지 못했다. "91년은 잊고 싶은 에피소드"[5)]이며, "분명한 것은 91년 5월이 하나의 '잊혀진 기억'으로 남아 있다는 사실이다."[6)] 이것은 광주민중항쟁이나 6월민주항쟁과 비교해볼 때도 그러하다. 즉 "91년 5월, 이 단어는 아직 시민권을 얻지 못했다. 80년 광주민중항쟁, 87년 6월항쟁이나 노동자대투쟁과 달리, 91년 5월은 당시 투쟁에 참여했던 이들에게조차 외면되고 있다."[7)]

91년 5월투쟁에 대한 이러한 '망각'과 '외면 또는 '축소'의 원인은 무엇일까? 그 원인은 이제까지 91년 5월투쟁에 대해 많은 사람들 특히 5월투

5) 김원, 「80년대와 90년대의 결절점」, 91년 5월투쟁 청년모임, 『그러나 지난 밤 꿈속에서 이 친구들이 나에 대하여 이야기하는 소리가 들려왔다 1991년 5월』, 이후, 2002, 152쪽.

6) 권경우, 「죽음의 정치에서 삶의 미학으로 – 91년 5월에 대한 문화적 접근」, 『그러나 지난 밤 꿈속에서 이 친구들이 나에 대하여 이야기하는 소리가 들려왔다 1991년 5월』, 157쪽.

7) 김원, 「80년대와 90년대의 결절점」, 126쪽.

쟁에 관련됐던 사람들[8]이 가졌던 지배적인 '비극적' 인식 때문이라고 생각한다. 그 비극적 인식은 91년 5월투쟁과 관련된 트라우마 기억과 5월투쟁을 '패배'라고 보는 '패배 담론'으로 구성된다고 생각한다. 그리고 이러한 비극적 인식을 낳게 된 기저에는, 한국 민주화운동사에서 91년 5월투쟁이 갖는 운동사적 의의의 축소 또는 잘못된 인식이 자리하고 있다고 생각한다.

91년 5월투쟁은 그 발생 초기부터 '제2의 6월항쟁'이라는 별칭을 부여받을 정도로 6공화국 이후 최대 규모의 집회 시위들로 이어졌다.[9] 91년 5월투쟁은 많은 대중이 거리로 나와 공안정치와 노태우 정권 타도를 외치며, 단지 직선제개헌에 그친 87년 6월항쟁의 한계를 넘어서서 "민주대개혁 실시하라!" "민주정부 수립하자"[10]와 같은 민주주의의 요구와 '더 많은 민주화'를 외친, 격렬하고 거대한 민주투쟁이었음은 분명하다. 따라서 아래에서는, 91년 5월투쟁에 대한 기존의 지배적인 인식과 담론을 비판적으로 검토한 후, 91년 5월투쟁의 주체와 지향의 측면에서 한국 민주화운동사에서 91년 5월투쟁이 갖는 의의를 재조명하고자 한다.

이 글에서 제기하고자 하는 91년 5월투쟁의 의의는, 그것이 노동자계급과 기층민중이 광범위하게 참여한 '더 많은 민주화'를 위한 대중투쟁이었다는 것이다. 여기서 '민주화를 위한 투쟁'이란 무엇인가? 그것은 민주주

8) 열사 가족과 투쟁 참여 주체와 당시 지배집단에 속한 가해자를 포함한다.

9) 김정한, 『대중과 폭력』, 1998, 이후, 36쪽.

10) 김귀정 열사 장례식 때 나온 구호들.

의의 확산을 위한 투쟁이다. 민주주의는 '절차적 민주주의'와 '실질적 민주주의'를 포괄한다. '절차적 민주주의'는 '정치적 민주주의'라고도 부르며, 이에는 시민적 자유와 정치적 권리가 있다. 즉 생명권, 인신보호, 언론·사상·출판·집회·결사의 자유, 정치참여의 권리 등이 그것이다. 이것은 정치적, 법적 절차와 제도에 의해 보장돼야 하므로 '절차적 민주주의'라고 부른다. '실질적 민주주의'는 '사회경제적 민주주의'라고도 칭하며, 인간의 생존권과 인간다운 생활을 보장하는 사회경제적 조건의 실현을 요구하는 권리를 포함한다.[11] 91년 5월투쟁은, 당시 민주화를 저지하려는 세력의 반(反)민주 기도에 대항한 대중적 민주화투쟁이었다. 5월투쟁은, 87년 6월항쟁의 한계를 넘어서서, 단순히 정부선택의 권리를 넘어 노조결성의 권리와 집회의 자유와 같은 '진정한' 확대된 '절차적 민주주의'와 인간다운 생활의 조건을 실현하는 '사회경제적 민주주의'라는, '더 많은 민주화'를 요구한 투쟁이었다. 그리고 오늘날에도 '절차적 정의'와 공정의 가치가 침해되고, 사회경제적 불평등이 심화되고 있는 현실에서, 91년 5월투쟁이 지닌 '민주변혁적 운동'이라는 변혁 지향과 '민주/반민주'라는 투쟁 구도는, 오늘날 민주화의 진전을 위하여 복원되어야 한다는 것이다.

이와 함께 '5월투쟁의 열사들'의 삶과 꿈을 일부 제시하여 복원하고자 한다. 열사들이 분신과 투쟁을 통해서 사회변화와 변혁에 대해 말하고자

11) '절차적 민주주의'는 기본권 보장을 위한 '절차적 정의'와 연관된다. '절차적 민주주의'와 '절차적 정의', '실질적 민주주의'의 개념과 관련 논의 및 쟁점에 관해서는 최장집, 박찬표, 박상훈, 『어떤 민주주의인가』, 후마니타스, 2013 및 이창희, 장승화, 『절차적 정의와 법의 지배』, 박영사, 2003 참조.

했던 이유를 발견하고 이의 현재적 의미를 재조명하고자 한다.[12)]

2. 91년 5월투쟁에 대한 '비극적' 인식의 구성요소들

이제까지 91년 5월투쟁에 대해 많은 사람들 특히 5월투쟁에 관련됐던 사람들[13)]이 가졌던 '비극적' 인식은 91년 5월투쟁에 대한 '호칭' 문제와, 5월투쟁과 연관된 '트라우마 기억'과 5월투쟁을 '패배'라고 보는 '패배 담론'으로 구성된다고 생각한다.

1) 호칭의 문제

'91년 5월투쟁'은 여전히 공인된 호칭이 아니다. 이러한 상황이 된 이유는, '91년 5월투쟁'에 대한 매우 다양한 호칭들이 당시 5월부터 지금까지 혼재되어왔기 때문이다. 91년 5월 당시 일반적인 명명법은 '분신정국'이었다.[14)] 이와 함께, '분신사태'[15)], '타살정국'[16)], '(강경대 씨 타살사건으로 촉

12) 하승우, 「알리바이, 죽음, 공간의 복원」, 『그러나 지난 밤 꿈속에서 이 친구들이 나에 대하여 이야기하는 소리가 들려 왔다 1991년 5월』, 186, 191쪽 참조.

13) 열사 가족과 투쟁 참여 주체와 당시 지배집단에 속한 가해자를 포함한다.

14) 『한겨레신문』 1991.5.31.

15) 『조선일보』 1991.5.9.

16) 『한겨레신문』 1991.5.23.

발된) 대결정국'[17], '살인분신정국'[18] 등으로도 호칭되었다.[19] '5월투쟁'이란 호칭이 처음 등장한 것은 5월이 지나 6월이 되면서 사회운동진영에 의해서였다. 그러나 이때도 '5월투쟁'[20]과 함께, '5월~6월 투쟁', ('투쟁'이 생략된) '5월', '5월~6월'[21]이라는 호칭도 함께 제시되었다.

문제는 91년 5월투쟁이 발생한 지 10여 년이 지난 2000년경에도 '91년 5월투쟁'과 '91년 5월'[22]이 혼재되어 나타나고 '분신정국'[23]도 여전히 사용되었다. 그 이후 현재까지도 사회운동진영에서는 대체로 '5월투쟁'을 사용하지만, 일반 언론에서는 여전히 '치사정국'[24], '분신정국'[25]을 사용하는 것으로 보인다.[26]

더 큰 문제는 '91년 5월투쟁'은 투쟁의 주체나 성격을 나타내는 '민주,

17) 『한겨레신문』 1991.5.19.

18) 『한겨레신문』 1991.5.1.

19) 민주화운동 진영에서는 "강기훈, 김기설 동지 분신항거 대책위원회"에서와 같이 "분신항거'란 표현도 제기되었다.

20) 정태인, 「5월투쟁의 평가와 민족민주운동의 과제」, 『월간 말』, 1991년 7월호.

21) 정성진, 「87년 6월과 91년 6월의 성격연구」, 『캠퍼스저널』, 1991년 7월호.

22) 유진홍, 「서독 68과 한국의 91년 5월」, 『그러나 지난 밤 꿈속에서 이 친구들이 나에 대하여 이야기하는 소리가 들려왔다 1991년 5월』.

23) 『한겨레신문』, 2000.11.13.

24) 「치사분신 정국 91년 봄」, 『전대신문』 2011.4.11.

25) 「1991년 봄 '분신정국' 30주기」, 『뉴스1』, 2021.4.26.

26) 정부의 공식 발간기록에서 '91년 5월투쟁'으로 표기된 것은 민주화운동보상심의위원회, 『한국민주화운동백서』에서였다.

'민중', '시민' 등의 수식어가 없는, 무미건조하고 덜 매력적이고 그 내용을 파악하기 모호한 표현인 채로 지속됐다는 점이다. 즉 그것이 혁명이든, 민중항쟁이든, 시민항쟁이든, 민중투쟁이든 그 흔한 '수식어' 하나 없다. '91년 5월투쟁'은 무엇을 변혁하고 지향한 투쟁이었나? 비록 그것이 '실패'한 투쟁이었다고 가정한다 해도, '민주주의'든 '평등사회'든 투쟁의 목표와 성격은 제시돼야 하지 않을까? 이러한 '91년 5월투쟁'의 호칭의 모호함은 그 투쟁의 변혁론적 의미와 위상이 애매하다거나, 또는 그것에 대한 일치되고 공인된 평가가 여전히 존재하지 않고 있다는 현실을 반영하는 것이라 보인다.

2) '트라우마 기억'

① 의미와 이유가 탈각된 '죽음'의 압도

당시 91년 5월투쟁 시기에 일반 국민뿐만 아니라 운동 주체들 사이에서도, 열사들의 분신이 이어지고 지배 권력의 이데올로기 공세가 강화되면서, 점차 분신의 이타적이고 도덕적인 의미가 사라진, 그 의미와 이유가 탈각된 공포스러운 것으로 다가왔다.

"그것이 재앙이었다. 죽어간 사람들은 살아남은 자들이 감당하기엔 너무도 버거운 빚을 남겼다. (…) 싸움의 목표나 대안에 대한 고민보다는 언제쯤 이 불가해한 죽음의 투쟁이 끝날 것인가를 궁금해했다."[27]

27) 김별아, 『개인적 체험』, 실천문학, 1999, 108, 117, 122쪽.

"그러나 이어지는 죽음과 분신은 투쟁을 지리한 연장으로 바라보는 눈을 만들었다."[28]

의미와 이유가 사라진 '죽음'을 보는 느낌과 인식은 '분신'의 숭고하고 인륜적인 의미를 탈각시키는 것이다. 그러나 "분신은, 변화를 추구하는 강렬한 열망에도 불구하고 지배 권력의 압도적인 폭력성으로 인하여 이를 실현할 수단을 갖지 못할 때, 약자가 최대한의 도덕적 힘을 발휘할 수 있는 가장 치열한 무기로써 선택됐다. (…) 한국 민주화 과정에서의 분신은, 반이성적, 반도덕적 정치 상황에서 이에 치열하게 저항하기 위한 도덕적 정의감과 감연한 희생정신의 표출이라고 하겠다."[29]

② '죽음의 도구화' 담론 [가해자–운동참여자–희생자]

죽음을 '운동과 혁명의 도구'로 사용하고 조종한다는 담론은 원래 '가해자 담론'이었다. 즉 1991년 5월 8일 전민련 사회부장 김기설의 분신을 운동 동료가 부추기고 유서를 대신 써줬다는, 강기훈 '유서대필 조작사건'에서, 당시 검찰은 운동세력이 생명을 '혁명의 도구화'한 것이라고 논고했다. 특히 이러한 '혁명의 도구화'라는 주장을 뒷받침하기 위해 검찰은 강기훈이 실제로 가입하지 않은 '혁명적 노동자계급 투쟁동맹'(혁노맹)에 가입하였다는 사실을 날조하여 그를 국가보안법 위반으로 추가기소하였다.[30] 검찰은 논고문에서 "국립과학수사연구소의 필적

28) 김원, 「80년대와 90년대의 결절점」, 143쪽.

29) 최장집, 『한국민주주의의 이론』, 한길사, 1993, 243쪽.

30) 안재성, 『거짓말 잔치–'강기훈 유서대필 조작사건' 전말기–』, 주목, 2015, 114~115쪽.

감정과 김기설 씨의 여자친구 홍○○씨 등 관련자 진술, 김기설 씨의 수첩 조작 등으로 볼 때 강 씨가 김 씨의 분신자살을 도와주기 위해 유서를 대필한 것이 분명하다"[31]며 "강 씨의 반국가적, 반체제적 성향으로 볼 때 강 씨가 목적을 위하여는 동료의 생명까지도 혁명의 도구로 사용하는 좌경혁명분자로서의 피고인의 비인간적, 반인륜적 성향을 여지없이 드러낸 것으로 (…) 천인공노할 범죄라 아니할 수 없다"[32]고 밝혔다.

그러나 동시에, 이러한 검찰의 '유서대필사건' 기소와 언론의 대대적인 '유서대필 의혹' 보도의 영향과 같은 노태우 정권의 이데올로기적 탄압과 조작의 영향 속에서, 당시 91년 5월투쟁의 운동주체들에게서도 열사들의 장례투쟁 같은 것이 '죽음의 도구화'가 아닌가 하는 내면적 동요가 생겼다.[33]

마지막으로 '죽음의 도구화' 담론은, 열사의 유족 즉 피해자에까지 영향을 미쳤다. 즉 5월 1일 분신한 안동대 학생 김영균의 부친은 총학생회와 대책위 측의 '민주국민장' 제의를 거부하고 '가족장'으로 열사의 장례를 치렀다. 그때 부친의 입장은 "영균이의 죽음이 아무리

31) 「강기훈 씨 7년 구형/ "재야도덕성 훼손시키려 사건 조작"/ 최후진술」, 『한겨레신문』 1991.12.5.

32) 검찰 논고문(1심 11회 구형 공판, 1991.12.4.), 유서사건 강기훈 씨 무죄석방을 위한 공동대책위원회, 『유서사건 총자료집 II』, 1993, 307쪽.

33) 김원, 「91년 5월투쟁의 일상과 담론에 대한 연구」, 『91년 5월투쟁과 한국의 민주주의』, 민주화운동기념사업회, 2004, 140쪽.

의로운 것이라 하더라도 이를 열사라 하여 영웅시한다면 또 다른 젊은이의 죽음을 초래할 수 있으며 또 다른 비극이 일어날 수가 있다. 분신을 영웅적 행동으로 미화하고 의로운 죽음을 투쟁의 도구로 이용하는 것을 바라볼 수가 없다"[34]는 것이었다.

③ '도덕성 훼손' 담론

5월투쟁이 강경대 사건으로 촉발되었던 것처럼 5월투쟁의 소멸을 촉발했던 두 가지 사건이 있었다. 첫 번째가 유서대필 조작사건이었으며, 두 번째가 외대 사건이었다. 유서대필 조작사건은 노태우 정권의 이데올로기적 공세로부터 야기되었다. 유서대필 조작사건으로 김기설의 명예와 강기훈의 도덕성은 심하게 왜곡되고 훼손되었다. 가족들의 고통도 형언할 수 없는 것이었다.[35] 이와 함께 사회운동세력의 도덕성과 신뢰성은 치명적인 타격을 받았다. 동시에 6월 3일 발생한 외대 사건은 5월투쟁이 선거국면으로 해소되는 최종적 전환점이었다. 또한 이로부터 사회운동세력 전체의 도덕성이 매도되는 상황이 조성되

34) 김영균 열사 추모사업회, 『행복해야 돼, 이쁜 꿈 꿔– 김영균 열사의 삶과 투쟁을 기리며 –』, 25쪽.

35) 검찰은 구형 논고문(1991.12.4.)에서 "고교 1년 중퇴 정도의 학력을 지닌 자임에도"라는 식으로 김기설을 유서도 쓸 수 없는 사람으로 규정하였다. 1998년 김기설의 부친인 김정렬 씨는 기자들에게 이렇게 말했다. "제 녀석이야 무슨 생각이 있어 그랬겠지만 부모·형제의 가슴에는 못을 박고 떠난 것이지요. 게다가 지가 죽어서 나라가 잘된 것이 있습니까. 사람들이 훌륭한 일을 했다고 칭찬을 합니까", 강정인, 『죽음은 어떻게 정치가 되는가–91년 5월투쟁과 김은국의 〈순교자〉로 본 정치·죽음·진실』, 책세상, 2017, 113쪽에서 재인용. 강기훈은 동료의 죽음을 혁명의 도구로 이용하는 반인륜 범죄자로 낙인찍혔다. 강기훈의 어머니 권태평 씨는 아들의 무죄운동을 지속하였고, 재심 무죄 판결을 보지 못한 채 별세했다. 강기훈도 투병 중이다.

었다. 두 사건 모두에서 정권의 고의적인 조작 의혹이 강하게 제기되었지만 정국의 흐름을 역전시킬 수는 없었다. 오히려 이를 빌미로 정권은 학원통제를 강화하고 학생운동을 와해시키고자 했으며, 학생운동과 사회운동에 대한 대대적인 탄압이 본격화되었다. 이러한 상황에서 치러진 광역의회 선거는 민자당의 압승으로 막을 내렸다.[36)]

3) '패배 담론'

① 6월항쟁과의 비교론

91년 5월투쟁은 주로 87년 6월항쟁과의 비교 속에서 평가된다. 대체적인 논지는, 87년 6월항쟁은 '넥타이부대'로 상징되는 광범한 중산층이 합류한 '(최대)민주대연합'을 통하여 직선제개헌이라는 가시적 성과를 얻었지만, 91년 5월투쟁은 노동운동 등 기층민중세력이 범국민대책회의에 충분히 결합되지 않았고 기층민중세력의 생존권 투쟁과 '분신'이라는 극단적 과격한 형태의 저항이 중산층의 이탈을 가져왔고, 여기에 강기훈 '유서대필 조작사건'과 외대 '6·3투쟁'으로 인한 도덕성 훼손으로 인하여 결정적으로 '패배'했고, 그 결과 운동세력의 퇴조를 낳았다는 주장이다.

"5월투쟁은 독재자를 퇴진시킨 1960년 4월 민주혁명이나 직선제개헌을 성취한 1987년 6월 민주항쟁과 같은 가시적 성과를 내지도 그리고 1980년 5월 광주민주화운동처럼 상징적 의미를 부여받지도 못했다. 도리어 5월투쟁은 목표를 달성하지 못했을 뿐 아니라 국가의 물리적·이데

36) 김정한, 『대중과 폭력』, 1998, 이후, 60~62쪽.

올로기적 공세에 밀려 도덕성에 상처를 입음으로써 민주화운동을 약화시켰으며, 역설적이게도 노태우 정권의 안정을 가져다주었다는 점에서 '실패'한 것으로 평가된다. 그렇기 때문에 5월투쟁은 민주화운동 내부에서조차 '잊혀진' 아니 '잊고 싶은' 역사적 사건이 되었다."[37]

"1987년 6월항쟁과 1991년 5월투쟁-비록 승리는 아니었지만 커다란 성공을 거두었던 운동세력들은 운동에 뒤이은 선거에서는 완전히 패배했다. 특히 두 번째 경우는 최악의 것이었는데, 첫 번째 경우에 운동이 중요한 민주적 개방을 가능케 했던 반면에 두 번째 경우의 운동은 아무것도 얻어내지 못했기 때문이다. 두 번째 경우는 운동이 얼마나 정반대의 정치적 결과를 낳는지를 잘 보여준다."[38]

"91년 5월투쟁은 결국 거리의 정치, 밑으로부터의 대중동원에 근거한 80년대 전선운동이 수그러드는 계기가 됐다."[39]

② '패배' 담론에 대한 비판

87년 6월항쟁과 91년 5월투쟁은 진행 과정과 성격이 달랐다. 6월항쟁은 점차 이후 '군부독재타도', '직선제 쟁취'라는 최소강령으로 '온건

37) 전재호, 「한국 민주주의와 91년 5월투쟁의 의미」, 『91년 5월투쟁과 한국의 민주주의』, 민주화운동기념사업회, 2004, 16쪽.

38) 최장집, 『한국 민주주의의 이론』, 336~337쪽.

39) 김원, 「80년대와 90년대의 결절점」, 132쪽.

화'되고[40] 초점이 좁혀지게 되어 중산층의 동참이 용이했고 집권세력의 수용도 가능했다.[41] 그러나 5월투쟁은 초기 온건한 주장에서 점차 '급진화' 방향으로 전개되었다. 이는 정치적으로는 노태우 정권 퇴진, 사회경제적으로는 노동기본권 실현, 생존권 쟁취, 민생파탄 규탄이었다. 즉 5월투쟁의 구호는 점차 사회권력과 기존질서의 재편을 의미하는 급진적이고 '혁명적인' 것을 함유했다. 따라서 5월투쟁의 주장은 당시의 정치지형과 기존질서가 용인할 수 없는 것이었다.

따라서 패배, 도덕성 훼손, 민주화운동의 퇴조 등 '패배' 담론은 5월투쟁 자체의 실패가 아니라 한국 민주화운동의 조건이 부과한 제약이었다.[42] 87년 6월항쟁 이후 한국 사회는 보수적 민주화 과정을 걸었다. 이에 따라 민주화는 국가권력의 물리적 이데올로기적 탄압과 공세가 지속되는 열악한 환경 속에서 지속해야 했다. 노동운동은 극심한 탄압을 받았고, 사회주의 붕괴의 영향으로 이후 사회주의 변혁 전망의 부재와 독자적 진보정당의 침체가 이어졌다.

③ '제2의 6월항쟁'론

91년 5월투쟁은 91년 4월 26일부터 6월 20일까지 대략 50여 일에

40) 윤상철, 「6월민주항쟁의 전개 과정」, 『6월민주항쟁과 한국 사회 10년 I』, 당대, 1997, 132~139쪽.

41) 6월민주항쟁 10주년사업범국민추진위원회, 『6월민주항쟁 10주년 기념자료집』, 사계절, 1997 참조.

42) 전재호, 「한국 민주주의와 91년 5월투쟁의 의미」, 『91년 5월투쟁과 한국의 민주주의』, 24~28쪽.

걸쳐 전개되었다. 5월투쟁은 그 발생 초기부터 '제2의 6월항쟁'이라는 별칭을 부여받을 정도로 6공화국 이후 최대 규모의 집회 시위들로 이어졌다.[43] 강경대 타살사건 이후 돌연 격화되기 시작한 5월의 투쟁을 보고 운동권의 지도적 인사들은 대부분 '제2의 6월'이 다시 도래할 것이며 이 1991년의 '제2의 6월'은 1987년 6월항쟁의 수준을 뛰어넘는 성과를 거둘 것이라고 흥분했었다. 그들은 1991년에 '부활'한 '제2의 6월'은 1987년 6월보다 훨씬 증대된 규모로 또 훨씬 끈질기게 계속 격화될 것이라고 예상했다.[44]

그러나 91년 5월투쟁은 '제2의 6월항쟁'이 될 수 없다. 87년 6월항쟁은 직선제개헌이라는 최소주의적 의미의 '절차적 민주주의'[45]를 지향했고, 그것'만'을 얻어냈다. 그러나 91년 5월투쟁은 '확대된 민주화'를 지향한 투쟁이었다. 따라서 '제2의 6월항쟁'이라는 규정 자체도 잘못이다. 왜냐하면 이 규정은 6월항쟁과 상이한 5월투쟁의 성격과 목표와 의의를 모호하게 하기 때문이다. 이 규정은 마치 모든 민주화운동의 기준은 '6월항쟁'이라는 함의를 내포한다. 91년 5월투쟁을 '제2의 6월항쟁'이라고 규정하게 된 것은 단지 투쟁 양상(대규모 대중투쟁)과 발단(죽음)[46]이라는 외양에 따라 규정한 것일 뿐이다. 91년 5월

43) 김정한,『대중과 폭력』, 36쪽.

44) 정성진,「87년 6월과 91년 6월의 성격연구」,『캠퍼스저널』, 1991년 7월호, 48쪽.

45) 국민이 선거절차에 참여하고 투표한다는 최소한의 절차적 의미.

46) 87년에는 박종철 물고문 치사사건이 있었고, 91년에는 강경대 타살사건이 반복되었다. 모두 국가공권력에 의한 젊은 청년의 타살이었고, 국가권력의 축소 왜곡 기도가 있었다.

투쟁의 참여 주체[47], 구호, 목표, 사회모순의 상태는 87년 6월과 달랐다. 따라서 91년 5월투쟁을 6월항쟁과의 연관 속에서 불러야 한다면, '제2의 6월항쟁'이 아니라, '6월항쟁 이후의 민주항쟁' 또는 '6월항쟁을 넘어서, 더 많은 민주화 투쟁' 등으로 불러야 할 것으로 본다.

3. 91년 5월투쟁의 열사들

1) 91년 5월투쟁의 배경과 전개

많은 청년학생과 노동자들이 민주화운동 탄압과 노동 탄압에 대한 항거의 표시로써 분신을 결행하였다. 분신자살은 강경대 타살사건 이후 급격하게 확산되었다. 이는 자유민주주의의 탈을 쓰고 강화되고 있는 신종 권위주의 정치에 대한 항거였다. 즉 1989년 이래 노태우 정권은 청와대를 정점으로 국가안전기획부(안기부), 공안경찰 등 강권적 국가기구를 중심으로 이른바 '공안통치'라고 하는 초강압적 권위주의 통치를 계속 감행해왔다. 노태우 정권은 문익환 목사의 방북을 빌미로 공안합수부를 설치하여 초법적 통치를 하였고, 1989년 5월 3일 '동의대사태'[48]가 발생하자 경찰의 시위대

47) 87년 6월과 달리, 91년 5월투쟁에서는 '조직화된' 민중세력이 참여했다. 특히 전노협 등을 중심으로 한 노동자계급의 참여에 관해서는, 『전국노동조합백서 제4권-죽음으로 사수한다! 전노협(1991년)』, 2003, 481~529쪽 및 김하경, 『내 사랑 마창노련(상)』, 갈무리, 1999, 358~379쪽 참조.

48) 1989년 5월 3일 동의대학교 도서관에서 학생들을 진압하던 경찰들이 화재로 희생된 사건. 경찰관 7명이 사망하고 10여 명이 중상을 입었다.

응방식은 강경일변도로 치달았다. 1990년 10월 4일 노태우 정권은 '범죄와의 전쟁'을 선포하고, 노동운동과 통일운동, 학원민주화운동 등 민주화투쟁을 전면적으로 탄압하였다.[49] 강경대 타살사건은 이러한 공안통치의 산물이었다. 강경대 타살사건과 이후의 계속되는 분신은 강권통치하에서 약화되고 분열되어 가던 민주화운동을 다시 결집, 강화시키는 계기가 되었다. 이후 보인 민주화운동의 폭발은 타살사건 전까지만 해도 집권세력과 민족민주운동세력 어느 쪽도 상상할 수 없었던 것이었다."[50]

2) 열사들이 투쟁에 헌신한 이유

91년 5월투쟁의 성격을 이해하기 위해서는 열사들이 무엇을 위해 투쟁하고 몸을 던져야 했는가를 이해하는 것이다. 열사들은 자신들의 이해가 아니라, 이웃과 공동체를 위해서, 사회가 나아가야 할 민주적 변혁과 공동체적 가치를 실현하기 위해서, 몸을 던졌다. 그들은 자신들의 신념과 주장이 참된 것임을 보여주는 유일한 방법이 자신들의 신념과 주장을 위해 스스로 목숨을 끊는 행위, 곧 단순한 삶을 내던지는 행위라고 믿었다.[51] 그리고 그 가치의 실현을 억압하고 탄압하는 정치권력과 지배세력을 규탄하기 위해서, 친구들의 동참을 호소하기 위해서 열사들은 분신했다.

49) 연도별 노동자 구속자는 1988년 63명, 1989년 534명, 1990년 474명, 1991년 451명으로 급격히 증가하였다. 위 시기 해고 노동자 수도 5,000명을 넘었다. 임영일, 『한국의 노동운동과 계급정치(1987~1995)』, 경남대학교 출판부, 2001, 162쪽.

50) 최장집, 『한국 민주주의의 이론』, 242~244쪽.

51) 강정인, 『죽음은 어떻게 정치가 되는가-91년 5월투쟁과 김은국의 〈순교자〉로 본 정치·죽음·진실』, 책세상, 2017, 34쪽.

3) 91년 5월투쟁의 열사들

연번	날짜	열사/투쟁상황	사망 당시 나이	지역	직업	투쟁목표 /꿈꾼 세상
1	4월 26일	명지대 학생 강경대 시위 도중 백골단에 의해 폭행 사망	19세 (1972.2.4.생)	서울	대학생 (1년)	학원 자주 참민주 세상
2	4월 29일	전남대 학생 박승희 분신(5월 19일 사망)	19세 (1972.4.12.)	전주 (광주)	대학생 (2년)	참교육 자주 ·민주 ·통일
3	5월 1일	안동대 학생 김영균 분신(5월 2일 사망)	20세 (1971.12.20.)	안동	대학생 (2년)	참교육 평등세상
4	5월 3일	경원대 학생 천세용 분신 사망	20세 (1971.5.5.)	서울	대학생 (2년)	진정한 민주주의사회
5	5월 6일	한진중공업 노조위원장 박창수 의문사	31세 (1960.7.28.)	부산	한진중 노조위원장	노동민주화
6	5월 8일	전민련 전 사회부장 김기설 분신 사망	26세 (1965.11.5.)	경기 파주	노동/전민련 사회부장	노동민주화 민중권력쟁취
7	5월 10일	노동자 윤용하 분신 (5월 12일 사망)	22세 (1969.4.19.)	전남 승주	피혁공장 노동	노태우 정권 퇴진 더 많은 민주화
8	5월 18일	연세대 앞 철교에서 노동자 이정순 분신 사망	39세 (1952.3.19.)	전남 순천	식당 등 노동	노태우 정권 퇴진 평화·통일
9	5월 18일	전남 보성고 학생 김철수 분신(6월 1일 사망)	18세 (1973.3.30.)	전남 보성	고등학생 (3년)	참교육 참민주
10	5월 22일	광주 자영업 종사 정상순 분신 (5월 29일 사망)	25세 (1966.11.1.)	전남 보성	건설업 등	노동해방 더불어 사는 세상
11	5월 25일	성균관대 학생 김귀정 시위 도중 강경 진압에 의한 질식사	25세 (1966.8.11.)	서울	대학생 (4년)	자주·민주·통일
12	6월 8일	인천 삼미기공 노동자 이진희 분신 (6월 15일 사망)	27세 (1964.?)	인천	철강공장 생산직	노동민주화 노태우 정권 퇴진
13	6월 15일	인천 공성교통 택시 노동자 석광수 분신 (6월 24일 사망)	29세 (1961.9.14.)	강원 삼척	택시 노동자	노동민주화 노태우 정권 퇴진

4) 열사들의 분포와 특성, 지향

① 나이별 분포

5월투쟁의 열사들은 모두 '청년'들이었다. 20대 이하가 11명을 차지하고 30대가 2명이다. 즉 대부분이 청년 세대였다. 이들 모두는 청년의 열망과 패기를 간직했고, 불의에 항거했다.

② 지역별 분포

여기서 특징적인 것은 광주 및 전남과 관련 있는 열사들이 많다는 것이다(5명). 1980년 5월 광주는 계엄군의 무차별 폭력과 살육이 자행되고 이에 대항해 시민군이 무기를 들고 죽음을 무릅쓰고 최후까지 저항하던 곳이다. 그리고 1980년 5월 광주에서는 민중들의 자발적이고 평등한 '절대 공동체'가 형성되고 있었다.[52] '민주의 성지' 광주에서 나고 자란 열사들은 공권력의 야만적 폭력에 더욱더 분개하고 군사독재 타도와 해방의 공동체를 향한 열망을 더욱 담지했을 가능성이 크다.

③ '전교조 세대'와 '노동자들'[53]

5월투쟁의 열사들은 주체 성격과 지향이라는 점에서 두 개의 큰 축이 확인된다. 하나는 이른바 '전교조 세대'들의 투쟁이다. 대학생 열사들 대부분은 '전교조 세대'들이다. 이들은 "80년대 후반 학번과 90년대 초반 학번들이 고등학교 내부에서 전개한 직선제 요구 운동, 전교

52) 최정운, 『5월의 사회과학』, 풀빛, 2012, 316쪽.

53) 이 부분의 서술은 이천 민주화운동기념공원 학예연구사 하수봉 박사의 연구와 민주화운동기념공원 '91년 5월투쟁 30주년 기념전 「기억과 만남」 전시내용에 많은 도움을 받았다.

조 세대라 불리는 교육환경의 변화"[54]를 경험하여, 교육민주화와 사회민주화, 평등과 인권의 가치를 깨달을 기회에 일찍이 열려 있었다.

강경대와 동년배인 이들이 겪은 아픔은 1991년 5월에 갑자기 시작된 것은 아니었다. 1990년, 그들은 같은 고등학생들의 죽음을 보아야 했다. 1990년 6월 4일 충남 공주 한일고 최성묵, 6월 5일 대구 경화여고 김수경, 9월 8일 대전 충남고 심광보가 각각 음독과 투신과 분신으로 생을 마감했다. 모두 전국교직원노동조합(전교조) 탄압에 항의한 죽음이었다. 1991년 5월 대학생들도 또래로 경험과 아픔을 간직하고 있었다. 대학 입학을 전후해 연이어 동년배들의 죽음을 봐야 했던 갓 스물의 이들은 죽음의 목격자일 뿐 아니라 죽음의 당사자일 수도 있었다. 1989년 전교조 창립을 전후해서는 수많은 고등학생이 '고운'(고등학생운동)에 뛰어들어 전교조 사수 투쟁을 했다. 1991년 5월 18일 강경대 열사 장례식에서 '한국 고등학생 기독운동서울연맹' 깃발을 내건 고교생 400여 명이 시위대열에 참여하는 등 많은 고등학생이 91년 5월투쟁에 참여하였다.[55]

강경대, 박승희, 김영균, 천세용은 '전교조 1세대'다. 89년 전교조의 뜨거운 함성을 몸에 담은 세대다. 강경대는 몇몇 친구들과 더불어 전교조 해직교사를 지지하는 활동을 적극적으로 했다. 휘문고등학교 3학년 때인 1989년 여름 강경대는 명동성당의 전교조 단식농성장을

54) 김원, 「80년대와 90년대의 결절점」, 137쪽.

55) 『전국노동조합백서 제4권–죽음으로 사수한다! 전노협(1991년)』, 509쪽.

찾아 당시 음악 선생님이던 이영국 교사 등 해직 선생님들을 성원하는 등[56] 교육·사회문제들에 대해 고민하였다. 강경대는 1989년 5월 26일자 일기에 다음과 같이 적었다.

"내일은 엄마에게 도시락 5개를 싸달라고 했다. 엄마가 왜 도시락이 토요일인데 5개씩이나 필요하냐고 물어보셨는데 나는 그냥 학교에 밥 못 먹는 친구가 있어서 갖다 주고 싶어서라고 얼버무렸다. 사실은 내일은 명동성당으로 전교조를 설립하기 위해서 싸우고 계시는 선생님들을 응원하러 간다. 선생님께서 맛있는 도시락을 드시고 조금이라고 힘을 내시겠지. (…) 지금의 노태우 정권도 전두환 군사독재와 다름이 없다. 왜냐면 참교육을 실천하고 학생들의 인성교육과 민주화를 위해서 일하시는 선생님들을 탄압하고 있기 때문이다. 우리에게 진실한 선생님이 필요하다. 전두환은 광주시민들을 학살했고 노태우는 교육을 대학살하고 있다."

1991년 5월 분신한 박승희, 김영균, 천세용, 김철수는 '고운' 출신이었다.[57] 박승희는 목포 정명여고 3학년 때 목포 고등학생들이 주축이 된 '자주교육쟁취고등학교연합'(자고연)의 지도부로 활동했다. 같은 해 전교조 탄압에 대한 항의로 시험거부를 했을 때 자신이 속한 이과반이 그대로 시험을 보자 "선생님들은 전교조에 가입해서 이렇게 탄압을 받고 있는데 우리는 시험만 치르고 지켜보고 있으면 되느냐"며 시

56) 천호영, 「쇠파이프에 찢긴 젊은 넋」, 『월간 말』 1991년 6월호, 138쪽.

57) 양돌규, 「민주주의 이행기 고등학생운동의 전개 과정과 성격에 관한 연구」 성공회대학교 일반대학원 석사학위청구논문, 2006, 120쪽.

험지를 찢어버리고 나가기도 했다. 당시 이 일은 정명여고에서는 굉장한 사건으로 학생들 사이에서 큰 파문을 일으켰다. 존경하는 선생님을 잃은 괴로움과 눈물로 박승희는 고3 시절을 보내게 된다. 그런 중에도 학우들에게 일일이 편지를 써서 참교육을 위해 애쓰시는 선생님을 우리 손으로 지켜내자고 호소하기도 했다.[58] 박승희는 전남대 2학년생이던 1991년 4월 29일 학우들에게 "제 길이 2만 학우 한 명 한 명에게 반미의식을 심어주고 정권 타도에 함께 힘썼으면 하는 마음에 과감히 떠납니다. 불감증의 시대라고도 하고 무관심의 시대라고도 하는 지금 명지대 학우의 죽음에 약간의 슬픔과 연민을 가지다가 다시 제자리로 안주해 커피를 마시고 콜라를 마시는 학우가 되지 않기를 바라는 마음에서 비롯되었습니다. 2만 학우의 손을 차례차례 잡고 열심히 싸워 주십시오. (…) 무거운 짐만 지고 떠나는 것 같지만 살아남은 자의 의무를 다해 주십시오. 먼저 갑니다. 하지만 후회는 없습니다. 4. 27. 승희"라는 유서를 남기고 불꽃에 몸을 던졌다.

김영균은 고3이 되고 한창 입시 준비에 적응해야 할 학기 초에 대여섯의 친구와 만나 모임을 만들기로 하였고 학교 뒷산에 모여 결성을 추진했던 것이 '교육민주를 염원하는 학생 소모임 목마름'이었다. 김영균은 '목마름'의 가장 중심인물이 되었다. 간선이었던 학생회를 천여 장의 유인물을 학교 내에 뿌리면서 학우들의 관심을 이끌어내고 결국 직선제로 바꿔냈다. 전교조가 들어서면서 전교조 지지 서명운동을 벌여 2교시가 끝난 쉬는 시간까지 짧은 시간에 전체 학생들 3분의 2 정도의 서명을

58) 박승희열사추모사업회 건설준비위원회, 「해방의 코스모스」 1992.5.25., 39~40쪽.

받아내기도 했다. 학교의 유일한 전교조 선생님이며 김영균이 무척 믿고 따르던 나승인 선생님의 해직 후엔 선생님의 복직을 위해 학교는 물론, 주택가를 돌면서 만여 장 이상의 유인물을 돌리며 거리 곳곳에 항의 낙서를 남기기도 했다. 또 출근투쟁을 벌이는 나승인 선생님과 함께 서무과 직원과 심한 몸싸움을 벌이는 등으로 여러 번 교무실에도 끌려갔다.[59] 김영균은 대학생이 되어서도 늘 "김남주 같은 사람이 되고 싶다"고 말하며, 평등세상을 꿈꾸며 진정 사람 사는 세상을 향한 가장 효과적이고 합리적인 투쟁을 고민하면서 치열한 짧은 생을 마감하였다.

동북고를 다닌 천세용도 학내 운동단체에는 직접 가입하지 않았으나 그룹 외곽에서 활동한 정황들이 보인다. 김영균이 나온 대원고와 천세용의 동북고 모두 1987년 12월 출범한 '서울지역고등학생연합'에 속한 20여 개 고등학교 가운데 하나였다.[60] 천세용은 동북고 3학년 재학 시절, 전국적으로 일어났던 전교조 가입으로 강제 퇴직당하는 모교 선생님들의 모습에서 모순된 사회의 문제를 인식하게 되었다.[61] 1990년 경원대학교 전자계산학과에 입학한 천세용은 학내 동아리 활동에 적극적으로 참여하였다. 총학생회 산하 선봉대인 '횃불대' 대원으로 모든 교내외 집회와 시위에 열성적으로 참여하였으며, '진정한 민주주의 사회'를 꿈꾸었던 그는 사노맹 계열 학생조직인 경원대 민주

59) 김영균 열사 추모사업회, 『행복해야 돼, 이쁜 꿈 꿔-김영균 열사의 삶과 투쟁을 기리며-』, 42~43쪽.

60) 임미리, 『열사, 분노와 슬픔의 정치학』, 오월의 봄, 2017, 151~152쪽.

61) 오삼동우회, 「천세용-91년 5월 3일, 불꽃으로 지다(천세용 열사 분신 10주기 추모집)」, 30쪽.

주의학생연맹(민학련)에 가입하기도 하였다. 자신의 고민과 열망을 자주 만화로 그려 표현했던 '혁명을 그린 젊은 미술가'[62] 천세용은 "학우들이여, 우리와 같은 학우들이 쇠파이프에 맞아 죽고 꽃다운 청춘을 불사르는 동안 우리는 과연 무엇을 했습니까. 노태우 정권과 독점자본가들이 4천만 민중 형제들을 착취 수탈하고 저항이 있는 곳마다 광폭한 탄압을 휘두르는 동안 과연 우리는 무엇을 했습니까"라고 학우들의 무관심을 질타하며 스스로 몸을 던졌다.

5월투쟁의 출발에 있었던 3명의 분신 대학생들이 '고운' 출신이라는 점은 고교생들이 5월투쟁에 적극 결합하게 하는 역할을 했다. 전남 보성고 3학년생 김철수는 교내 동아리인 풍물패 '솔개'와 '인터렉트' 활동을 통해 사회와 교육현장의 부조리를 깨닫고 이에 맞서 싸울 것을 결심하였다. 1991년 5월 18일, 5·18민주화운동 11주년 기념일이자 강경대의 장례행렬이 망월동으로 향할 때 보성고 학생회 주최로 수백 명의 학생이 모인 가운데 11년 만에 처음 열린 5·18 추모식장에서 "우리는 참교육을 받고 싶다. 노태우 정권 퇴진하라"고 외치며 분신을 했다. 병원으로 옮기는 도중에는 '우리의 소원'을 친구들에게 불러 달라고 했으며 병상에서 "저는 여러분을 믿습니다"라는 육성 유언을 남기고 분신 2주 만인 6월 2일 전남대학교 병원에서 사망하였다.[63]

62) 당시 이승재 경원대 신문 편집국장의 말.

63) 「"이런 잘못된 교육을 계속 받을래"– 전남 보성고 김철수 군 분신, 교내 5·18 기념행사 중」 전국교직원노동조합 애국 고등학생 김철수 군 분신 대책위원회 1991년 5월 말경.

5월투쟁 열사들의 다른 한 축은 노동자들이다. 1991년 5월투쟁은 대학생들의 잇따른 분신자살로 기억되지만, 앞서 언급했듯 그보다 더 많은 노동자가 투쟁의 행렬에 함께 있었다. 이것은 노동자계급 등 기층민중의 참여가 두드러지고 생존권적 요구들이 전면에 제기됐던 91년 5월투쟁의 성격을 보여주는 것이다. 박창수, 윤용하, 이정순, 정상순, 이진희, 석광수가 그들이다.

박창수는 1981년 8월 한진중공업의 전신인 대한조선공사 배관공으로 입사한 후, 1986년 8월부터 어용노조 퇴진 및 위원장 직선제 쟁취를 위해 민주노조 건설과 열악한 노동조건 개선을 위한 파업에 주도적으로 참여하였다. 1990년 7월 노조위원장에 당선되었고, 부산노련 부의장 겸 전노협 중앙위원으로도 활동하였다. 이어 1990년 12월 9일 '91 임투'에 대비하여 한진중공업 등 전국의 16개 대기업 노조가 가입한 '대기업 연대회의' 결성을 주도하고, 1991년 2월 8일 대우조선이 파업에 돌입하자, 같은 달 9일 의정부 소재 다락원에서 위 연대회의 간부 70여 명과 함께 수련회를 개최하여 대우조선 파업 지원을 논의하고 나오던 중 경찰에 연행되었다. 구치소 수감생활 중 부상을 당해 안양병원으로 후송되어 치료 중, 1991년 5월 6일 새벽 4시 45분경 위 병원 1층 콘크리트 바닥에서 변사체로 발견되었다. 경찰과 검찰은 시신을 탈취하여 강제부검을 진행하였고, 검찰은 "구치소 생활을 괴로워하고 노조운동에 회의를 느껴 자살" 한 것으로 수사결과를 발표했지만[64], 노동운동진영에서는 안기부 등 국가권력에 의한 타살이라고 주장했다. 당

64) 『조선일보』 1991.5.11.

시 안기부 차원에서 박창수와 한진중공업 노조간부들을 대상으로 한 전노협, 대기업연대회의 탈퇴 및 와해 활동이 조직적으로 이루어진 사실이 의문사진상규명위원회 조사과정에서 밝혀졌다.[65)]

윤용하는 어려서부터 중국집 배달원, 가방공장과 성남의 피혁공장 노동자 등으로 노동일을 했다. 분신 당시에는 중풍을 앓고 있는 부친을 수발하며 중졸 검정고시를 준비 중이었으며, 1991년 5월 9일 '민자당 해체와 공안통치 종식을 위한 국민대회'에 맞춰 광주로 가서 투병 중이던 박승희에게 문병을 갔다. 다음날 김기설의 죽음이 운동권 세력에 의한 자작극이라는 정부와 언론의 발표에 항의하여 '노태우 처단' '민자당 해체'라고 외치며 전남대에서 분신했다. 분신한 지 이틀 후인 5월 12일, "노동해방을 위해 분신을 생각했다. 노동자들이 자본가에게 착취당하고 있다. 노동자들이 단결해 싸워줬으면 좋겠다"라는 말을 마지막으로 남기고 전남대 병원에서 사망하였다.[66)]

이정순은 전남 순천 출신으로 버스안내양, 가발공장 노동자로 일하다 분신 당시 부평의 한독산업에서 노동자 생활을 하고 있었다고도 하고 중국집 요리사로 근무 중이었다고도 한다.[67)] 독실한 가톨릭 신자였고 독립운동을 한 아버지의 가르침을 새기며 산 이정순은 분신

65) 의문사진상규명위원회, 「박창수사건(진정 제21호) 결정문 2002.9.16.」, 『의문사진상규명위원회 1기 보고서 IV(결정문)』 217~233쪽.

66) 대전민주청년회, 「대전청년 창간호」 1991.6.26; 손규성, 「가난과 폭압을 불사른 민중의 아들」, 『월간 말』 1991년 6월호, 149쪽.

67) 임미리, 『열사, 분노와 슬픔의 정치학』, 151쪽.

해서 사경을 헤매고 있는 박승희가 입원하고 있던 전남대 병원을 다녀온 뒤 다른 사람을 위해 자신이 할 수 있는 일이 무엇일까를 고민하였다. 1991년 5월 18일 오전 11시 30분경 강경대의 장례행렬이 지나가는 연세대 정문 앞 철교에서 온몸에 시너를 뿌리고 "공안통치 종식, 노태우 퇴진"을 외치며 분신 투신하여 사망하였다.

사회운동에 남다른 관심과 참여를 했던 정상순은 노동자로서 여러 직종에 종사하였다. 1991년 5월투쟁에서 계속되는 열사들의 분신에 괴로워하였고, 고향 후배인 김철수가 분신하여 투병 중이던 전남대 병원을 찾아와 두 번씩 울고 갔다. 정상순은 5월 22일 "모든 시민이 동참하는 푸른 5월 하늘에 부끄럼 없는 자기 자신에게 끓어오르는 분노는 다 같이 전사가 되는 길뿐이라고 (…) 나 자신은 아직도 망월동 영령들의 참배를 하지 못했다. 겉치레보다는 그분을 생각한다면 스스로 실천하여 보답하는 길이라고 생각했기 때문이다"라는 내용의 유서를 남기고 전남대 병원 영안실 위에서 노태우 정권 타도를 외치며 분신 후 투신하여 5월 29일 전남대 병원에서 사망하였다.[68)]

1991년 6월 8일 오전 9시 30분경 삼미그룹 계열 철강가공업체인 (주)삼미캔하 노동조합 홍보부장 이진희는 임금인상 보고대회 도중 노동조합의 타결안에 분노하여 분신하였다. 4월 11일부터 시작된 임금교섭에서

68) 『한겨레신문』 1991.5.30. ; 「애국청년 故 정상 숭열사! 애국 고등학생 故 김철수 열사의 1주기를 추모합니다」 애국청년 故 정상순 열사와 애국 고등학생 故 김철수 열사 추모사업준비위원회 1992년 5월 경 등.

회사에 매수된 노동조합 위원장이 회사 안을 거의 그대로 받아들여 일방적으로 타결짓고 보고를 하자, 노동조합 간부로서 집행부의 어용성에 분노하고 있던 이진희는 사업주와 어용노조에 항의하며 결국 분신을 감행한 것이다. 회사 측은 병원에 찾아와 가족들에게 "가정에 무슨 문제가 있었던 것 아니냐"며 "회사에 분신할 만한 이유가 전혀 없다, 조용히 수습하자"고 회유하면서 고인의 뜻을 왜곡하기에 급급했다. 이진희는 투병 8일 만인 15일 오전 9시경 한강성심병원에서 숨을 거두었다.[69]

석광수는 강원도 삼척군에서 태어나, 인천 계산동에 올라와 자취생활을 시작하였다. 이후 1986년 3월 공성교통에 입사하여 거의 만근을 할 만큼 성실히 근무했다. 1991년 3월에는 노조 대의원으로 피선되었고, 같은 해 6월 14일 택시회사 사주 측과 임금협정 체결을 위한 8차에 걸친 교섭이 결렬된 후 평화적인 차량시위를 전개하던 중 경찰들은 시위 차량을 부수고 노조원들을 무차별 연행하고 최루탄을 난사하며 폭력적으로 진압하였다. 다음날 6월 15일 아침 6시 20분경 경찰의 폭력진압과 사업주의 무성의에 항의하며 분신하여, 세브란스 병원에서 치료 중 6월 24일 사망하였다. 결혼한 지 3개월이 지난 때였다.[70]

그리고 위의 '전교조 세대'와 '노동자들'의 범주로 단순히 포함시키기는 어려운 대학생 김귀정과 전민련 등 사회활동가의 삶을 산 김기설이 있다.

---

69) 『인천일보』 1991.6.10. ; 『한겨레신문』 1991.6.9. ; 『한겨레신문』 1991.6.16.

70) 전택노련 인천택시지부 분신수습대책위, 「석광수 동지 분신 진상 보고서」, 1991.

1991년 5월 25일 그날은 전국적으로 '공안통치 민생파탄 노태우 정권 퇴진을 위한 제3차 범국민대회'가 열린 날이었다. 이날, 이 시위에 참여한 성균관대 4학년 김귀정은 노태우 정권의 야만적 진압으로 스물다섯의 치열했던 꽃다운 삶을 마감했다. 백골단은 골목길에 100여 명을 몰아넣고 30분 사이 최루탄 1,500발을 난사하고, 방패로 찍고 구타하고, 폭력을 자행했다.[71] 김귀정은 심산연구회와 동아리연합회 회장으로 학우들과 함께 집회에 참가했고 실천을 고민했다. 심산연구회는 학교 선배로 현장 노동운동을 하다 구속되어 치안본부 대공수사관들의 고문에 의한 후유증으로 1990년 8월 7일 분신 사망한 최동 열사가 주도해 만든 통일연구 동아리였다.[72] 김귀정은 스스로 아르바이트를 해야만 했던 어려운 환경에서도 민주화 집회와 동아리 활동에 적극적이었다. 김귀정은 민주화를 열망했고, 노동문제, 민주, 자주, 통일을 위한 실천과 '이웃을 위한 삶'을 고민했다. 1학년 때부터 4학년 때까지의 그의 일기장엔 인간에 대한 사랑과 조국에 대한 신심이 절절히 배어 있다.[73]

"어제 저녁 내내 아르바이트하면서 나의 쪼그만 친구 수배 중인 친구를 생각했다. 바쁘다는 핑계로 연락도 못 해보고 어제 그 사실을 알았을 때 미안하고 안타까운 마음에 눈물만 글썽거렸다. 주머니 사정 때문에 음료수 한 잔 사주고 굳세게 살아라 말 한마디 던져주고 등을 돌렸

71) 김문수, "누가 김귀정 양을 죽였는가", 『월간 사회평론』 1990년 7월호, 224~225쪽.
72) 최진섭, "노동운동가 최동의 삶과 죽음", 『월간 말』 1990년 9월호, 204쪽.
73) 김서정, "백골단에 빼앗긴 김귀정의 스물다섯 살", 『월간 말』 1991년 7월호, 168쪽.

다. 목이 콱콱 메어옴을 느끼며 나는 아르바이트 하러 발길을 돌렸고, 난 남을 위해 얼마나 노력을 해왔는가 생각하면 부끄러움이 앞선다."

성남 민청련 활동, 성남노동자의집 교육·상담 간사, 전민련 사회부장 등 사회단체 활동가로서의 삶을 산 김기설 자신도 성남공단에 위치한 조광피혁에서 일하는 등 노동자의 삶을 살았고,[74] '노동자와 민중을 위한 삶'을 살고자 했다. 분신 이틀 전인 5월 6일 김기설은 후배들에게 자신이 분신을 결심했다는 사실과 분신 동기를 털어놓았다. 그는 "민중이 탄압받는 어려운 현실 속에서 자기 삶의 안위만을 고집할 수는 없다면서 모두가 잘사는 자유스러운 세상을 만들기 위해서라도 특히 잇따른 대학생들의 분신을 막기 위해서 자신이 나설 수밖에 없다는 결론에 이르게 됐다"고 말했다. 특히 그는 원진레이온 문제를 가슴 아파하면서 가난한 노동자의 비애를 해결해줄 수 없는 능력의 부족에 괴로워했다.[75] 그는 1991년 5월 8일 서강대 본관 5층 옥상에서 "폭력살인만행 자행하는 노태우 정권 타도하자"는 구호를 외친 뒤 분신하며 몸을 던졌다. 분신하기 전 그는 부모와 국민에게 보내는 유서 두 통을 남겼다.

"단순하게 변혁운동의 도화선이 되고자 함이 아닙니다. 역사의 이정표가 되고자 함은 더욱이 아닙니다. 아름답고 맑은 현실과는 다르게 슬프게 아프게 살아가는 이 땅의 민중을 위해 무엇을 해야 할까 하는 고민 속에 얻은 결론이겠지요."

74) 정승혜, "민중의 아픔을 껴안은 청년활동가", 『월간 말』 1991년 6월호, 146~147쪽.
75) 『동아일보』 1991.5.25.

4. 91년 5월투쟁의 생존권적 투쟁으로의 확대

91년 5월투쟁의 동력은 학생뿐만이 아니었다. 노동자, 농민, 노점상, 빈민 등 기층 민중들이 전노협, 전농, 전빈련 등 전국적 단위의 부문운동 조직을 매개로 하여 투쟁 내내 결합되어 있었다. 이 때문에 5월투쟁은 비단 정치적 투쟁에 초점이 맞추어져 있지 않았고 민중의 생존권 쟁취와 이를 탄압하는 노태우 정권에 대한 타도투쟁에 초점이 맞추어져 있었다.[76] 91년 5월투쟁이 전개되면서 대중들은 그 속에서 자신의 생존권적 위험이 완화되거나 제거되기를 요구하기 시작했다.[77] 5월 4일과 특히 5월 9일을 기점으로 투쟁은 확대되어 갔다.[78] 이제 대중의 생존권적인 생활상의 요구가 결합되기 시작했다.[79]

> "우리 노동형제에게도 6일 박창수 한진중공업위원장이 차디찬 시신이 되어 돌아오고야 말았습니다. (…) 박 위원장은 지난 2월 10일 대우조선 파업에 관해 논의했다는 이유로 제3자개입금지법 위반혐의로 구속되었습니다. (…) 이러한 노동악법을 빌미로 구속된 노동자가 올해만 해도 100명입니다. 또한 치솟는 물가 속에 살아갈 방 한 칸도 유지하기 힘든 마당에 임금 한 자릿수 인상 고수, 무노동 무임금, 노동쟁의행위

76) 김윤철, 「91년 5월투쟁, 그, 열려진 '역사적 의미 짓기'의 장으로 들어서기」, 『그러나 지난 밤 꿈속에서 이 친구들이 나에 대하여 이야기하는 소리가 들려왔다』, 111쪽.

77) 김정한, 『대중과 폭력』, 41쪽.

78) 김정한, 『대중과 폭력』, 112쪽 ; 김하경, 『내 사랑 마창노련(상)』, 갈무리, 1999, 367, 370쪽.

79) 김정한, 『대중과 폭력』, 115쪽.

를 원천적으로 봉쇄하는 업무중단분에 대한 손해배상 청구 등이 노동부가 노동운동 탄압의 첨병으로 등장하면서 내놓은 노동부 지침의 내용입니다."[80]

"빈민 형제 여러분! (…) 치솟는 물가, 계속되는 노점단속과 강제철거, 일년의 반은 놀아야 하는 실업, 이런 우리 생활의 고통과 강경대 학생의 죽음은 밀접한 관련이 있습니다. 단속반, 철거반들의 폭력에 다치고 죽어간 사람, 노점단속에 항의해 분신한 사람들이 어디 한 둘입니까? 따라서 학생과 노동자만이 아니라 바로 우리 빈민들이 일어설 때 노태우 정권이 무너지고 나라가 바로 섭니다. 우리 문제까지 싸 들고 투쟁대열에 함께 나섭시다."[81]

사건 다음 날인 4월 27일, 44개 사회운동 단체가(이후 55개 단체로 늘어남) 모여 결성한 '고 강경대 열사 폭력 살인 규탄과 공안통치 분쇄를 위한 범국민대책회의'(이하 '범국민대책회의'는 5월 4일 백골단 해체 투쟁과 5월 9일 민자당 해체 투쟁에서 각기 20만 명과 50만 명이 넘는 대중이 참여하자 투쟁목표를 '노태우 정권 퇴진과 민주정부 수립'으로 확대했다. 5월 15일에는 '공안통치 분쇄와 민주정부 수립을 위한 범국민대책회의'로 명칭을 변경하고, '당면투쟁 10대 과제'도 새롭게 제시했다.[82]

80) 「고 박창수 위원장 옥중살인 규탄 및 노동운동 탄압 분쇄를 위한 전국노동자 대책위원회」 5월 14일. 김정한, 『대중과 폭력』, 115쪽에서 재인용.

81) 「[유인물] 빈민생존권 탄압하는 노태우 정권 철거하자! , 전국빈민연합」 날짜 미상. 김정한, 『대중과 폭력』, 116쪽에서 재인용.

82) 김정한, 『대중과 폭력』, 44쪽에서 재인용.

1. 내무부장관 이하 고 강경대 열사 살인 및 애국시민 권창수 씨 폭행 책임자를 구속 처벌하고 전투경찰, 백골단을 해제한다.
2. 안기부가 개입된 한진중공업 노동조합 박창수 위원장의 옥중살인 및 진상을 철저히 규명, 책임자를 처벌한다.
3. 수천 명에 이르는 양심수들의 석방과 모든 수배자의 수배 해제를 위해 투쟁한다.
4. 국가보안법, 안기부법, 집시법, 노동관계법, 교육관계법, 문화관계법 등 국민의 기본권을 억압하는 악법을 철폐하고, 안기부, 기무사, 치안본부 대공분실 등 고문과 밀실 수사를 자행하는 폭압기구를 해체한다.
5. 물가폭등, 집가폭등 등 민생파탄을 야기하는 재벌 위주 경제정책을 철폐하기 위해 투쟁한다.
6. 무노동 무임금, 무차별적 구속 수배, 노동쟁의 현장에 대한 무차별적인 공권력 투입 등 더욱 가혹해진 노동운동 탄압과 민주노조 탄압 책동을 분쇄하기 위해 투쟁한다.
7. 농업해체, 농민 말살을 기도하는 농산물 수입개방 및 농어촌발전 종합대책을 저지하고 쌀을 비롯한 농산물 가격보장, 전량수매 쟁취를 위해 투쟁한다.
8. 항상적인 실업에 시달리는 도시 빈민의 삶을 더욱 악화시키는 강제철거, 노점상 단속을 저지하고 영구임대주택과 노점상 자립법을 쟁취한다.
9. 참교육 실현을 위해 일어선 전교조를 합법화하고 해직된 교사, 교수들을 복직시키기 위해 투쟁한다.
10. 수질, 대기오염 등 각종 공해와 산업재해, 직업병을 추방하고, 국민의료보험법을 쟁취하여 국민 모두가 건강하게 살아갈 수 있는 환경을 만들기 위해 투쟁한다.[83)]

한편 주로 다소 급진적인 학생운동 정파조직들을 중심으로 대안권력 논의가 제출됐는데, 그것은 '임시민주정부', '민중권력', '노동자권력' 등으로 나타났다. 이런 주장은 물론 현실 가능한 것이냐의 문제를 불러일으

83) 김정한, 『대중과 폭력』, 53~54쪽에서 재인용.

킬 수 있지만, 적어도 이는 진행되고 있는 투쟁이 일반 대중들에게 구체적인 대안을, 특히 대안권력의 상을 제시해야 한다는 투쟁 주체들 간의 '공통된 인식'을 반영하는 것이었다.[84)]

> "민중권력, 민주정부 웬 말이냐. 노동자권력 쟁취하자!!! 타오르고 있는 전 국민적 투쟁을 노동자의 대중적 파업투쟁을 통해 노동자권력을 쟁취합시다. (…) 단위 사업장에서 노동자 밀집 거주지역에서, 그리고 거리의 투쟁현장에서 '노동자권력 쟁취를 위한 노동자 투쟁위원회'를 건설합시다."[85)]

5. 결론 - 91년 5월투쟁의 민주변혁적 성격과 한국 민주화운동사적 의의[86)]

91년 5월투쟁은 민주화 대중투쟁이었다. 그것은 '혁명'은 아니었다. 노

84) 김윤철, 「91년 5월투쟁, 그, 열려진 '역사적 의미 짓기'의 장으로 들어서기」, 『그러나 지난 밤 꿈속에서 이 친구들이 나에 대하여 이야기하는 소리가 들려왔다』, 115쪽.

85) 노동자권력을 염원하는 노동자 일동, 「[유인물] 부활하라, 열사여! 노동자권력의 깃발로!, 노동자권력을 염원하는 노동자 일동」, 날짜 미상, 김정한, 『대중과 폭력』, 121쪽에서 재인용.

86) '민주변혁론'적 관점에서의 한국 민주화운동사를 보는 시각은, 손호철 교수의 『해방 50년의 한국정치』(새길, 1995), 『현대한국정치: 이론과 역사 1945~2003』(사회평론, 2003) 등 연구업적에 고무된 바 크다.

동계급 등이 조직적으로 참여하지도 않았다.[87] 그러나 노동자계급 등 기층민중들의 생존권 요구, 계급적 요구가 조직적 투쟁으로 결합되지 않은 채 분산적인 형태로 드러난 투쟁이었을지라도, 91년 5월투쟁은 '확대된 민주화'와 '민주주의의 진전'을 요구한 민주화 투쟁이었다. 위 범국민대책회의의 '당면투쟁 10대 과제'에서 나타난 바와 같이, 5월투쟁에서 제시된 구호들은 "민주노조 탄압 책동 분쇄", "국가보안법, 안기부법, 노동관계법 등 기본권을 억압하는 악법 철폐", "안기부, 기무사, 치안본부 대공분실 등 폭압기구 해체", "강제철거, 노점상 단속 저지"와 같은 확대된 '절차적 민주주의'의 실현과, "재벌 위주 경제정책 철폐", "영구임대주택과 노점상 자립법 쟁취" "농산물 수입개방 및 농어촌발전 종합대책 저지" 등과 같은 '사회경제적 민주주의'의 확립을 담고 있다. 이러한 투쟁목표는 '더 많은 민주화' 즉 '확대된 민주주의'와 보다 근본적인 사회개혁을 요구했다는 점에서 민중적이고 계급적인 투쟁이었다.

따라서 한국 민주화운동사에서 91년 5월투쟁은, 87년 6월의 한계에 대한 투쟁이며, 최소주의적으로 합의된, 정부선택의 권리로 한정된 '절차적 민주주의'에 대한 투쟁이며, '더 많은 민주화'를 위한 기층민중들의 투쟁이었다. 따라서 91년 5월투쟁은 87년 6월항쟁과는 달랐고, '더 많은 민주화'라는 투쟁의 '근본적' 성격상 '혁명적'인 성격을 함유한 것이었고, 바로 그렇기 때문에 정치권력의 탄압과 지배체제의 저항으로 인해 일시에 성공할 수는 없었다. 따라서 91년 5월투쟁의 민주화운동사적 의의는 결

87) 김정한, 『대중과 폭력』, 48쪽 ; 김원, 『잊혀진 것들에 대한 기억 – 1980년대 대학의 하위문화와 대중정치』, 이매진, 2011, 168쪽.

과적 '성공/실패' 여부가 아니라, 민주화 과정의 담론과 과제설정이라는 점에서 찾아야 한다. 즉 91년 5월투쟁을 복원시킨다는 것은 90년대 사회주의의 몰락과 민중운동에 대한 지배세력의 탄압과 공세, 중산층의 보수화 속에서 실종되고 망각된 '더 많은 민주화' 투쟁의 의제와 지평을 복원한다는 것을 의미한다. 91년 5월투쟁은 '더 많은 민주화'를 향한 '계급 투쟁적' 성격을 지닌 대중투쟁이었다.

민주주의는 권리와 권력의 문제, 즉 정치의 문제다. 누가 권리를 얻은 시민이고 누가 배제되느냐 하는 시민권의 범위를 두고 벌이는 계급투쟁의 문제다.

> "민주주의가 발전한다는 것은 민주주의의 내적 동학에 의해서가 아니라, 기존 민주주의 세력과 이들에게서 배제된 '비민주주의적 세력'들과의 투쟁을 통해서 가능한 것이며, '민주화'란 바로 사회적으로 배제된 것들이 투쟁을 통해서, 기존의 법적 질서를 자신들이 승인되는 질서로 새롭게 재구성하는 과정이라 할 수 있다."[88]

91년 5월투쟁의 한국 민주화운동사적 의의를 요약하면 이러하다. 첫째로, 5월투쟁은 한국 민주화 과정의 중요한 분수령으로서, 광범위한 민중이 참여한 대중투쟁이었다. 5월투쟁의 동력은 학생뿐만이 아니었다. 노동자, 농민, 노점상, 빈민 등 기층 민중들이 전노협, 전농, 전빈련

88) 이승원, 「91년 5월투쟁과 민주주의 – 한국 민주주의 연구를 위한 시론」, 『그러나 지난 밤 꿈속에서 이 친구들이 나에 대하여 이야기하는 소리가 들려왔다』, 244쪽.

등 전국적 단위의 부문운동 조직을 매개로 하여 투쟁 내내 결합되어 있었다. 5월투쟁은 민중의 참여와 투쟁으로 확산되었다. 한진중공업 박창수 위원장의 의문사는 수십만 노동자의 투쟁을 이끌었으며, 90~91년 자본의 금융/부동산 투기에 따른 인플레이션과 민중의 생활고와 생존권의 위협은 민생파탄을 규탄하고 억압과 착취가 없는 평등하고 더불어 사는 새로운 공동체를 열망하는 민중의 투쟁을 불러일으켰다. 이런 의미에서 5월투쟁은 '민중주체의 형성 가능성'을 앞서서 보여주었다.

둘째로, 5월투쟁은 '더 많은 민주화'를 향한 투쟁이었다. 즉 5월투쟁은 국가권력의 민주화와 함께, 이를 넘어서 사회권력의 민주화를 지향한 투쟁이었다. 5월투쟁은 87년 대선에서 야당의 분열로 인해 미완에 그친 반독재 민주화와 민주정부 수립에 대한 열망이었고, 새로운 국가권력(국가권력의 민주화, 진정한 민주정부)을 창출하고자 한 투쟁이었다. 나아가 5월투쟁은 억압과 착취가 없는 새로운 공동체를 만들고자 했던 열망(사회권력의 민주화)을 담았다. 당시 생활고에 시달리고 생존권을 위협받던 민중들은 민생파탄을 규탄하고 억압과 착취가 없는 세상을 꿈꿨다. 5월투쟁의 참여자들은 민족자주, 민중권력, 노동자권력, 민중해방, 사회주의 등 구호를 외치며 대안권력과 대안사회에 대한 열망을 표출했다. 우리는 열사들이 남긴 유서와 쪽지, 일기 속에서, 그리고 5월투쟁의 일부 참여자들이 외친 구호 속에서, '더 많은 민주화', 참 민주 세상을 향한 열망을 발견한다.

셋째로, 91년 5월투쟁은 사회운동과 투쟁의 과제와 전략을, 민주변혁과 민주화투쟁이라는 의제로 제기한, 즉 국가권력의 재편과 사회권력의 민주적 재편이라는 권력과 변혁의 문제로 설정하고 제기한 투쟁이었다. 넷째로, 이상의 논의로부터 '91년 5월투쟁'에 대한 보다 적절하고 정당한 호명은 '91년 5월[89] 민주화투쟁'이 되어야 할 것으로 생각한다.

이런 의미에서 87년 6월항쟁과 91년 5월투쟁이 한국 민주화운동사에서 갖는 의미는 '전복적'이다. 즉 87년 6월항쟁의 '승리'는 오히려 이후 민주화 담론의 지평을 축소하였던 반면에, 91년 5월투쟁의 '실패'는 앞으로 민주화 담론의 지평을 열어줄 가능성으로 여전히 남아 있다고 보기 때문이다. 따라서 여전히 '절차적 정의'와 공정의 가치가 침해되고, 사회경제적 불평등이 심화되고 있는 오늘의 현실에서, 민주화 대중투쟁으로서 91년 5월투쟁이 지니는 의미와 의의는 여전히 각별하고 큰 것이라고 하겠다.

89) 또는 '5월·6월'

참고문헌

〈1차 자료 및 2차 자료〉

* 강정인. 2017.『죽음은 어떻게 정치가 되는가–91년 5월투쟁과 김은국의 〈순교자〉로 본 정치·죽음·진실』. 책세상,
「고 박창수 위원장 옥중살인 규탄 및 노동운동 탄압 분쇄를 위한 전국노동자 대책위원회」 1991.
* 권경우. 2002.「죽음의 정치에서 삶의 미학으로 – 91년 5월에 대한 문화적 접근」.『그러나 지난 밤 꿈속에서 이 친구들이 나에 대하여 이야기하는 소리가 들려왔다 1991년 5월』. 이후. 156~175쪽.
* 김문수. 1990. "누가 김귀정 양을 죽였는가".『월간 사회평론』. 1990년 7월. 220~227쪽.
* 김별아. 1999.『개인적 체험』. 실천문학.
* 김서정, 1991. "백골단에 빼앗긴 김귀정의 스물다섯 살",『월간 말』. 1991년 7월호. 202~205쪽.
* 김영균 열사 추모사업회. 날짜 미상.『행복해야 돼, 이쁜 꿈 꿔– 김영균 열사의 삶과 투쟁을 기리며 –』.
* 김원. 2002.「80년대와 90년대의 결절점」. 91년 5월투쟁 청년모임.『그러나 지난 밤 꿈속에서 이 친구들이 나에 대하여 이야기하는 소리가 들려왔다 1991년 5월』. 이후. 126~155쪽.
* 김원. 2004.「91년 5월투쟁의 일상과 담론에 대한 연구」.『91년 5월투쟁과 한국의 민주주의』, 민주화운동기념사업회. 73~158쪽.
* 김원. 2011.『잊혀진 것들에 대한 기억 – 1980년대 대학의 하위문화와 대중정치』. 이매진.
* 김윤철. 2002.「91년 5월투쟁, 그, 열려진 '역사적 의미 짓기'의 장으로 들어서기」.『그러나 지난 밤 꿈속에서 이 친구들이 나에 대하여 이야기하는 소리가 들려왔다』. 이후. 104~119쪽.
* 김정한. 1998.『대중과 폭력』. 이후.
* 김하경. 1999.『내 사랑 마창노련(상)』. 갈무리.
* 노동자권력을 염원하는 노동자 일동. 날짜 미상.「[유인물] 부활하라, 열사여! 노동자 권력의 깃발로! , 노동자권력을 염원하는 노동자 일동」.
* 대전민주청년회. 1991.「대전청년 창간호」.
* 박승희열사추모사업회 건설준비위원회. 1992.「해방의 코스모스」.
* 손규성. 1991.「가난과 폭압을 불사른 민중의 아들」.『월간 말』 1991년 6월호. 148~149쪽.

* 손호철. 1995.『해방 50년의 한국 정치』. 새길.
* 손호철. 2003.『현대한국정치: 이론과 역사 1945~2003』. 사회평론.
* 안재성. 2015.『거짓말 잔치–'강기훈 유서대필 조작사건' 전말기–』. 주목.
* 애국청년 故 정상순 열사와 애국 고등학생 故 김철수 열사 추모사업준비위원회. 1992.「애국청년 故 정상순 열사! 애국 고등학생 故 김철수 열사의 1주기를 추모합니다」.
* 양돌규. 2006.「민주주의 이행기 고등학생운동의 전개 과정과 성격에 관한 연구」성공회대학교 일반대학원 석사학위청구논문.
* 오삼동우회. 날짜 미상.「천세용–91년 5월 3일, 불꽃으로 지다(천세용 열사 분신 10주기 추모집)」.
* 유서사건 강기훈 씨 무죄석방을 위한 공동대책위원회. 1993.『유서사건 총자료집 II』.
* 6월민주항쟁 10주년사업범국민추진위원회. 1997.『6월민주항쟁 10주년 기념자료집』. 사계절.
* 유진홍. 2002.「서독 68과 한국의 91년 5월」.『그러나 지난 밤 꿈속에서 이 친구들이 나에 대하여 이야기하는 소리가 들려왔다 1991년 5월』. 이후. 194~221쪽.
* 윤상철. 1997.「6월민주항쟁의 전개 과정」.『6월민주항쟁과 한국 사회 10년 I』, 당대. 107~144쪽.
* 의문사진상규명위원회,「박창수사건(진정 제21호) 결정문 2002.9.16」.『의문사진상규명위원회 1기 보고서 IV(결정문)』. 217~233쪽.
* 이승원. 2002.「91년 5월투쟁과 민주주의 – 한국 민주주의 연구를 위한 시론」.『그러나 지난 밤 꿈속에서 이 친구들이 나에 대하여 이야기하는 소리가 들려왔다』. 이후. 222~259쪽.
* 이창희, 장승화. 2003.『절차적 정의와 법의 지배』. 박영사.
* 임미리. 2017.『열사, 분노와 슬픔의 정치학』. 오월의 봄.
* 임영일. 2001.『한국의 노동운동과 계급정치(1987~1995)』. 경남대학교 출판부.
* 전국교직원노동조합 애국 고등학생 김철수 군 분신 대책위원회. 1991.「"이런 잘못된 교육을 계속 받을래" – 전남 보성고 김철수 군 분신, 교내 5·18 기념행사 중」.
* 『전국노동조합백서 제4권–죽음으로 사수한다! 전노협(1991년)』. 2003.
* 전국빈민연합. 날짜 미상.「[유인물] 빈민생존권 탄압하는 노태우 정권 철거하자!, 전국빈민연합」.
* 전재호. 2004.「한국 민주주의와 91년 5월투쟁의 의미」.『91년 5월투쟁과 한국의 민주주의』. 민주화운동기념사업회. 15~72쪽.
* 전택노련 인천택시지부 분신수습대책위. 1991.「석광수 동지 분신 진상 보고서」.
* 정성진. 1991.「87년 6월과 91년 6월의 성격연구」.『캠퍼스저널』1991년 7월호. 48~56쪽.
* 정승혜. 1991. "민중의 아픔을 껴안은 청년활동가".『월간 말』1991년 6월호. 146~147쪽.
* 정태인. 1991.「5월투쟁의 평가와 민족민주운동의 과제」.『월간 말』1991년 7월호. 9~13쪽.

* 조현연. 2002. 「한국의 국가폭력과 '잊혀진' 91년 5월투쟁」. 91년 5월투쟁 청년모임 펴냄. 『그러나 지난 밤 꿈속에서 이 친구들이 나에 대하여 이야기하는 소리가 들려 왔다 1991년 5월』. 이후. 14~41쪽.
* 천호영. 1991. 「쇠파이프에 찢긴 젊은 넋」. 『월간 말』 1991년 6월호. 138~139쪽.
* 최장집. 1993. 『한국 민주주의의 이론』. 한길사,
* 최장집, 박찬표, 박상훈. 2013. 『어떤 민주주의인가』. 후마니타스.
* 최정운. 2012. 『5월의 사회과학』. 풀빛.
* 최진섭. 1990. "노동운동가 최동의 삶과 죽음", 『월간 말』. 1990년 9월호. 168~171쪽.
* 하승우. 2002. 「알리바이, 죽음, 공간의 복원」. 『그러나 지난 밤 꿈속에서 이 친구들이 나에 대하여 이야기하는 소리가 들려 왔다 1991년 5월』. 이후. 176~193쪽.

〈보도자료〉

* 『동아일보』 1991.5.25.
* 『인천일보』 1991.6.10.
* 『뉴스1』, 2021.4.26.
* 『전대신문』 2011.4.11.
* 『조선일보』 1991.5.9.
* 『조선일보』 1991.5.11.
* 『한겨레신문』 1991.5.1.
* 『한겨레신문』 1991.5.19.
* 『한겨레신문』 1991.5.23.
* 『한겨레신문』 1991.5.30.
* 『한겨레신문』 1991.5.31.
* 『한겨레신문』 1991.6.9.
* 『한겨레신문』 1991.6.16.
* 『한겨레신문』 1991.12.5.
* 『한겨레신문』, 2000.11.13.

잊혀진 1991년, 잊게 한 권력

– 다 말하지 못했던 것을 지금 불러내는 일의 의미[90)]

정준희 (한양대학교 언론정보대학 겸임교수)

1. 1991년이 정말 거기 있었을까

타계한 소설가 박완서는 한국 근현대사에서 가장 뚜렷한 비극으로서 기억되는 6.25 전쟁에 관련된 자전적 연작 소설을 남겼다. 〈그 많던 싱아는 누가 다 먹었을까〉에 이은 〈그 산이 정말 거기에 있었을까〉에서 박완서는 자신의 가족을 전쟁의 구렁텅이에 빠뜨려버린 국가라는 것에 대해 이렇게 말한다.

> "나는 이불 속에서 외롭게 절망과 분노로 치를 떨었다. 이놈의 나라가 정녕 무서웠다. 그들이 치가 떨리게 무서운 건 강력한 독재 때문도 막강한 인민군대 때문도 아니었다. 어떻게 그렇게 완벽하고 천연덕스럽게 시치미를 뗄 수가 있느냐 말이다. 인간은 먹어야 산다는 만고의 진리에 대해.

90) 이 글은 2021년에 발간된 권경원의 책 〈1991, 봄: 잃어버린 이름들을 새로 쓰다〉의 일부로 기고한 필자의 원고를 2021년 6월 25일 열린 학술 심포지엄 발표용으로 보완 및 재구성한 내용에 바탕을 두고 있다.

시민들이 당면한 굶주림의 공포 앞에 양식 대신 예술을 들이대며 즐기기를 강요하는 그들이 어찌 무섭지 않으랴. 차라리 독을 들이댔던들 그보다는 덜 무서울 것 같았다. 그건 적어도 인간임을 인정한 연후의 최악의 대접이었으니까. 살의도 인간끼리의 소통이다. 이건 소통이 불가능한 세상이었다. 어쩌자고 우리 식구는 이런 끔찍한 세상에 꼼짝 못 하고 묶여 있는 신세가 되고 말았을까."

- 박완서 <그 산이 정말 거기 있었을까>

인간의 실존을 철저히 망가뜨려 놓고도 당대의 국가는 '천연덕스럽게 시치미를' 뗐다. 예술로 분칠한 선전·선동을, 배곯은 이들 앞에 밥 대신 내놓았다. 나는 6.25를 이렇게 경험하진 못했다. 하지만 전쟁을 직접 겪은 이들과 유사한 방식으로 6.25를 기억하고 추념한다. 교과서와 역사책을 통해, 다큐멘터리를 통해, 박완서의 소설을 통해, 그리고 수많은 영화와 드라마, 또 내 인생 내내 수없이 반복되어왔던 국가적 의례를 통해 나는 6.25라는 기억 공동체의 일원이 된 셈이다. 그러나 나에게, 1991년 그 거리 위에서 땀과 콧물과 눈물 그리고 때론 피까지 범벅이 되며 싸웠던 이들에게, 또 그 시기를 경험하지 못한 후세대들에게 1991년은 그런 방식으로 기억되지 못한다. 우리가 체험했던 1991년이 정말 거기 있었기는 했던 걸까.

"1991년 5월에 희생된 젊은 죽음들과 생존자들의 이야기는 오랫동안 희생과 헌신의 가치보다 미안함 혹은 죄책감 등의 전도된 가치로 대상화된 채 묶혀 오면서 그해를 기억하는 많은 이들에게 돌이키고 싶지 않은 트라우마로 남았다.

1991년이 1987년 이후 지속됐던 민주화 열망의 좌초를 지켜보는 시간이었다는 점보다 치명적인 것은, 삶과 죽음 사이에서 애도의 마음 길을 찾는 데에 실패한 애도 행렬 속 사람들이 당시 반복됐던 희생을 설명하지 못하는 곤경이 지속되어 왔다는 것이다."

- 권경원 <1991, 봄: 잃어버린 이름들을 새로 쓰다>

1991년은 정확한 이름을 부여받지 못한 채, 잊혔거나 잊힘을 강요당했다. 아니 기억하는 이들은 분명히 있고, 애써 기억해내려 노력하는 이들도 없지 않다. 하지만 거기까지다. 강경대와 같은 학번의 대학생으로, 그 누구보다도 1991년을 기록하고 기억하는 데 헌신했던 독립 다큐멘터리 감독 권경원은 기억하려는 자가 감당해야 할 '트라우마'와 설명하려는 자가 처한 '곤경'을 이야기한다. 스스로는 기억하지만 그에 수반되는 건 죄책감뿐이어서 매번 기억 그 자체가 고통스럽다. 그 흔한 '운동권 후일담'으로라도 팔아먹는 이조차 없는 이유가 여기에 있다. 게다가 왜 그런 희생이 그때 그곳에서 집중적으로 발생했는가에 대해 적절히 설명할 수 없는 곤혹스러움에 시달린다. 왜일까? 1991년이 1980년의 〈택시 운전사〉가 되기 어렵고 영화 〈1987〉처럼 회자될 수 없는 건 어째서일까?

"1991년 5월은 87년 6월과 달랐다. 둘 다 뜨거웠으나, 둘 다 영예로운 경험으로 남은 건 아니다. 둘 다 민주화 투쟁으로 시작됐으나, 둘 다 '항쟁'의 이름을 얻은 건 아니다. 후자는 '민주화 원년'으로 기록됐으나, 전자는 상처와 오욕의 시대로 남았다. 후자는 일부 지도부에게 정치권력을 안겨 주며 거듭 호명되고 있으나, 전자는 떠올리는 것조차 고통스러운 과거로 잊히고 있다."

- 김연수 <네가 누구든 얼마나 외롭든>

맞다. 1987년은 헌법을 바꿨다. 그래서 대한민국에 찾아온 최초의 시민 민주주의로서 누구나 '87년 체제'를 이야기한다. 그런데 실은 1980년 5월 광주 민주화운동도, 그 직전의 부마항쟁도 체제를 바꾸지는 못했다. 물론 1979년 부마항쟁은 유신체제를 벼랑 끝으로 몰았고, 1980년 광주 민주화운동에선 훨씬 더 많은 사람이 훨씬 더 끔찍하게 학살당했다. 그럼에도 불구하고 유신체제를 종식시킨 건 김재규의 총구였으며, 1980년 광주의 짓밟힌 꿈은 1987년 시민항쟁과 그 결실로서의 직선제 개헌을 통해서야 부분적으로 실현될 수 있었다.

지금 우리가 누리고 있는 민주주의를 일컬어 '91년 체제'라고까지 이야기할 수 있을지는 모르겠지만, 적어도 1991년의 그 처절한 희생이 한국 민주주의의 진로를 바꾸는 게 상당한 기여를 했다고 나는 생각한다. 하지만 1991년이 그렇게 기억되거나 평가받지 못하는 건, 3당 합당을 통해 이뤄진 김영삼 정부의 탄생을 한국 민주주의의 주요한 전환점으로 평가할 수 없었던 저간의 사정, 1991년 항쟁의 지도부가 설정했던 목표의 불명료함, 나아가 가장 결정적으로는 1991년의 희생을 '자기 파괴이자 패륜적 맹동'으로 오염시켰던 당대 권력의 강력한 이미지 공작이 상호 조합된 불행과 비극 때문이었다고 판단한다.

2. 이중폭력을 통한 파워엘리트의 전환

1991년은 폭력의 교차로였다. 우리가 체험한 1991년을 다시 소환하는 자리에는 반드시 두 축으로 전개된 각각 두 종류씩의 폭력에 대한 언급이 필요하다. 국가 폭력과 민간 폭력을 한 축으로 하고 물리적 폭력과 상징적 폭력을 다른 축으로 하는 폭력의 위상학인 셈이다. 1987년 이전까지 폭력은 주로 국가가 가하는 물리적 폭력을 중심으로 재현되었다. 하지만 1990년에 노태우 정부가 '범죄와의 전쟁'을 선포한 이후로 이른바 '조폭'이라는 민간 폭력 역시 주된 관심사로 떠올랐으며, 1991년을 기해 특정 집단에 초점을 맞춘 상징 폭력이 상당히 주효한 통치 수단으로 부상하였음을 확인시켜 주었다.

1980년 광주의 끔찍한 상흔을 안고 있던 민주화운동 세력은 언제든 목숨을 앗아갈 수 있는 폭력적 국가에 대한 최소한의 자기방어 수단이 필요하다고 생각했다. 특히 1987년 6월 민주화 이후의 전투적 노동운동 경험을 통해, 파업 현장에서 그리고 시위 현장에서, 조직된 대오의 '의사표현 공간 및 시간'을 확보하고, 최악의 순간에도 지도부를 옹위하여 피신시킬 수 있게 할 만큼의 물리력을 보유하고 행사하는 것은 실용적으로 유효할 뿐 아니라 도덕적으로도 충분히 정당하다고 보았다. 그러나 국가는 이러한 자위적 폭력을 마치 국가와 대등하거나 심지어 압도할 정도로 성장한 민간 폭력인 것처럼 문제화(problematize)했다. 1989년 동의대학교 사건에서 나타나듯, 전방위 압박과 강경 진압을 통해 더 강력해 '보이는' 저항을 자극했으며 그로부터 발생하는 비극적 결말의 책임을 민주화운동 세력에게 들씌웠다.

이를 압축적으로 보여주는 사례가 바로 노태우의 1990년 '10.13 특별선언'이었다. 이른바 '범죄와의 전쟁'으로 재현되고 또 그렇게 기억되어온

이 사건은 조직폭력배를 소탕하여 치안 질서를 바로잡겠다는 의지로 받아들여졌다. 당시 노태우는 "국가의 공동체를 파괴하는 범죄와 폭력에 대한 전쟁을 선포하고 헌법이 부여한 대통령의 모든 권한을 동원하여 이를 소탕해나갈 것"이라면서 이른바 '물태우'라고 불렸던 자신의 우유부단한 이미지를 '새 헌법을 수호하는 대통령'의 강인한 이미지로 바꿔내고자 시도했다. 하지만 이 칼끝은 조폭에서 그치지 않았다. 그는 "민주사회의 기틀을 위협하는 불법과 무질서를 퇴치할 것"이라면서 자신의 반민주적 국가 폭력에 대항하는 민주화운동 세력의 자위적 폭력에 대해서도 '민주사회'의 이름으로 철퇴를 내릴 것을 공개적으로 선포한 셈이었다. 그리고 이 선언은 직선제 헌법으로 탄생한 노태우 정부가 폭력적 국가장치인 국군보안사령부를 통해 대대적인 민간인 사찰을 행해왔음을 윤석양 이병이 폭로했던 10월 4일로부터 불과 열흘도 안 된 시점에 행해졌다.

여전히 압도적이었고 여전히 문제의 중심이었던 국가 폭력의 문제를 시야로부터 멀어지게 한 채, 민간 폭력의 위험성을 부각해 그것을 '일소하는' 국가 폭력이 마치 정당한 민주적 국가의 작동 방식인 것처럼 본말전도 시키는 데에는 과거와는 질적으로 다른 상징 폭력이 동원되었다. 그것이 바로 언론이고, 1991년은 그러한 이중폭력의 산물이었다. 1991년과 언론을 연결시켜 바라보는 것은 다소 생소한 시각일 수 있다. 하지만 적어도 1991년을 경험한 이들의 기억 속에 각인되어 있는, 그리고 1991년을 직접 경험하지 못한 세대가 그 시기를 되짚어볼 때 가장 뚜렷하게 표상되는 이미지는 백골단, 쇠파이프, 분신, 계란과 밀가루 등이다. 당대 신문과 방송이 전달했던 지배적인 '이미지 연쇄'를 매개로 1991년을 기억하거나 처음으로 접하게 되기 때문이다. 그리고 그런 당대의 이미지 연쇄를 꿰어주던 지배적 인식과 해석의 틀(frame)은 바로 '어둠의 세력'이다. 백골단과 쇠파이프로 상징되는 '무자비한 국가 폭력'의 문제가 어느 순간 불순한 집단에 의해서 '설계된 패륜적 (자기) 폭력'의 문제로 뒤바뀌어 버린 것이다. 그로써 처절한 저항적 행위였던 분신은 철없는 자기 파괴를 넘어 도구화된 죽음으로, 그리고 부당한 권력자에 대한 항의는 스승마저도 무자비하게 잡도리하는 무절제한 맹동으로 전치(轉置)되었다. 그 중심에 1991년의 언론이 있었다. 이들 언론은 더 이상 1987년 민주화 이전의 언론, 즉 독재 권력 주변에서 잔반을 얻어먹던 애완견(lapdog) 언론이 아니었다. 그들은 적어도 형식적으로는 민주적 절차에 의존해야 했던 '민주화 이후의 정치권력'을 낙점할 수 있을 만큼의 힘을 지니게 된 언론이었으며, 이를 위해 자신의 상징 권력을 효과적으로 사용할 수 있게 된 언론이었다. 그 배경을 이해하려면 1987년을 전후로 우리 사회의 파워엘리트 구조에 어떠한 변화가 발생했는지를 먼저 짚어볼 필요가 있다.

대통령 직선제 쟁취 이후 처음 치러진 1987년의 대통령 선거에서 정치권력은 다시금 노태우가 주도하는 군부와 우파 정치연합이 보전할 수 있었다. 그러나 이들이 구성한 파워엘리트는 전보다 취약한 성격을 지니고 있었다. 군대, 경찰, 검찰, 정보기관 등의 폭력적 국가기구에 대한 장악력은 여전히 갖고 있었지만, 파워엘리트 내부의 권력 블록(power bloc)이 전보다 훨씬 복잡하게 분화되고 있었음에도 이들에 대한 일원적 통치체제를 갖추기에는 노태우를 정점으로 하는 핵심 파워엘리트의 정치적 정당성과 헤게모니적 포괄력이 충분치 못했다. 무엇보다도, 파워엘리트의 주변부에서 중심부의 위치로 새로 부상한 의회 권력이 김영삼, 김대중, 김종필 등 지역에 거점을 둔 이른바 삼김(三金)세력에 의해 분점 되었다. 특히 1987년 대선 직후에 치러진 1988년 총선 결과로 우리 헌정사에서 사실상 최초로 형성된 여소야대 구도는 더 이상 전처럼 단순한 형태의 파워엘리트 구성과 작동이 불가능해졌음을 뚜렷하게 보여줬다. 게다가 과거에는 파워엘리트의 종속적 구성요소에 불과했던 재벌이 정치권력에 의한 직접 통제를 상당 부분 거부할 수 있을 만큼의 거대 경제 권력으로 성장했다. 형식적 민주주의 제도의 도입으로 말미암아 헌법재판소와 법원 등의 사법 권력 역시 (여전히 대통령을 정점으로 하는 폭력적 파워엘리트의 영향력 아래에 놓여 있긴 했지만, 이들 사이로 드문드문 비치는 권력 공백을 파고들어 자신들의 영향력을 행사하고자 하는) 독자적 권력 블록으로서의 '지분'을 점점 강화해가는 양상이 펼쳐졌다.

1991년의 5월 정국을 촉발시킨 핵심요소는 비제도권 민주화 세력을 대상으로 집중 타격을 도모하면서 노태우 정부가 주도했던 공안정국이다. 1987년 체제는 기존에는 사실상 '재야' 세력으로 배제되어 있던 김대중과 김영삼 등을 제도권 안으로 편입시켰다. 여전히 재야에 남아 있던 이른바 '운동권'은 1987년 체제를 불완전한 것으로 보고 통일과 노동문제를 중심으로 더 심층적인 민주주의를 밀어붙이고자 했다. 이런 조건에 처한 노태우 정부가 '5공 청산' 선에서 대다수 국민의 요구를 수렴하고 제도권으로 들어간 민주화 세력이 이에 집중하도록 유도하는 한편, 비제도권 민주화 세력에 대해서는 친북좌파라는 딱지를 붙여 민주주의 체제 바깥으로 도려내고자 조직적 반격을 기획한 게 바로 공안정국이다. 그리고 이를 상징하는 대표적 국가장치가 국가보안법과 함께 1989년에 제정된 「화염병사용등의처벌에관한법률」이었다. 법률 전체가 처벌규정만으로 구성된 별도의 형법이라고 할 만큼 그 의도와 목표물이 명확했던 이 법률은 1989년 내내 수많은 학생 활동가들을 잡아들이는 데 혁혁한 공을 세웠다. 1990년 1월 22일에 노태우의 민주정의당, 김영삼의 통일민주당, 김종필의 신민주공화당이 전격적인 '3당 합당'을 선언하고 속칭 '보수대연합'을 결성한 것은 전에 비해 구성이 복잡해진 한국 파워엘리트의 정치적 외연을 보여주는 매우 특징적인 사건이라고 할 수 있다. 김대중의 평화민주당을 호남 지역으로 한정시켜 정치권력으로의 진출 가능성을 차단하는 한편, 기타의 진보정당과 재야 운동권은 종래의 '민주화' 세력이 아니라 '맹동적 친북좌파'로서 고립시켜 타격, 소멸토록 하는 게 목적이었다.

이로써, 1988년의 여소야대 구도가 위축된 권위주의 세력과 확장된 민주주의 세력으로 재현된 제도권 정치를 의미했다면, 1990년의 제도권 정치는 '자유민주주의'를 간판으로 내건 거대 여당(민주자유당)과 맹동적 친북좌파와의 기존 연결고리를 끊어내지 못한 소규모 호남 정당(평화민주당)의 구도로 별안간 재편된 셈이다. 이는 기존의 '민주 대 반민주' 구도를 결정적으로 오염시킨 꽤나 성공적인 정치 프로젝트로서 기록될 만했으나, 파워엘리트 구성의 외연 확장과 복잡화에 따른 내부적 고민을 증대시킨 것도 사실이다. 특히 권력 재창출 구도의 불안정성·불예측성이 급속히 커짐으로써 수시로 공백이 발생했고, 파워엘리트 내부의 이익을 조율하는 한편 대외적 정당성을 확보하기 위한 담론 경쟁의 중요성이 커졌다. 바로 이 틈새를 파고든 것이 한국의 주류 언론이다. 이들은 3당 합당으로 탄생한 새로운 파워엘리트 지배체제를 거부하는 잔류 야당과 재야세력의 저항을 (주로는 지역감정과 레드 콤플렉스를 동원하여) 제압하거나 분산시키는 한편, 핵심 파워엘리트 내부에서 특정 정치세력이 주도권을 쥘 수 있도록 목적의식적으로 지원하는 역할을 자처했다.

1991년의 5월 정국은 주류 언론의 그런 상징 권력(이자 상징 폭력)이 실로 빛을 발한 시기였다. 나는 그것이 김지하의 '죽음의 굿판', 박홍의 '어둠의 세력', 정원식의 '스승을 폭행하는 제자'의 이미지 연쇄로써 완성되었다고 본다. 이런 이미지 연쇄는 5월 초부터 6월 초에 이르는 한 달 동안 집중적으로 형성됐다. 그 시발점은 조선일보가 5월 5일에 게재한 김지하의 기고문이다. 저항 시인에서 생명 사상가로 '전향'한 그가 "젊은 벗들"에게 "죽음을 이용"하지 말라고 준엄하게 꾸짖는 것에서 폭력의 이미지는 국가로부터 운동권에게로 신속히 전가됐다. 그로부터 사흘 뒤인 5월 8일에는 서강대 박홍 총장이 교내 메리홀에서 기자회견을 열어 "지금 우리 사회에는 죽음을 선동하는 어둠의 세력이 있다"면서 "살아 있는 우리가 이들의 실상을 파헤쳐야 할 것"이라 주장했다.[91] 이 회견은 신문과 방송의 거의 모든 지면을 도배하다시피 했고, 김지하가 언급한 어리석은 젊은 벗들은 어둠의 세력에 의해 선동당한 생명경시 세력이 됐다. 김지하와 박홍은 한때 군부독재에 저항했던 당사자이거나 그런 학생들을 보호했던 '어른'으로서의 상징 권력을 지니고 있었고, 민주주의를 위한 투쟁에 동참하기는 커녕 오히려 탄압을 방조했던 주류 언론들이 그것을 십분 활용했다.

91) 박홍은 1991년 5월 24일에 게재된 중앙일보 인터뷰를 통해 "「어둠의 세력」은 실존 단체 아닌 죽음 선동하는 사회적 분위기"를 지칭한 것이라며 부분적으로 해명했지만, 그가 말한 대로 "실상"을 파헤치는 매카시적 국가 개입이 곧바로 후속된 것은 결코 우연의 일이라고만 볼 수 없다. 게다가 그는 1994년 8월을 전후로는 아예 수만 명 단위의 "주사파 암약설"을 적극적으로 주창하면서 자신의 매카시즘을 곳곳에 전파하는 전도사로서의 면모를 보여줬다.

김지하와 박홍의 상징 권력 및 폭력에 힘을 실어주고 날개를 달아준 주류 언론이 그다음 단계의 상징조작에 힘을 쏟은 건 수사학적으로 지칭된 '어둠의 세력'에 실체성을 부여하는 일이었다. 박홍 총장의 어둠의 세력론은 기자회견이 있던 날 새벽에 발생했던 전민련 사회부장이었던 김기설 씨의 분신 사건에 대한 직접적인 대응이었다고 할 수 있다. 5월 9일 경찰은 서강대생 7명을 소환 조사했고, 곧바로 분신 배후설이 중앙일보 등을 통해 급속히 퍼져나갔으며, 이후 정국은 '백골단에 의한 강경대 타살'과 그에 저항하는 '분신' 국면에서 유서대필 혐의 등을 포함한 '분신 방조자 색출' 국면으로 전변되었다. 그리고 여기에 쐐기를 박은 것이 바로 6월 3일 외대에서 발생한 정원식 총리 폭행 사건이었다. 노태우 정부가 시국 수습 방안으로 (공안정국을 이끈 강경 이미지의) 노재봉 총리를 물러나게 하고 그 자리에 (상대적으로 온건하다고 주장된) 정원식 전 문교부 장관을 총리로 지명한 것이 5월 24일이었다. 그리고 취임을 앞둔 6월 3일, 외대에 마지막 강의를 하러 갔던 스승은 몰지각한 학생운동권에 의해 집단 폭행을 당하며 여기저기 끌려다녔다. 이것이 당시 언론이 성공적으로 창출해낸 민간 폭력의 패륜적 이미지이다.

그는 문교부 장관 재임 시절 전교조 해직 사태를 주도한 인물로서 장관 시절에도 이미 여러 차례에 걸쳐 그와 유사한 형태의 격렬한 항의를 받은 경험이 있었다. 게다가 그는 총리로서 지명되었을 때에는 대통령 특사로서 한 달간 아프리카 순방을 다니던 중이었다. 그런 (아마도 이런저런 이유로 강의에 충실하지도 않았을) 그가 외대 교육대학원 강사로서 '마지막 강의'를 하기 위해 방문했다는 것은 선뜻 이해가 가지 않으며 그만큼 고도로 계산된 이미지 연출 전략의 혐의를 짙게 남긴다. 그는 왜 대중교통을 이용했을까? 총리 경호 인력조차 딱히 마련되지 않은 상태였음에도 그 수많은 언론 기자와 카메라는 어떻게 현장에 있었던 걸까? 진실이 무엇이었든 6월 3일의 텔레비전 뉴스는 무척이나 혼란한 시선으로 담긴 아수라장을 보도했고, 6월 4일의 신문 보도 1면은 밀가루와 계란을 뒤집어쓴 채 무기력하게 끌려다니는 '듯한' 총리이자 스승의 무참한 모습으로 장식됐다. 경찰은 외대를 급습했고, 문익환 목사는 재수감되었으며, 정부는 88명의 재야인사 검거에 나섰다. 이로써 노태우 정부의 공안정국은 불과 몇 달의 진통 뒤에 그보다 더 강력한 '신공안정국'으로 탈바꿈한 셈이다.

이렇게 막을 내린 1991년 5월 정국은 정작 국가 폭력의 희생물이었던 재야 민주화운동 세력에게 도리어 패륜적 민간 폭력의 낙인을 찍는 역설적인 결과를 빚었다. 하지만 그렇다고 해서 노태우로 대표되는 군부, 경찰, 정보기구 연합으로서의 민정계가 정치적 승리를 거둔 것은 아니었다. 그들이 지목한 좌측의 극단을 성공적으로 도려내는 데 일조했고, 그로써 자신의 상징 권력을 과시할 수 있었던 언론은 핵심 파워엘리트 내부의 권력 투쟁 과정에서 (이 또한 그들이 지목한) 우측의 극단을 정치적으로 배제하는 힘을 발휘할 수 있었기 때문이다. 요컨대 이를 계기로 과거의 도구적 언론에서 주창적(advocate) 언론으로의 실질적 기능 전환이 발생했다는 것이다. 주류 언론 기업과 언론인들은 파워엘리트의 주변부를 넘어 핵심적인 지위를 도모할 만큼 상당한 권력지분을 갖게 됐다. 이 시기를 거치면서, 특정 언론사주를 '밤의 대통령'이라 일컫는 경우가 심심찮게 회자되기 시작했다. 민정계의 탈락과 민주계의 부상, 그리고 이어진 김영삼 정부의 탄생을 통해 "언론의 권력화", "선출되지 않은 권력", "권력을 창출하는 권력" 등과 같이 언론을 권력과 직접 연결 짓는 학술적 관찰 역시 빈번해졌다. 핵심 파워엘리트에게 부족한 담론 권력을 견지함으로써 독자적으로 핵심 파워엘리트와 거래를 시도하고, 그 가운데 특정 정치 세력을 잠정적으로 파워엘리트의 중앙부로 나아갈 수 있도록 선별하고 지원할 만큼 강력히 성장한 한국 언론의 특성 변화를 짐작게 해주는 대목이다.

언론이 파워엘리트의 주변부를 거쳐 중심부로 진입할 수 있었던 것에는, 위에서 언급한 담론 권력의 확보를 통한 권력 게임에의 참여라는 요인도 중요했지만, 언론기업이 국가의 보호를 벗어나 스스로 물적 토대를 확보하기 시작했다는 점도 크게 작용했다. 1980년대까지의 국내 언론이 국가의 직접적 통제 아래 놓일 수밖에 없었던 것은, 파워엘리트 구조 안에서 국가 권력이 자치하고 있는 비중이 지나치게 비대했다는 측면뿐 아니라, 그런 국가가 제공해 주는 경제적 특혜 없이는 언론기업이 스스로 생존할 수 없을 만큼 물적 토대가 빈약했다는 한계에 의해서도 발생한 일이었다. 때문에 이 무렵부터 '재벌신문' 혹은 '언론재벌'이라는 표현이 널리 쓰이기 시작했다는 것, 즉 한국 사회에서 언론이 재벌의 일원으로 표현되기 시작했다는 것은 주요 언론이 파워엘리트화의 중심부로 진입할 상징적 수단뿐 아니라 물적 수단까지도 확보하게 됐음을 의미한다. 1987년 민주화 이후 얼마 지나지 않아서, 국내 언론은 정보와 의견의 관문을 장악하여 담론적 영향력을 구축하고 물질적으로도 상당한 자기 기반을 갖춘 '언론 권력'이 된 것이다. 특히 정치권력의 주기적 재생산이라는 (한국 사회로서는 실질적으로 처음 경험해보는) 제도정치의 복잡한 동학을 매개하는 과정에서 기존 파워엘리트를 해체하고 재배열하는 정치 게임에

깊숙이 관여함으로써 이른바 '밤의 대통령'의 지위에 오를 수 있었다. 요컨대 민주주의를 위해 투쟁하는 이들을 탄압하는 도구였던 주류 언론이 마침내 타인의 희생으로 주어진 자유와 민주를 타인의 자유를 억압하고 민주주의를 오염시키는 권력화 수단으로 철저히 활용했던 민주주의의 역설을 우리는 맥없이 지켜볼 수밖에 없었던 셈이다.

3. 드러난 87년 체제 아래 숨겨진 91년 체제의 진로

우리 민주주의 제도적 가능성과 한계를 구획한 1987년 헌법은 군사쿠데타의 주역이었던 노태우가 직선제 대통령으로 선출되어 구래의 통치 수단이었던 군대, 정보기관, 경찰기관을 여전히 폭력적으로 활용할 수 있는 여지를 허용했다. 요컨대 87년 체제는 유사 파시즘으로서의 노태우 정부와 그것의 완화된 버전으로서의 박근혜 정부의 탄생과 작동을 원천적으로 제어하지는 못했다는 것이다. 그럼에도 불구하고 87년 체제는, 노태우 정부를 대체한 김영삼 정부, 그리고 박근혜 정부에 대한 탄핵에서 확인됐듯, 그보다는 좀 더 자유민주주의적인 범위 안에서 실질적으로 움직이게 되었다. 나는 그것을 느슨한 87년 체제의 '유효 진폭'을 결정한 91년 체제의 숨겨진 효과라고 간주한다.

1987년에 전개된 시민항쟁의 에너지는 87년 체제 안으로 다 가두어둘 수 없는 역동성을 지니고 있었다. 그것은 '내 손으로 직접 대통령을 뽑는' 수준 이상의 좀 더 심층적이고 더 진보적인 지향의 사회적 상상력을 담고, 시민민주주의에서 민중민주주의까지 포괄하는 좀 더 목적의식적이고 전투적인 형태의 민주화운동으로 조직화하는 길을 걸었다. 1991년은 87년 체제 안으로 가두어두기에는 너무나 강력했던 열망이 유사 파시즘의 반동 공세를 뚫고 나온, 조직화된 운동 역량의 최대치였던 셈이다. 1987년의 거리는 대학생과 재야인사들의 저항에 호응한 이른바 넥타이부대의 자발적 참여에 의해 메워졌다면, 그와 비슷한 규모에서, 그보다 훨씬 더 전투적이고 격렬하게, 더 오랜 기간 지속된 1991년의 거리는 조직된 재야인사들의 단체, 학생 단체, 노동조합 등에 의해서 채워졌다.

비록 (이른바 관계기관 대책회의로 표현된) 유사 파시스트 국가의 물리적 폭력과 이를 지원한 '명목상의 자유주의적 기구들'로서의 언론, 검찰, 사법부의 상징적 폭력이 조직화된 전투적 민주주의 운동 세력 그리고 이에 순수한 마음으로 동참하여 '절망적 염원'을 표출하며 스스로를 희생했던 많은 젊음을 역사 아래 파묻어버리는 데에는 성공했지만, 김영삼 정부의 탄생과 그에 뒤이은 김대중 정부의 등장으로 표상되듯, 폭력적 국가기구 중심의 통치를 더 이상 우리 시민사회가 용인하지 않도록 이끈 데에는 1991년의 처절한 희생이 기여한 바 크다. 결국 1991년은 87년 체제 아래에 여전히 잔존해 있던 연성 파시즘으로의 전화 가능성을 실질적으로 차단하는 억제력인 동시에, 한국 사회의 파워엘리트 중심축이 보수계 정당, 검찰, 사법부 그리고 언론 및 재벌 등의 '명목적 자유주의 기구들'로 결성된 주류 권력연합을 중심으로 이동하는 한편 때때로 민주계 정당과 (조직화된) 노동 및 시민사회 계열의 비주류 권력연합이 그에 도전하는 양상으로 전개되도록 구조화한 숨은 동력으로서 작동해온 셈이다.

이른바 비주류 권력연합의 상층부가 (그리고 사실상 따져보면 주류 권력연합의 일부 역시) 소위 386/586으로 표현되는 87년 체제의 주역에 의해 오랜 기간 장악되어왔다고 말하지만, 그들이 그런 자리에 진출할 수 있도록 정치적 공간을 열어주고, 물리적·상징적 권력 자원 측면에서 압도적 열세에 처한 이 비주류 권력연합이 종종 정치, 사회, 문화 부문에서 대항 헤게모니를 가질 수 있도록 뒷받침한 것은 1991년의 트라우마와 죄책감을 간직하고 있는 그 숱한 무명씨들의 존재이다. 흔히 언론에 의해 '신 콘크리트'라는 별칭으로도 불리는, 가장 두텁고 굳건한 진보 지향적 세대로서 지목되는 이들은 제도권 정치보다는 사회 영역과 문화 영역에서, 그리고 생활세계 속 사실상 최초의 '시티즌'이자 초기 가상공간의 '네티즌'으로 포진해 있으면서, 주류 권력연합이 행사하는 물리적·상징적 폭력에 대한 저항의 진지를 구축해왔다. 이들은 사실상 최초의 비주류 정치권력이었던 노무현 정부의 탄생을 가능하게 했고, 주류 권력연합의 상징 폭력에 의해 희생된 고 노무현 대통령의 죽음을 목격하면서 87년 체제의 느슨함을 비집고 점점 더 유사 파시즘의 색채를 띠어갔던 보수계 정부에 대항했던 핵심 기반이었다. 이들 속에 내재되어 있던 사회정치적 에너지는 '촛불시위'의 형태로 잠정적인 시민 저항연합을 주기적으로 재활성화함으로써 의회, 언론, 검찰, 헌법재판소, 사법부 등 '명목상의' 자유주의 기구들이 우리 헌법의 틀 안에서 '실질적으로' 작동할 수 있도록 압박한 힘이기도 했다.

요컨대 1991년은 느슨한 87년 체제 안에 내재하여 있던 느슨함을 제한하여 형식적 차원에서나마 자유민주주의를 정착시키도록 방향타를 고정했던 역사적 계기였던 한편, 우리 사회가 지속적으로 심층 민주주의를 지향하도록 이끈, 1980년과도 또 다른 '죄책감'을 지닌 세대를 형성하게 했다. 그러나 우리는 한편에서 '명목적 자유주의 기구들'이 결성해낸 주류 권력연합의 상징적 폭력, 그리고 그들이 필요에 따라 동원해낼 수 있는 선별적 형태의 물리적 폭력을 효과적으로 제어해낼 수 있는 체제를 아직 갖추지 못했다. 그리고 이에 더해, 과연 1991년이 열망했던 심층 민주주의의 실제 내용이 무엇이어야 하는가에 관하여 여전히 사회적 합의를 끌어내지 못한 채, 우리 사회에 대한 저마다의 불만과 '상상'이 서로 격렬히 충돌하는, 낮은 수준의 정체성 정치와 그만큼 낮은 수준의 반발(backlash)이 얽혀드는 국면으로 이동하고 있다. 하지만 1991년의 희생을 정당히 평가하고 계승하기 위한 방법이 그저 '87년 체제'와는 구별되는 '91년 체제'라는 명칭을 얻어내면서 또 다른 민주화운동으로서 제도적으로 정의되는 데 있는 것은 아니며, 그럼으로써 또 다른 종류의 후일담 콘텐츠를 만들어 소비되도록 하는 데 있지는 않다. 다만 한국 사회가 직면해 있는 과거, 현재, 미래의 민주적 한계, 즉 '명목상의 자유주의 기구들'에 대한 민주적 제어와 실질화 과제를 넘어, 새로운 빈곤과 불평등의 문제, 그리고 아직은 혼란스럽기만 한 현재와 미래의 '다층적 적대'를 새로운 문제 정의 및 해결의 계기로 전변시켜 역동적 민주주의의 에너지를 발화하기 위해, 다시 1991년이 2021년과 대화를 시작할 필요는 충분해 보인다.

로컬에서 1991년 5월투쟁을 다시 보기 : 광주지역을 중심으로[92)]

김봉국 (전남대학교 호남학연구원 HK 연구교수)

1. 머리말

한국 현대사에서 1991년 '5월투쟁'처럼이나 '죽음'과 '정치'의 결속 관계가 강하게 작용했던 경험은 드물다. 물론 4·19혁명, 1970년대 노동운동, 5·18민중항쟁, 6월항쟁 등 한국 현대사의 물줄기를 바꾸었던 굵직한 사건들이 모두 '죽음'에 의해 촉발되었다. 하지만 1991년 5월 소위 '분신정국'처럼 젊은이들의 연이은 정치적 죽음이 격렬한 논쟁을 촉발해 죽음의 정치화와 탈(재)정치화가 맞물려 시도되고, 죽음에 대한 진실 공방이 사회적 이슈로 떠올랐던 적은 찾아보기 어렵다. 특히 죽음의 성격을 둘러싼 사회적 규정이 지배-저항세력 사이의 정치적 정당성 및 역학관계와 밀착되어 저항과 진압의 파고를 좌우하는 변수로 작용하면서 죽음을 둘

92) 이 논문은 2021년 5월 29일 1991년 열사투쟁 30주기 광주전남기념사업위원회가 "1991년, 열사투쟁과 광주·전남"을 주제로 개최한 학술대회에서 발표한 원고를 토대로 작성된 것이다. 본 연구를 위해 귀중한 자료를 제공해 주신 광주전남추모연대 김순 집행위원장님과 귀한 논평을 해주신 익명의 세 분 심사위원님들께 깊이 감사드린다. 이 논문은 2018년 정부(교육과학기술부)의 재원으로 한국연구재단의 지원에 의한 것(2018S1A6A3A01080752)임을 밝힌다.

러싼 정치적 공방 양상은 더욱 노골적으로 나타났다.[93)]

이와 같이 1991년 5월투쟁이 죽음과 정치의 강한 결속을 초래했던 것은 당시 죽음이 국가폭력에 의한 단발적 사건으로 그치지 않았기 때문이었다. 1991년 4월 26일 경찰에 의한 강경대 구타치사사건 이후 이에 대한 공분 속에서 박승희를 시작으로 분신·투신의 형태를 띤 자발적 죽음이 연이어 발생했다. 계속되는 젊은이들의 안타까운 죽음은 보통사람들의 단순한 일상에 파문을 일으키며 일상적 삶의 구조를 탈피한 일련의 저항적 실천을 분출시키는 사태로 급진전하였다. 즉 죽음이 불러일으킨 감성적 예외상태가 노태우 정권에 대한 거센 분노와 저항적 실천으로 이어져 지배 권력을 위기에 빠뜨렸던 과정에서 죽음과 정치는 밀착되었다. 이렇게 놓고 보면 1991년 5월투쟁은 연이은 자발적 죽음들과 이에 응답한 감성적 주체들이 만든 민주화운동이었다. 여러 정치적 변수가 존재했지만, 투쟁의 강도와 지속성 역시 이들의 응답 여부에 의해 좌우되었다고 볼 수 있다.

그럼에도 불구하고 1991년 5월투쟁은 그 당시부터 정치적 성패 여부를 중심으로 6월항쟁과 비교되는 가운데 일부 긍정적 평가가 있지만,[94)] 대체로 '잊혀진 역사'라는 평가가 상징하듯 '실패'한 투쟁으로 기억되고 있다. 정도의 차이는 있으나 5월투쟁의 역사적 위치나 그 이후 90년대 한

93) 5월투쟁 당시 '정치가 죽음과 진실의 문제에 개입하는 양상'에 대해서는 강정인, 『죽음은 어떻게 정치가 되는가』(책세상, 2017), 37-121쪽 참조.

94) 김윤철, 「91년 5월투쟁, 그 열려진 '역사적 의미 짓기'의 장으로 들어서기」, 91년 5월투쟁 청년모임, 『그러나 지난 밤 꿈속에서 이 친구들이 나에 대해서 이야기하는 소리가 들려왔다 1991년 5월』(이하 '그러나 지난 밤…'으로 표기) (이후, 2002), 106-117쪽.

국의 진보운동을 다루는 글들 역시 '아픈 상처'나 '패배'라는 시각을 공통분모로 논의를 전개해왔다.[95] 물론 1987년 6월항쟁 이후 민주화에 역행하는 권위주의 군사정권에 맞선 극한적 투쟁이었음에도 불구하고 물리적 탄압과 이데올로기적 공세에 밀려 가시적 성과를 얻지 못한 채 투쟁이 마감되었다는 측면에서 이러한 평가도 가능할 것이다.

하지만 현재까지도 이와 같은 (무)의식적 시각이 지배적인 인식 틀과 담론으로 재생산되면서 5월투쟁이 함축했던 다양한 의미에 대한 논의 지형을 일정하게 제한시키고 있는 문제 역시 나타나고 있다. 더구나 일부 학술적 성찰 작업은 5월투쟁을 80년대와 90년대 운동의 결절을 상징하거나,[96] 학생운동이 퇴조하고 노동운동과 시민운동이 성장하는 90년대 운동의 전환적 계기였다는 등 사후적·결과론적 인과관계를 설정하고 있는데,[97] 여기에 대한 구체적 논거는 빈약한 상태이다. 1990년대 새로운 운동의 방향성과 주체를 전망하는 과정에서 그 타자로서 1991년 5월을 '실패'한 것으로 규정짓고 있는 경향이 강하다. 5월투쟁을 통해 드러났던 경직된 운동노선이나 남성중심주의의 위계적인 운동문화 등 다양한 문

95) 이와 같은 시각에 대표적 연구로는 정성진, 「87년 6월과 91년 6월의 성격 연구」, 『캠퍼스저널』(1991년 7월호); 김정한, 『대중과 폭력: 1991년 5월의 기억』(이후, 1998); 『비혁명의 시대』(빨간소금, 2020); 91년 5월투쟁 청년모임, 『그러나 지난 밤…』(이후, 2002); 전재호·김원·김정한, 『91년 5월투쟁과 한국의 민주주의』(민주화운동기념사업회, 2004).

96) 김원, 「80년대와 90년대의 결절점」, 91년 5월투쟁 청년모임, 『그러나 지난 밤…』(이후, 2002), 133-152쪽.

97) 김정한, 「대중운동과 민주화: 91년 5월투쟁과 68년 5월 혁명」, 민주화운동기념사업회, 『91년 5월투쟁과 한국의 민주주의』(오름, 2004), 182-192쪽.

제점에 대한 냉철한 성찰과 비판은 계속될 필요가 있다.[98] 하지만 그것들로 인해 실패할 수밖에 없었다는 시각은 미래의 전망이 과거와의 긴장을 유지하지 못한 채 그 실상을 압살한 격이다.

이와 함께 혹여 '실패'라는 평가와 그에 기초한 대안 설정이 서울(경기) 중심주의 운동의 위치와 시각을 전제한 것은 아닌지 거리 두어 접근할 필요도 있다. 1991년 5월투쟁에 대한 최초의 집단적 학술연구 역시 그 유의미한 성과에도 불구하고 서울·경기지역 학생운동 참여자들의 제한적 경험을 바탕으로 시도되었던 것에서도 확인할 수 있듯이,[99] 5월투쟁의 지역적 상황에 관한 연구는 아직 미흡한 상태이다.[100] '광주'라는 로컬의 위치와 시각에서 91년 5월투쟁은 80년 5월과 겹쳐져 인식되고 이야기된 경향이 짙었다. "강경대 군 폭행치사로 예년에 비해 일찍 촉발된 5월 광주"라는 지역 일간지의 평가가 단적으로 말해주듯이,[101] 광주지역은 5·18의 경험과 감성의 자장 속에서 분신정국을 맞이했다. 이는 1991년 5월투쟁이 하나가 아닌 다양한 위치와 장소성의 맥락에서 전개되었다

98) 김원, 「91년 5월투쟁의 일상과 담론에 대한 연구」, 민주화운동기념사업회, 『91년 5월투쟁과 한국의 민주주의』 (오름, 2004), 87-116쪽.

99) 이 공동작업에 참여한 연구자들은 책의 '펴내는 글'을 통해 "이 책에 실린 글들의 필자 대부분은 서울·경기 지역에서 대학생 신분으로 학생운동을 하면서 91년 5월투쟁을 경험한 이들이며, 대부분 대학원이라고 하는 제도 교육권 내에서 활동하고 있는 청년 연구자들이다"라고 밝히고 있다. 91년 5월투쟁 청년모임, 『그러나 지난 밤…』 (이후, 2002), 5쪽.

100) 광주·전남지역 91년 5월투쟁에 대한 연구는 시작 단계로 본격적인 학술적 연구라기보다 사건 진술 및 그 의미를 정리하는 정도에 머물러 있다. 오승룡, 「91년 5월투쟁」, 광주광역시·전라남도, 『민주장정 100년, 광주·전남지역 사회운동 연구』 6 (2015); 전남대학교 5·18연구소, 『1991년, 열사투쟁과 전남대(학술심포지엄 자료집)』 (2021).

101) 「5월 광주를 말한다… 취재기자 방담」, 『광주일보』 (1991. 5. 29.).

는 것을 말해준다. 그리고 서로 다른 위치와 장소적 문맥에 섰던 주체들의 경험과 기억 역시 다를 수 있음을 시사한다.

이런 측면에서 이 글은 1991년 5월투쟁을 '광주'라는 지역의 위치에서 구조화된 일상을 벗어나 거리로 나섰던 주체들을 중심에 놓고 다시 살펴보고자 한다. 광주라는 로컬의 문맥에 위치했던 감성적 주체들의 시각에 선 당시의 정치적 패배가 그대로 자기 삶의 아픔과 실패로만 귀결된 것은 아니었다. 둘 사이에는 일정한 간극이 존재하며 그들의 경험은 삶에 더 오랫동안 다른 방식으로 영향을 주었던 것으로 보인다.

이와 같은 작업을 위해 이 글은 1991년 5월투쟁을 인류학자 빅터 터너(Victor W. Turner)가 제안한 사회극(social drama)의 하나로 접근하고자 한다. 그는 특정 공동체의 사회적·정치적 과정이 연극적 양상과 유사하다는 점-거꾸로 말하자면 '사회생활의 연극적 잠재력'-에 주목해, 공동체의 대립, 경쟁, 분쟁, 투쟁 등을 응축해 중요한 계기를 형성하는 극적인 사건을 '위반(breach)-위기(crisis)-교정(redress) 혹은 치유(remedy)-재통합(reintegration) 혹은 분열의 인정(recognition of schism)' 과정으로 설명하려 했다.[102)]

그 자신이 밝히고 있는 바와 같이 구체적 사건에 따라 다양한 양상을 갖는 사회극을 5월투쟁의 해석에 기계적으로 가져오는 것은 무리이다. 그럼에도 불구하고 3당 합당 및 공안정국으로 시작된 지배 권력의 위반과 그에 대한 저항 속에서 발생한 강경대의 죽음 및 연이은 분신·투신이

102) 빅터 터너, 김익두·이기우 옮김, 『빅터 터너의 제의에서 연극으로』(민속원, 2014), 16-32쪽; 빅터 터너, 강대훈 옮김, 『인간 사회와 상징 행위』(황소걸음, 2018), 14-73쪽.

가져온 위기, 이를 조기 수습하려는 노태우 정권의 기만책과 더 큰 저항으로 인한 위기, 뒤이어 '김기설 유서대필사건'의 날조로 죽음의 순수성 및 학생운동의 도덕성을 훼손해 교정과 재통합을 획책했던 과정은 터너가 말한 사회극의 전개와 유사함을 발견할 수 있다.

무엇보다 이 글이 사회극 개념을 빌려온 것은 위기와 교정의 리미널한(liminal) 국면에서 출현하는 감성적 주체를 통해 5월투쟁에 대한 기존의 인식 틀과 거리 두기를 하고, 그것의 현재적 의미를 모색하기 위해서이다.[103] 과연 5월투쟁은 아픈 상처투성이의 실패로만 기억되는 것이 타당한가? 당면한 투쟁 목표의 미달성이 곧 실패라면 1980년 5·18민중항쟁 역시 실패한 것이 아닌가? 현재 계엄군의 도청 진압을 근거로 5·18민중항쟁을 실패한 것으로만 평가하지 않듯이 분신정국 역시 다른 시간 폭과 위치와 층위에서 그 역사적 의미를 다양하게 구성할 필요가 있다. 단기적이며 표면적인 정치적 결과가 아닌 다른 잣대, 가령 일상적 삶을 자발적으로 중단시킨 채 투쟁의 거리에 나섰던 감성적 주체의 경험과 정서를 통해 다시 바라본다면, 기존과 다른 기억과 주체를 만나 다른 평가와

103) 이와 관련하여 강인철은 빅터 터너의 '리미널리티(liminality)'와 '커뮤니타스(communitas)' 개념을 활용해 1980년 5·18민중항쟁을 분석했다. 이 과정에서 리미널리티의 공통적 특징을 "①반(反) 구조와 초월성(일상성의 초월), ②모호성, ③집합적이고 공적인 성격, ④평등성과 연대성, ⑤사회의 일시적 투명화와 그에 대한 성찰성, ⑥비판과 대안적-유토피아적 질서의 제시(창조성·전복성), ⑦기성 질서 대표자들에 의한 위험시, ⑧일시성 혹은 단기 지속" 등 여덟 가지로 설명하고 있다. 또 커뮤니타스는 "리미널리티의 전복성에 의해 발생하고 리미널한 전이 상태(liminal transition)에 놓인 사람들 사이의 사회관계를 특징짓는 양식"이라고 규정하고 있다. 강인철, 「변혁의 리미널리티와 해방의 커뮤니타스: 광주항쟁에 대한 새로운 접근」, 『신학전망』 205 (2019), 119-122쪽; 김봉국, 「순례공감장: 망월묘역과 5월의 기억」, 『감성연구』 22 (2021), 333쪽 각주 재인용.

전망을 모색할 수 있을 것으로 생각한다.

이런 측면에서 이 글은 먼저 1991년 5월이라는 시점에서 터져 나왔던 지역적 실천과 담론의 배경을 파악하기 위한 사전 작업으로서, 노태우 정권에 대한 지역민의 인식 및 그 인식을 낳았던 지역적 맥락과 정서를 살펴본다. 이어 실제 광주지역 5월투쟁의 양상 및 특성을 구체적으로 검토하고, 당시 타 지역과 다른 투쟁의 양상을 보였던 지역적 요인을 분석한다. 마지막으로 박승희를 비롯한 '열사'들의 도심 노제와 장례투쟁이 낳은 리미널한 애도의 국면 및 그로부터 출현했던 '해방공동체'의 양상에 대해 살펴본다. 이를 통해 광주지역 5월투쟁의 성격 및 그것이 갖는 현재적 의미를 모색한다.

2. 노태우 정권과 지연된 '5월 청산'

1991년 5월투쟁은 6월항쟁 이후 전국민적 민주개혁의 열망을 외면하고 1989년부터 시작된 공안탄압과 그다음 해 3당 합당으로 상징되는 반민주적 조치를 통해 재집권을 노렸던 노태우 정권에 맞선 6공화국 시기 최대 규모의 민주화운동이었다. 1991년 4월 26일 명지대생 강경대의 구타치사사건 이후 투쟁 지도부가 명동성당에서 완전 철수하는 6월 29일까지 대략 60여 일에 걸쳐 모두 13인이 죽고 전국적으로 수십만 명이 시위에 참여했다. 비공식 집계로는 이 기간에 전국적으로 2,361회의 집회가 열렸다.[104] 하지만 노태우 정권의 물리적 폭력은 계속되었고, 오랜 권언유착 관계를 형성해왔던 보수언론의 '김기설 유서대필사건'의 날조 및 '정원식 총리서리 봉변 사건'의 편파 보도를 통한 이데올로기 공세가 가해졌다.[105] 여기에 6월 광역단체장선거가 맞물리면서 투쟁은 소진되었다. 당시 저항세력은 연이은 학생들의 죽음을 공안통치의 '필연적' 귀결로 규정하고 공안탄압 종식과 민주개혁을 요구했다. 반면 '분신 배후설'이나 '유서 대필 논쟁'에서 단적으로 볼 수 있듯이, 노태우 정권은 죽음의 순수성과 자율성 시비를 통해 죽음을 탈정치화하는 동시에, 운동세력의 도덕성을 비판하는 근거로 이용해 재정치화했다.

이와 같은 5월투쟁 국면에서 '광주'의 문맥과 정서가 만든 지역적 투쟁의 양상 및 특성을 이해하기 위해서는 먼저 노태우 정권에 대한 지역민들의 인식을 살펴볼 필요가 있다. 특히 1991년 5월이라는 시점에서 터져나왔던 지역적 실천과 담론의 배경을 파악하기 위해서는 보다 장기적이고 구조적인 측면에서 지역민들의 집단적 망탈리테(mentalités)를 검토할 필요가 있다.[106]

한 예로 박승희 분신 이후 광주지역 투쟁이 고조되어갔던 5월 8일 조대신문은 "광주의 그 수많은 죽음을 짓밟고 섰던 5공정권과 그와 한 뿌

104) 김정한, 「권력은 주체를 슬프게 한다: 91년 5월투쟁 읽기」, 91년 5월투쟁 청년모임, 『그러나 지난 밤…』(이후, 2002), 46쪽.

105) '유서대필사건'과 '6·3 외대사건'에 대한 언론 보도 양상에 대해서는 강정인, 『죽음은 어떻게 정치가 되는가』(책세상, 2017), 68-117쪽; 이유경, 「'6·3 외대 사건'에 대한 언론의 '상징 폭력화' 과정」, 91년 5월투쟁 청년모임, 『그러나 지난 밤…』(이후, 2002), 78-100쪽 참조.

106) '망탈리테'의 개념 및 연구사에 대해서는 김응종, 「심성사의 여러 모습」, 안병직 외, 『오늘의 역사학』(한겨레출판, 1998), 81-133쪽.

리인 6공정권이 국민의 참정권을 유린하며 3당 야합을 성사시킨 후에 저질렀던 강권과 비리와 부패성에 대해 우리 국민은 이미 분노"해 왔다며,[107] 대학생들의 연이은 죽음에도 불구하고 근본적인 사태 수습 태도를 보이지 않았던 노태우 정권의 퇴진을 주장했다. 그런데 이 기사에서 주목되는 것은 노태우 정권을 광주학살의 주범인 '5공정권과 한 뿌리'로서 규정하면서, 그 이유가 바로 전두환 정권과 마찬가지로 '광주의 그 수많은 죽음을 짓밟고 섰던' 쿠데타 세력이라는 점을 들고 있는 점이다. 1991년 5월투쟁 기간 동안 광주지역의 집회나 시위 현장에서 이와 유사한 시각과 말들은 빈번하게 반복적으로 표출되고 있었다. 이는 6공화국 전반기 5·18 진상규명과 책임자 처벌 문제를 '광주문제'로 말했던 것이나, 5·18 관련 국회 청문회를 '광주 청문회'라고 불렀던 것에서 단적으로 드러나듯이, 광주시민들에게 지연된 '5월 청산'의 문제는 여전히 가장 중요한 정치적 관심사였다는 것을 말해준다. 다시 말해 5·18 문제는 광주시민이 노태우 정권을 평가하는 창이자 잣대였으며, 1980년대와 1990년대를 관통해 지속해서 지역민의 사회 인식과 실천에 (무)의식적 영향을 미쳤다.

80년 5월의 상처에 붙들려 있을 수밖에 없었던 지역 정서는 타 지역에 비해 광주·전남지역이 노태우 정권에 대한 불신과 반정부적 태도를 시종일관 강하게 견지하고 표출하도록 만든 주요 요인이었다. 이와 관련하여 당시 노태우 정권과 5·18 문제에 대한 광주시민의 의식을 살펴볼 수 있는 대표적 사례가 1988년 4월 13대 총선과 총선 직전인 3월에 실시된 '광주시민사회 의식조사'이다. 당시 13대 총선 개표상황을 지켜보던 국민은 광주와 전남지역을 가리켜 '해방구'라고 부르기 시작했다. 이는 광주·

107) 「살아서 끝까지 싸우는 청년 학생이 되어야」, 『조대신문』 (1991. 5. 8.).

전남지역에서 집권 민정당이 전멸했기 때문인데,[108] 그 이면에는 어느 지역 시민보다 높고 철저한 반정부의식이 깔려 있었다.[109]

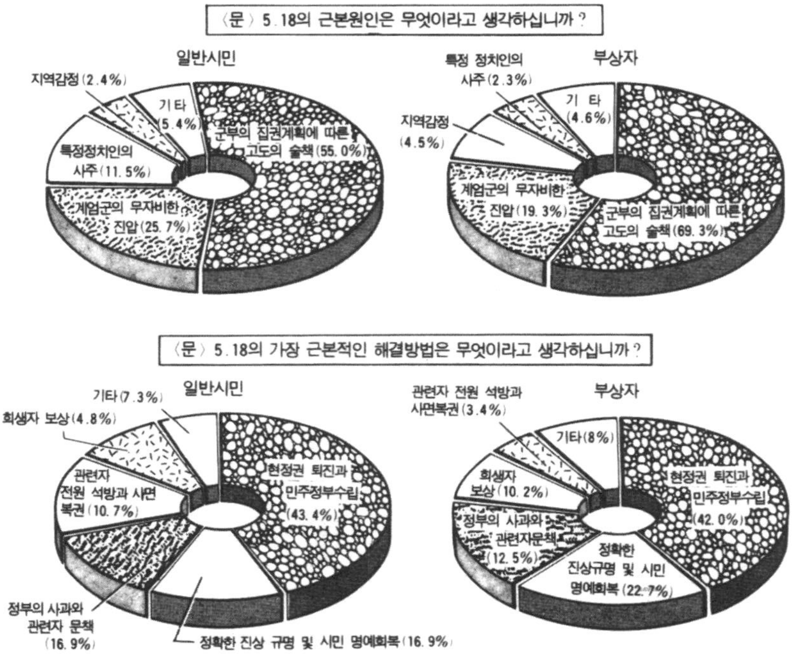

〈표 1〉 광주시민사회 의식조사[110]

이와 같은 반정부의식은 위 〈표 1〉과 같이 천주교 광주대교구 정의평

108) 당시 지역별 득표 현황은「제13대 국회의원선거 득표상황」,『조선일보』(1988. 4. 27.) 참조.

109) 오연호,「한(恨)과 투쟁의 도시 광주」,『월간 말』(1988년 12월호), 58쪽.

110)「광주시민들이 보는 '5·18' 어제와 오늘」,『한겨레』(1988. 5. 20.).

화위원회가 전남대학교 사회학과에 의뢰하여 1988년 3월 26일부터 4월 5일까지 광주시민 500명을 대상으로 실시한 '광주시민사회 의식조사'에서도 확인할 수 있다. 보고서에 따르면 현 정권 아래서 5·18의 해결이 가능하다고 생각하느냐의 질문에 일반 시민 64.6%가 불가능하다며 부정적 시각을 강하게 드러내고 있다. 더 주목되는 것은 5·18의 근본적인 해결방법에 대해 5·18 관련 부상자(42.0%)보다도 일반 시민(43.4%)이 더 높게 현 정권의 퇴진과 민주정부 수립이라고 답변하고 있는 점이다. "현 정권하에서 이뤄지는 모든 광주 관련 조치들은 미봉책에 불과하다는 것이다. 즉 사과와 관련자 문책(16.9%), 진상규명과 명예회복(16.9%), 관련자 전원 석방과 사면복권(10.7%) 따위보다는 광주학살의 공범인 현 정권이 퇴진하는 것을 첫 번째 해결책으로 보고 있어야 한다."[111] 그렇다고 5·18 문제가 당시 광주·전남지역의 문제로만 인식되었던 것은 아니었다. 그것은 군부독재세력의 정치적 지배 정당성과 직결되는 사안이었기 때문에 87년 후반기 대선국면에서부터 이미 전국 선거판의 주요 이슈로 부각되었다. 당시 한 월간지는 "광주학살과 직결된 현 정권 또는 군인 출신 정치가의 집권 하에서 광주항쟁이 제대로 규명될 수 없다는 것은 자명한 사실"로서, "군부독재를 종식시킬 진정한 민주정부가 출범해야 광주항쟁의 진상이 규명될 여건이 충족된다"고 주장하며, 민정당 총재인 노태우는 광주학살의 실질적 책임자로서 의법 처단되어야 한다고 강조했다.[112] 같은 해 11월에 경찰은 민주쟁취국민운동본부 광주학살 진상규명 실천

111) 오연호, 「한(恨)과 투쟁의 도시 광주」, 『월간 말』 (1988년 12월호), 58쪽.

112) 편집부, 「광주학살 책임자를 어떻게 처벌할 것인가」, 『월간 말』 (1987년 11월호), 14-16쪽.

위원회가 "노태우는 대통령이 될 수 없다"는 사진 전단 50만 장을 전국 주요 도시에 배포한 것을 문제 삼아 본부 회원들을 연행하기도 했다.[113] 당시 배포된 유인물에는 "80년 당시 수도경비사령관이던 노태우는 자신들의 만행을 묻어둔 채 책임을 회피하고자 한다"며, "노태우는 전두환의 충실한 후계자로 군부통치에 가장 앞장서 왔다"고 쓰여 있다.[114] 6월항쟁 이후 군사정권의 종식 요구는 전국적으로 일어났고, '전두환과 노태우는 일란성 쌍생아'라는 인식이 일반적이었다.[115]

그럼에도 불구하고 5·18 문제를 중심에 놓았던 광주지역과 타 지역의 노태우 정권에 대한 태도는 일정한 차이를 보였다. 1988년 2월 25일 취임사에서 노태우 대통령은 '민주개혁과 국민화합으로 위대한 보통사람의 시대'를 열겠다는 포부와 함께 '물량 성장과 안보를 앞세워 자율과 인권을 소홀히 여길 수 있는 시대는 끝났습니다. 힘으로 억압하거나 밀실의 고문이 통하는 시대는 끝났습니다'라고 선언했다.[116] 출범 초기 6월항쟁과 뒤이은 노동자대투쟁을 통해 표출된 정치적 민주화와 사회개혁을 요구했던 국민 여론을 의식하지 않을 수 없는 상황에서 나왔던 반응이었다.[117] 1991년 5월투쟁 당시 '의사개량화정책'이라고 평가했던 바와 같이,

113) 「특정 후보 비방하는 광주사태 전단 단속」, 『조선일보』 (1987. 11. 22.); 편집부, 「광주학살 책임자 노태우는 대통령이 될 수 없다」, 『월간 말』 (1987년 12월호), 38쪽.

114) 편집부, 「노태우는 대통령이 될 수 없다」, 『월간 말』 (1987년 12월호), 38쪽.

115) 장영석, 「노태우 '5공' 관련 비리」, 『월간 말』 (1988년 12월호), 15쪽.

116) 「노 대통령 취임사」, 『동아일보』 (1988. 2. 25.).

117) 이덕우, 「강경대군치사사건과 5월시위정국」, 『인권보고서』 6 (1991), 228-229쪽; 광주광역시 5·18사료편찬위원회, 『5·18광주민주화운동자료총서』 19 (1999), 21-22쪽 재인용.

실제 집권 전반기 노태우 정권은 비록 본질은 변할 수 없었지만 형식적으로는 5공화국과 구별되는 몇 가지 조치들을 보여주었다. 그로 인해 표면적으론 국회를 비롯한 제도정치권과 재야 민족민주진영의 정치 공간이 상대적으로 확장되었다. 정권의 지배방식 또한 폭력 일변도의 무력통치로부터 최소한의 절차와 합리적 근거를 갖는 지배방식으로 변화했다.[118] 이와 같은 변화들은 일정한 정치적 효과를 발휘하면서 노태우 정권을 5공화국과 분리시켰고 중산층을 안정지향으로 돌린 결과 재야운동으로부터 중산층과 제도 야당을 분리시켰다. 또한 물리적 폭력수단이 아닌 효율적 기술 지배구조를 통해 전면적인 정권 퇴진운동을 무디게 하였다.[119]

하지만 5·18 문제에 밀착되었던 광주지역은 이와 같은 소위 '물타기' 통치정책에도 불구하고 집권 초부터 반정부적 태도를 강하게 견지했다. 그 이유 역시 5·18 문제에 대한 노태우 정권의 일련의 행태가 지역사회의 더욱 큰 반발을 촉발했기 때문이었다. 취임 초기 노태우 정권은 광주문제 해결 방안을 강구하겠다는 선거 공약에 따라 1988년 1월 대통령 자문기구로 '민주화합추진위원회(민화위)'를 구성하고 5·18 문제의 해결을 시도했다.[120] 하지만 민화위는 당시 5·18광주의거유족회장으로서 참석한 전계량 씨가 "노태우 정권의 정통성과 기반을 구축하기 위한 대표적 협잡기구"라고 비판했던 바와 같이,[121] 진상규명과 책임자 처벌은 외면한 채 정부 차원의 사과로 광주문제를 은폐·호도하려는 위선적 본질

118) 고성국, 「노 정권 파시즘체제의 본질을 밝힌다」, 『월간 말』(1991년 6월호), 14쪽.

119) 이수인, 「『광주』는 지금 어디에 있는가」, 『신동아』(1990년 5월호), 300-301쪽.

120) 정문영, 「진실을 향한 투쟁」, 5·18기념재단 기획, 『너와 나의 5·18』(오월의봄, 2019), 142쪽.

121) 편집부, 「민주화합추진위의 위선적 본질」, 『월간 말』(1988년 3월호), 14쪽.

만을 드러냈다. 뒤이어 "5월 광주의 기억을 환기하려는 세력과 그 기억을 지워버리려는 세력 간의 역사적 고지를 점령하기 위한 투쟁"의 장이었던 4월 13대 총선에서 '여소야대' 국면이 만들어졌다.[122] 야권의 압박 속에서 1988년 11월 18일부터 1989년 1월 27일까지 '국회 광주청문회'가 진행되었고 5·18의 진상을 TV를 통해 접한 국민은 큰 충격에 빠지기도 했다. 하지만 "열린 청문회, 닫힌 진실"이라는 시청 후기처럼 증인들의 뻔뻔스러운 답변과 거짓 증언으로 인해 이 또한 광주지역민들에게 공분을 사기는 마찬가지였다.[123]

결국, 집권 전반기 일정한 표면적 변화에도 불구하고 정권 존립에 막대한 지장을 초래할 수 있는 광주문제를 대처하는 과정에서 노태우 정권은 자신의 본질을 폭로할 수밖에 없었다. 이로 인해 광주의 지역민들에게 "전-노가 떼려야 뗄 수 없는 한 핏줄의 쌍생아"라는 본질은 재차 환기되었고,[124] 학살자들끼리 정권의 대물림이 된 상태에서는 광주문제의 근본적 해결이 될 수 없다는 생각은 더욱 확고해졌다.[125] 당시 국회 광주특위

---

122) 김동춘, 「1980년대 민주변혁운동의 성장과 그 성격」, 학술단체협의회 편, 『6월민주항쟁과 한국 사회 10년』 1 (당대, 1997년), 99쪽.

123) 명노근, 「(좌담)광주학살 진상규명, 책임자 처벌 이렇게 돼야 한다」, 『국민신문』 (1988년 11월호), 18쪽.

124) 「광주 청문회를 보고: 국민이 벌이는 지상 청문회」, 『국민신문』 (1988년 12월호), 38쪽.

125) 1990년 3당 합당 이후 국회에 진상규명과 책임자 처벌이 빠진 민자당의 광주문제 특별법률안이 제출되었을 때에도 동일한 비판이 터져 나왔다. 당시 명노근 전남대 교수는 "광주문제와 결코 무관하지 않은 6공의 정권 담당자들"이라며 비판했다. 명노근, 「광주항쟁 10주년을 맞으며」, 『현대사 사료연구』 (1990년 5월호), 5쪽.; 광주광역시 5·18사료편찬위원회, 『5·18광주민주화운동자료총서』 19 (1999), 153쪽 재인용.

청문회를 보고 문병란 조선대 교수는 '5공화국과 6공화국의 차이가 정치학상으로 무엇인지, 전두환 씨와 노태우 씨가 어떤 관계이며 무엇이 다른가 납득되어야 하는데 그렇지 못했다'고 꼬집으면서, 다음과 같이 노태우 정권의 본질을 평가했다.

> 지난 8년 5공화국의 국민으로 그 정부 밑에서 살았고 또 사실상 별다른 변화가 없는 군부잔존세력이 잡은 6공화국을 인정해야 하는 공범적 관계에 있는 국민으로서의 입장이 곤혹스러울 따름이지, 이제 와서 광주를 내란폭동으로 볼 수는 없게 되었다. 이미 판결이 나 버린 이 무의미한 재판을 청문회에 올려놓고 말장난을 한다는 것은 어떤 의미에서 광주를 두 번 죽이는 모독행위에 해당할지 모른다. (…) 5·18민중항쟁 정신의 새로운 계승을 위한 87년의 6월항쟁을 6·29는 어떻게 기만했는가? 기존의 여당이었던 민정당의 온존과 5공화국 연장선상의 문제 인물들에 의하여 행해진 우민적 선거 놀이, 야당 분열 작전, 신판 지역감정 유발, 막대한 부정적 선거자금 살포, 운동권 와해공작, 민주인사의 계속적 감금, 학생운동권의 교대식 구속석방의 악순환, 여야공동으로 보여주는 정치흥정과 타협, 이러한 작태가 계속되고 있다면 5공화국의 비리를 척결할 자격을 6공화국은 전통성을 가졌는지 묻고 싶은 것이다.[126)]

광주지역 여론은 5·18 문제를 통해 조기에 노태우 정권의 본질을 폭로

126) 문병란, 「(광주특위 청문회를 보고)광주는 아직도 계속되고 있는가」, 『금호문화』 (1989년 1월호), 17-21쪽; 광주광역시5·18사료편찬위원회, 『5·18광주민주화운동자료총서』 14 (1998), 485-490쪽 재인용.

하고 반정부적 태도를 표출했을 뿐만 아니라, 5·18 문제 해결에 미칠 영향을 중심에 놓고 국내 정치의 제반 현상을 평가하거나 전망하는 경향을 보이곤 했다. 이 역시 지역사회가 5·18의 집단 트라우마(trauma)에서 벗어나지 못했음을 보여주는 것이라고 할 수 있다. 한 예로 1990년 벽두부터 발표된 3당 합당 소식은 타 지역보다 광주·전남에서는 더 큰 충격으로 받아들여졌다. 3당 합당이 발표되자 바로 다음 날 5·18위령탑건립 및 기념사업추진위원회와 광주·전남민족민주운동단체 대표자 회의는 성명을 발표하고, 3당 통합을 '취약한 정권기반을 채우려는 음모이며, 총 없는 무혈 쿠데타'라고 규정했다. 아울러 3당 통합이 비호남권 연합형태를 띤 것을 우려하며 광주항쟁에 대한 해결전망이 더 흐려질 거라는 예측이 지배적이었다. 광주·전남지역 사회운동단체 50여 개가 총망라된 '민자당 일당독재 분쇄 및 민중기본권쟁취 광주·전남민주연합'이 다른 지역보다 서둘러 4월 7일 결성된 것도 따지고 보면 이런 지역 민주화운동 세력의 위기감 때문이었다.[127]

1988년 한 월간지의 지역 탐방 기사는 노태우 정권이 들어선 이후 광주지역의 정서를 집약적으로 전해준다. 박정희 군사독재 이래 쌓인 차별과 소외에 대한 불만과 5월의 상흔이 겹쳐진 광주를 '한(恨)과 투쟁의 도시'이자 '리어카 도시'라고 말하는 이 기사는, 아래와 같이 도심의 풍경과 시민들의 목소리를 담고 있다.

> 광주의 원과 한과 투쟁의 상징 금남로, 그 역사의 거리를 찾아간 취재진의 발걸음을 멈추게 한 것은 한미은행 앞 사거리의 풍경이었다. 까닭인

127) 윤석진, 「(현재취재)광주 사람들의 요즘 생각」, 『월간중앙』(1990년 5월호), 376쪽.

즉, 사방으로 통하는 4개의 횡단보도가 하나 같이 수난을 당하고 있었기 때문이다. 하얀 페인트칠의 횡단보도 표시 위에는 '구속 전두환, 처단 노태우, 미국놈들 물러가라'는 등의 글자가 검은 스프레이로 선명하게 쓰여 있었다. 근처에서 가게를 하는 한 상인은 "금남로의 횡단보도는 학생들의 전용 대자보"라고 말하기도 했다. 서울이나 다른 도시의 중심도로에 이러한 구호들을 적는다면 분명히 몇 시간 지나지 않아 당국에 의해 지워질 것이다. 하지만 금남로의 시민은 물론 당국마저도 이 거리의 대자보를 너무나 당연시하는 듯했다.[128)]

"광주항쟁이 광주의 특산물을 바꿔놨소. 수박에서 투사로, 그때 죽은 2천 명이 그렇고 이한열·박관현·이재호… 글고 또 살아남은 사람들도 얼매나 똑똑허고 야무지요."[129)]

"요것이 하나의 공장이여. 즈그들이 여지껏 공장 하나 제대로 안 세워줬응께 일자리가 없어 요렇게 짜잔헌 풀빵 공장이라도 맹근 것이여. 보소, 나라에서, 남이 안 해주면 이녁이 해야 쓴 것 아니여. 믹고 살랑께로. … 자꼬 노점상들 쫓아낼라고만 염병허덜 말고 큰 공장을 팡팡 져서 일자리를 맹그러 줘란 말이여"[130)]

1987년 6월항쟁 전야에서 6월항쟁 기간 내내 광주시민들의 저항은 '호

128) 오연호, 「한(恨)과 투쟁의 도시 광주」, 『월간 말』 (1988년 12월호), 56쪽.
129) 같은 논문, 56쪽.
130) 같은 논문, 57쪽.

헌철폐'나 '민주주의 쟁취'라는 구호 이전에 '5·18 학살자를 처벌하라'는 것을 의미했다.[131] 그리고 87년 6월 금남로의 거리에서 80년 5월을 회상하며 외쳤던 '광주는 지금도 계속되고 있다'는 구호는 91년 5월 광주의 거리에서 반복해서 터져 나왔다. 이는 87년 6월항쟁도 91년 5월투쟁의 국면도 80년 5월의 연장선에서 바라봤던 광주지역의 정서를 단적으로 보여준다. 91년 5월투쟁 당시 투쟁의 리듬과 강도와 지속성이 다른 지역과 달랐던 배경에는 이처럼 지속된 5·18의 상흔과 한이 자리 잡고 있었고, 그것이 낳은 분노가 연이은 '열사'들의 죽음에 응답했기 때문이었다.

3. 광주지역의 91년 '5월투쟁' 양상

1991년 광주지역 5월투쟁에 불씨를 댕긴 것은 4월 29일 전남대생 박승희의 분신이었다. 4월 20일 경찰이 쏜 직격 최루탄에 전남대생 최강일이 실명한 사건이 발생했지만 별다른 파문을 불러일으키지는 않았다. 또 4월 26일 강경대 구타치사사건의 발생 직후 광주·전남지역 민주화운동 진영은 명확한 대응 방안을 수립하지 못한 채 적극적인 투쟁을 조직하지 못했다. 노태우 정권의 공안탄압이 불러온 필연적 사건으로서 사태의 심각성을 인식하고 분노했지만, 광주가 사건 현장이 아니었고, 정확한 사

131) 5·18의 경험과 정서가 광주지역 6월항쟁에 미친 영향에 대해서는 김봉국, 「로컬에서 6월항쟁을 다시 보기: 전남대학교 학생운동을 중심으로」, 『기억과 전망』 42 (2020), 139-164쪽 참조.

태 파악이 안 된 상태에서 서울대책위의 움직임을 기다리는 소극적 태도를 보였다.[132] 하지만 박승희의 분신 이후 대학생들을 중심으로 자신의 일상적 삶을 투쟁적인 정치적 삶으로 급속히 전환하는 양상을 보였으며, 반구조(anti-structure)의 풍경은 도심 곳곳으로 확산되어 갔다.

실제 당시 지역일간지인 광주일보나 광주지역 대학신문인 전대신문과 조대신문의 관련 기사를 검토해보면 초기 투쟁의 양상을 확인할 수 있다.[133] 4월 26일 강경대 구타치사사건 발생 후 29일 박승희 분신까지 광주전남지역은 대학생을 중심으로 한 교내집회, 가두시위, 철야농성과 교도소 공안 재소자들의 단식농성이 전개되었다. 상황을 관망하던 광주전남지역 민주화운동 진영은 박승희 분신 다음 날인 30일 오전 박승희가 입원한 전남대병원에서 광주전남민주연합·신민당시도지부·경실련·YMCA·YWCA·목포순천민협관계자 등 50여 명이 참석한 가운데 '강경대 열사 폭력살인 규탄과 박승희 학생 분신 광주·전남대책회의'(이하 광주·전남대책회의)를 구성하고 전면적 투쟁에 돌입했다.

박승희 분신 소식이 지역사회 전역으로 전해지고 대책회의가 조직되면서 투쟁의 파고는 광주를 넘어 전남지역으로 확산되었다. 대책회의 결성 당일 전남대와 조선대 학생들을 비롯해 목포대·순천대·여수수산대·동신전문대 등 전남 동·서부지역 대학생들의 집회 시위가 동시다발적으로 일어났고, 광주 시내 중·소규모의 대학들에서도 투쟁이 전개되었다. 종교계에서는 5월 1일 오전 천주교 광주대교구 정의평화위원회가 '강경

132) 오승룡, 「91년 5월투쟁」, 광주광역시·전라남도, 『민주장정 100년, 광주·전남지역 사회운동 연구』 6 (2015), 229–230쪽.

133) 이하 광주·전남지역 투쟁상황에 대한 서술은 광주일보, 전대신문, 조대신문의 4월 25일부터 6월 30일까지 기사 내용을 토대로 작성한 것이다.

대 군 폭행치사사건 및 박승희 양 분신사건'에 대한 성명을 발표한 것을 시작으로, 3일 오전에는 광주·전남기독교비상시국대책회의 소속 목회자 30여 명이 YMCA에서 기자회견을 갖고 '고 강경대 군 폭력살인 규탄과 박승희 학생 소생 및 노태우 정권 퇴진을 위한 철야기도회'에 돌입했다. 같은 날 천주교정의평화위원회가 남동성당에서 신자 300여 명과 함께 박승희 양 쾌유를 위한 특별미사를 진행한 후 전남대병원 앞까지 십자가를 앞세우고 평화시위를 벌이기도 했다. 불교계에서도 5월 4일 광주 시내 원각사에서 '5·18영령천도 대법회'를 갖고 '반민주적·반민중적인 정권을 비판'하는 성명서를 발표했다. 이후 지역 종교계는 5월투쟁의 주요 국면마다 비상시국연합기도회, 특별미사, 철야기도회, 단식기도회 등을 통해 지역의 투쟁 분위기를 고조시켰다.

대학교수들 역시 5월 2일 전남대·조선대·목포대·순천대 등 민주화를 위한 전국교수협의회 광주전남지회 소속 교수들의 '강경대 군의 죽음과 박승희 양 분신에 대한 성명 발표'를 시작으로, 각 대학별, 단과대학별 규탄 성명과 철야농성을 이어갔다. 이와 함께 지역 교사들 역시 투쟁에 적극 나섰는데, 5월 4일 전교조 광주·전남지부가 일련의 분신사건에 관한 성명을 발표한 데 이어 5월 8일에는 전남지역 현직교사 529명이 시국선언을 발표했다. 5월 10일에는 전교조 광주지부를 비롯해 시·군 지회별로 '공안통치분쇄 및 교육자치 쟁취를 위한 교사결의대회'를 개최하기도 했으며, 시국선언 및 투쟁에 동참하는 지역 현직교사들의 수가 계속적으로 늘어났다. 지역 노동계는 노동절 전야인 4월 30일부터 본격적인 연대투쟁에 돌입했고, 전국농민회총연맹(전농) 전남도연맹은 5월 8일 기자회견을 갖은 뒤, '정권 퇴진 연대투쟁'을 위해 화순군을 시작으로 12개 군에서 군 단위별 국민대회를 추진했다.

5월 13일에는 광주전남여성회·전남여성농민회·민주화실천가족운동협의회·광주YWCA·광주여성의 전화 등 광주·전남지역 15개 여성단체들로 구성된 '현 시국 타개를 위한 여성 모임'이 전남대병원 영안실 앞에서 성명을 발표하고, 당일부터 각 단체가 하루씩 전남대병원 내의 학생·시민 300여 명의 규찰대에게 식사를 제공하기 시작했다. 이 모임에서는 "쫓기는 시민·학생들을 보호하자"는 등의 내용이 담긴 「시민행동수칙」을 제작·배포하기도 했다. 5월 16일에는 전남 강진고 학생 500여 명이 강경대 군 폭행치사와 대학생들의 분신자살 사건 등에 대한 항의로 수업을 거부하고 강진 읍내로 진출하여 거리시위를 벌였다. 이후 5월 18일 보성고 3학년생 김철수의 분신으로 고등학생들의 집회 시위 참여는 더욱 두드러졌다. 무엇보다 연일 계속되는 집회와 시위에 사회운동조직에 묶이지 않은 일반 시민이 대거 가세하면서 광주지역 5월투쟁은 타 지역에 비해 한층 더 치열하고 완강한 양상을 보였다.

실제 광주지역 5월투쟁은 큰 흐름에서는 서울을 비롯한 다른 지역과 유사하면서도 투쟁의 시작, 전개 과정, 소멸의 매 국면마다 일정한 차이를 보였다. 또한 예상치 못하게 조성된 특수한 지역적 상황으로 인해 투쟁의 리듬과 양상 역시 타 지역과는 다른 지점이 나타났다. 대체로 91년 5월투쟁은 전국적 차원에서 발발(4월 26일~5월 4일), 전개(5월 4일~5월 18일), 소멸(5월 18일~6월 20일)의 세 단계로 설명되고 있다.[134] 광주지역 역시 거시적 차원에서는 동일하지만, 앞서 언급한 바와 같이 광주지역 투쟁이 본격적으로 점화된 것은 4월 26일 강경대 치사사건이 아닌 30일 박승희 분신부터였다. 소강 국면의 시작점 역시 전국차원에서는

134) 김정한, 『대중과 폭력』(이후, 1998), 38-64쪽.

5·18민중항쟁 11주기와 강경대 장례가 마무리되는 18일 무렵이었으나, 광주지역은 김철수 장례가 치러지는 6월 10일 이후에서야 대규모 도심 집회와 투쟁이 사그라지기 시작했다. 무엇보다 박승희 분신 이후 5월 내내 소강 국면 없이 치열한 투쟁이 지속되었다는 점도 타 지역과 달랐다. 즉 큰 국면에서는 같다고 볼 수 있지만, 그 안에서 지역 투쟁을 촉발 내지는 지속시킨 계기와 시점은 달랐다.

당시 "5월 9일 민자당 해체 투쟁 이후 광주를 제외한 지역들의 투쟁력 저하 원인은 무엇인가?"라는 조대신문 논평이나,[135] "고 강경대 군 장례식 이후 광주를 제외하고는 한동안 소강상태를 보이던 시국"이라는 진단에 이어 "현재 타 지역보다 투쟁의 상황들이 더더욱 가열되고 있는 광주지역의 상황을 직시"해 투쟁의 결의를 다지는 학내 풍경을 전하는 전대신문 기사는, 모두 광주지역 투쟁의 흐름이 타 지역과 차이를 보였다는 점을 말해주고 있다.[136] 이와 같은 투쟁의 파고 차이는 당시 전국적 차원의 투쟁체인 범국민대책회의의 성격 및 지역 대책회의와의 조직체계상의 구조도 한 요인으로 작용했다.

강경대 치사사건과 박승희 분신사건으로 전국적 차원에서 결성된 '강경대 열사 폭력살인 규탄 및 공안통치 분쇄를 위한 범국민 대책회의'는 사실상 '회의체'의 성격을 갖는 조직이었다. 당시 서울의 대책회의가 강력한 지도력을 발휘했다기보다는 각 지역별로 대책회의가 꾸려져 자체적인 운동을 해가던 상태에서 서울 대책회의는 각 지역 단위의 연락체계를 원활히 하는 기능을 수행했을 뿐이었다. 이로 인해 미리 예정된 전국

135) 「범국민대책회의와 5월투쟁 평가」, 『조대신문』(1991. 5. 29.).

136) 「가열된 투쟁 열기 6월까지 확산될 듯」, 『전대신문』(1991. 5. 28.).

단위의 동시다발 집회 시위를 제외하고는 실질적 지역투쟁은 각 지역의 상황과 역량에 따라 전개되었다.[137] 그 결과 광주지역의 경우 범국민대책회의 차원의 전국 집회를 함께 가져가면서도 그것의 실제 준비와 실행은 지역민의 정서와 투쟁 분위기 등을 고려해 독자적 상황 판단에 의해 이루어졌다.

또한 서울 범국민대책회의의 경우 전국적 투쟁의 분위기가 고조되자 투쟁목표를 '노태우 정권 퇴진과 민주정부 수립'으로 재조정하고, 5월 14일 강경대 장례투쟁을 계기로 초기 임시기구 성격의 조직을 야권 등을 포함해 범재야사회운동권의 상설연대기구로서 '공안통치 분쇄와 민주정부 수립을 위한 범국민대책회의'로 전환했다.[138] 하지만 서울 대책회의의 투쟁거점인 명동성당이 봉쇄되고 '유서대필논쟁'이 계속되면서 서울지역 투쟁의 예봉은 꺾여갔다. 여기에 지역 간 연락체계도 원활하게 가동되지 못하면서 광주지역을 제외한 대부분 지역의 투쟁 열기가 하강 곡선을 그었다.[139] 5월 25일 제3차 국민대회에 참가해 시위를 벌이던 성균관대생 김귀정이 백골단의 '토끼몰이'식 진압에 의해 사망하자, 이를 계기로 서울지역의 투쟁이 재차 고조되는 듯했다. 그러나 '유서대필사건'과 '외대사건'을 빌미로 한 정권의 강경 대응과 이데올로기 공세가 지속되었고, 6월 20일 광역의회 의원선거로 정국이 전환되면서 투쟁은 소멸해갔다.

137) 「범국민대책회의와 5월투쟁 평가」, 『조대신문』 (1991. 5. 29.).

138) 「범국민대책회의 개편 추진」, 『한겨레』 (1991. 5. 14.); 「'대책회의' 상설기구로 전환」, 『한겨레』 (1991. 6. 16.).

139) 「범국민대책회의와 5월투쟁 평가」, 『조대신문』 (1991. 5. 29.).

<table>
<tr><th rowspan="2">날짜</th><th colspan="2">주관 단체</th></tr>
<tr><th>서울 범국민대책회의</th><th>광주·전남대책회의</th></tr>
<tr><td>4/29</td><td>고 강경대 열사 폭력살인 규탄과
공안통치 분쇄를 위한 범국민대회</td><td>강경대 학형 살인 만행 규탄 및
노 정권 퇴진을 위한 결의대회
(광주·전남대책회의 결성 이전
대학생 규탄 집회)</td></tr>
<tr><td>5/1</td><td>원진레이온 직업병 살인 및 강경대 군
폭력살인 규탄대회와 노동절기념대회
(세계노동절기념대회위원회 주관)</td><td>고 강경대 열사 추모 및 폭력살인
노태우 정권 퇴진 1차 국민대회
(광주·전남대책회의 주관)</td></tr>
<tr><td>5/4</td><td>백골단 전경 해체 및 공안통치
종식을 위한 범국민 궐기대회</td><td>폭력살인 노태우 정권 퇴진 및
백골단 해체 2차 국민대회</td></tr>
<tr><td>5/9</td><td>민자당 해체와 공안통치
종식을 위한 국민대회</td><td>노 정권 퇴진과 민자당 해체를 위한
제3차 국민대회</td></tr>
<tr><td>5/14</td><td>고 강경대 열사 살인정권 퇴진투쟁의 날
(정권 퇴진 1차 국민대회)</td><td>고 강경대 열사 추모 및 노 정권 퇴진
제4차 국민대회</td></tr>
<tr><td>5/18</td><td>광주항쟁 계승과 폭력살인·민생파탄
노태우 정권 퇴진 제2차 국민대회</td><td>5·18광주민중항쟁 정신 계승 및
현 정권 퇴진을 위한 제5차 국민대회</td></tr>
<tr><td>5/25</td><td>폭력살인 민생파탄 노태우 정권 퇴진
제3차 국민대회</td><td>고 박승희 열사 정신 계승 및
애국시민 권창수 씨 폭력만행규탄,
노 정권 퇴진을 위한 제6차 국민대회</td></tr>
<tr><td>6/2</td><td>공안통치분쇄와 노태우 정권
퇴진을 위한 제4차 국민대회</td><td>공안통치분쇄와 노 정권 퇴진을 위한
제7차 국민대회</td></tr>
<tr><td>6/8</td><td>6·10항쟁 계승 및 노태우 정권 퇴진
제5차 국민대회</td><td>권창수 씨 폭력만행 및 정원식 처단,
노정권 퇴진 제8차 국민대회</td></tr>
<tr><td>6/15</td><td>국민회의 선포식, 제2회 민족민주
열사·희생자 1백 41명 합동추모제</td><td>공안통치 종식 및 노 정권 퇴진
제9차 국민대회</td></tr>
</table>

〈표 2〉 서울과 광주·전남지역 91년 5월투쟁 주요 집회 일지 비교

〈표 2〉는 91년 5월투쟁 기간 서울과 광주·전남의 대책회의가 주최했던 주요 집회 일지를 비교 정리한 것인데, 이 표를 통해서도 서울과 광주지역 투쟁 양상의 차이를 확인할 수 있다. 먼저 서울 범국민대책회의가

개최한 집회 명을 보면, 초기에 '폭력살인 규탄', '백골단 해체', '공안통치 종식' 등 정권을 압박하는 정도의 낮은 수위의 구호를 내세우다 5월 14일에야 정권 '퇴진'을 공식화했다. 이는 서울 대책회의가 여론과 대중 참여의 양상을 살피며 투쟁의 수위를 점차 높여갔음을 단적으로 보여준다. 반면 광주·전남지역은 5월 1일 제1차 국민대회부터 바로 '노태우 정권 퇴진'을 공식화하며 강경한 태도를 취했음을 확인할 수 있다. 실제 서울 대책회의는 초기 책임자 처벌을 요구하며 노재봉 내각 사퇴, 대통령 사과 등에서 공안통치 종식으로, 또 이것이 받아들여지지 않을 시 민자당 해체와 정권 퇴진투쟁으로 수위를 높여갔다.[140] 반면 광주·전남지역은 5월 투쟁 초기부터 바로 노태우 정권에 대한 분노를 노골적으로 표출하며 정권 퇴진운동을 선언했다. 이와 같은 현상은 앞서 살펴본 바와 같이 오랜 지역적 소외와 지연된 5월 청산 문제로 누적된 지역민의 분노가 강경대 사건과 박승희 분신 등에 의해 분출된 것이었다. 그리고 이와 같은 기치가 가능했던 것은 노태우 정권 퇴진에 대한 지역사회의 광범위한 공감대와 동의가 확보되어 있었다는 것 역시 말해준다.

이와 함께 〈표 2〉는 또 다른 측면에서 두 지역 대책회의의 차이를 보여주고 있다. 서울지역의 경우 기존 대책회의가 확대 개편되기 전에는 여러 집회명칭을 사용하다가 투쟁목표를 정권 퇴진으로 조정한 이후 첫 전국

140) 대책회의가 점차 투쟁 수위를 높인 것은 4일 범국민궐기대회에 시민의 참여가 기대 이상으로 높았다는 자체평가 때문이었다. 실제로 4일 오후 서울, 부산, 광주 등지에서는 대학생과 재야단체 회원 외에도 일반 시민들이 시위대열에 가세해 87년 6월항쟁 초기와 같은 양상을 보였는데, 이와 관련해서 대책회의측은 "시위군중이 대책회의 공식요구와 무관하게 한결같이 정권 퇴진 구호를 외친 것이 투쟁목표 수정의 원인으로 작용했다"고 밝혔다. 「정권 퇴진투쟁 서두르는 범국민 대책회의」, 『한겨레』(1991. 5. 7.).

동시다발 투쟁인 5월 14일 제1차 국민대회부터 통일해서 부르고 있다. 반면 광주지역은 시차를 두고 서울과 마찬가지로 대책회의의 명칭을 바꾸었지만 5월 1일 첫 집회 이후 계속해서 국민대회라는 명칭을 사용함으로써 지역 나름의 연속적 투쟁 흐름을 만들어 갔고, 국민대회 명칭 역시 회차를 거듭하면서 서울과는 일정한 차이를 보이며 지역적 상황과 정서를 반영해 독자적으로 정리했다.

표면적으로 확인할 수 있는 광주지역 5월투쟁의 특성과 함께, 당시 타 지역에 비해 상대적으로 광주지역 투쟁이 치열하게 지속적으로 전개될 수 있었던 배경에는 몇 가지 요인이 존재했다. 5월투쟁 당시 사망자 현황을 정리한 〈표 3〉을 통해서 볼 수 있는 바와 같이 박승희를 시작으로 예상치 못한 연이은 죽음이 계속되었고, 이들의 장지가 망월묘역으로 확정되면서 광주지역은 애도와 투쟁의 분위기에 휩싸였다. 이로 인해 5월 중순부터 6월 10일 무렵까지 광주지역은 장례투쟁의 국면으로 전환될 수밖에 없었고, 이 과정에서 투쟁의 직·간접적 계기들이 만들어졌다. 이를 좀 더 구체적으로 살펴보면 광주지역 91년 5월투쟁을 추동했던 요인을 크게 네 가지 정도로 뽑을 수 있다.

순번	사건	소속 및 출신지	발생일	사망일	장례일 및 묘역
1	강경대 구타치사	명지대생 (서울)	4월 26일	4월 26일	5월 18-20일 광주 망월묘역
2	박승희 분신	전남대생 (전북 전주)	4월 29일	5월 19일	5월 25-26일 광주 망월묘역
3	김영균 분신	안동대생 (서울)	5월 1일	5월 2일	5월 15일 안동대학교 뒷산

4	천세용 분신	경원대생 (서울)	5월 3일	5월 3일	5월 9일 마석 모란공원묘역
5	박창수 의문사	한진중공업 노조위원장 (부산)	5월 6일	5월 6일	6월 29일 양산 솥발산 묘역
6	김기설 분신	전민련 사회부장 (경기 파주)	5월 8일	5월 8일	5월 12일 마석 모란공원묘역
7	윤용하 분신	성남피혁 노동자 (전남 순천)	5월 10일	5월 12일	5월 16-17일 광주 망월묘역
8	이정순 분신	주부 (전남 순천)	5월 18일	5월 18일	5월 20-21일 광주 망월묘역
9	김철수 분신	보성고생 (전남 보성)	5월 18일	6월 2일	6월 9-10일 광주 망월묘역
11	정상순 분신	건설노동자 (전남 보성)	5월 22일	5월 29일	6월 4-5일 광주 망월묘역
12	김귀정 질식사	성균관대생 (서울)	5월 25일	5월 25일	6월 12-13일 마석 모란공원 묘역

〈표 3〉 1991년 5월투쟁 사망자 현황[141)]

첫째, 강경대 치사정국을 분신정국으로 이끌었던 8건의 분신 중 광주 전남지역 출신에 의해 5건이 발생하면서 지역민의 감정적 동요가 상대적

141) 이정순과 김철수를 제외한 1991년 5월투쟁 사망자들에 대한 상세한 내용은 월간 말지 1991년 6월호 시리즈 기사들을 통해 확인 할 수 있다. 천호영, 「쇠파이프에 찢긴 젊은 넋」, 『월간 말』 (1991년 6월호); 정경아, 「반미구국의 선봉에 선 여전사」, 『월간 말』 (1991년 6월호); 최혜령, 「행복과 사랑을 나눠준 민속학도」, 『월간 말』 (1991년 6월호); 이승재, 「혁명을 그린 젊은 예술가」, 『월간 말』 (1991년 6월호); 정승혜, 「민중의 아픔을 껴안은 청년활동가」, 『월간 말』 (1991년 6월호); 김진숙, 「노동해방을 꿈꾼 진짜 노동자」, 『월간 말』 (1991년 6월호); 손규성, 「가난과 폭압을 불사른 민중의 아들」, 『월간 말』 (1991년 6월호); 김서정, 「백골단에 빼앗긴 김귀정의 스물다섯 살」, 『월간 말』 (1991년 6월호).

으로 컸다. 박승희, 윤용하, 이정순, 김철수, 정상순은 모두 광주·전남지역 출신이었다. 박승희는 전주에서 출생했지만 목포에서 어릴 때부터 성장해 전남대학교에 입학했다. 이들 모두 장지를 망월묘역으로 확정하고 광주·전남대책회의나 지역 운동단체 등이 이들의 장례를 주도하면서 지역 투쟁을 추동하는 직접적 계기가 되었다.

둘째, 4월 29일 분신한 박승희는 타 지역에서 분신한 김영균, 천세용, 김기설 등과 달리 분신 20일 만인 5월 19일까지 전대병원에서 투병 후 사망했다. 여기에 이 지역 출신 김철수와 정상순 역시 분신 후 각각 2주와 1주 정도 전대병원에서 생존해, 김철수의 장례가 거행된 6월 10일까지 전대병원은 투쟁과 애도의 거점으로 '제2의 민주성지'로서 상징적 장소가 되었다.[142] 이로 인해 자연스럽게 많은 시민이 모여들었고 병원 앞 도로에서는 매일 시민대토론회가 열려 투쟁과 애도의 국면을 지속시켜 갈 수 있었다. 또한 전대신문과 조대신문과 같은 대학신문뿐만 아니라 지역일간지 역시 이들의 투병상황을 계속해서 보도하면서 시민에게 알렸고,[143] 병상에서 투쟁 결의를 다지는 '열사'의 모습과 그들의 소생을 간절

142) 「제2의 민주화 성지 전대병원」, 『전대신문』(1991. 5. 21.).

143) 당시 전남대병원에 입원한 분신이나 투신자의 투병상황은 지역일간지와 대학신문에 계속해서 보도되었는데 그 주요 기사를 일별하면 「박승희 양 폭력정권 규산 분신 기도」, 『전대신문』(1991. 4. 30.); 「지금 병상의 박승희 양은…」, 『전대신문』(1991. 5. 3.); 「박 양, 상태 호전…인공호흡기 제거」, 『전대신문』(1991. 5. 7.); 「병상 16일째…진행되는 패혈증세가 병세 좌우」, 『전대신문』(1991. 5. 14.); 「박승희 양 병상일지」, 『전대신문』(1991. 5. 21.); 「병상일지 승희 너의 붉은 넋을 가슴에 묻으마」, 『전대신문』(1991. 5. 28.); 「철수야! 너의 건강한 웃음을 보고 싶다」, 『전대신문』(1991. 6. 4.); 「분신 박양 호흡 장애 사경」, 『광주일보』(1991. 5. 1.); 「"죽어도 후회 없습니다"」, 『광주일보』(1991. 5. 2.); 「분신 박양 약간 호전」, 『광주일보』(1991. 5. 6.); 「분신 박승희 양 숨져」, 『광주일보』(1991. 5. 20.).

하게 기원하는 시민의 염원은 강한 결속력과 부채의식 속에서 투쟁을 지속시키는 한 계기가 되었다.

셋째, 5월 16~17일 윤용하, 5월 18~20일 강경대, 5월 20~21일 이정순, 5월 25~26일 박승희, 6월 4~5일 정상순, 6월 9~10일 김철수까지 계속된 노제와 장례투쟁으로 인해 대학가 주변과 금남로 일대 시내를 중심으로 연일 집회와 시위가 이어져 투쟁의 분위기를 고조시켰다. 광주 도심에서 진행된 노제 및 망월묘역의 장례식은 1~2일 사이에 끝나지만 장례위원회를 조직하고 실질적인 장례식을 준비하는 데에는 장례 전후로 상당한 시일이 걸렸고, 이 기간 계속적인 집회 시위가 이어졌다. 이로 인해 광주지역은 투쟁이 가장 고조될 시점부터 거의 한 달여 동안 장례투쟁의 한 복판에 놓이게 되었다.

넷째, 분신정국이 5·18민중항쟁 11주년 기념 주간과 겹치면서 노제와 장례투쟁은 80년 5월을 소환해 그 동력을 확대해갈 수 있었다. 윤용하, 강경대, 박승희의 장례가 모두 5월에 치러지면서 5·18민중항쟁 11주기 주간과 겹쳤고, 이로 인해 투쟁의 분위기가 고조되었다. 특히 강경대 장례 때에는 서울에서 광주로 인원이 몰리면서 투쟁의 열기가 더욱 거셌다.

그리고 애도와 투쟁이 겹쳐진 거리에서 80년 5월은 반복적으로 외쳐졌다. 가령 5월투쟁 초기 광주전남대책회의가 주최한 2차 국민대회를 광고하는 신문에는 굵은 글씨로 "다시 오월을 만들 때입니다"라는 문구가 쓰여 있다.[144] 11주기 행사 기간을 맞아 투쟁을 호소하는 집회와 시위 현장 곳곳에서 5·18을 동원하는 양상은 더욱 두드러졌다. 5월 17

144) 「폭력살인 노태우 정권 퇴진 및 백골단 해체 2차 국민대회」, 『전대신문』(1991. 5. 3.).

일 시민·학생 등 2만여 명이 참석한 가운데 5·18민중항쟁 11주기 전야제에서, 5추위회장 이광우 전남대 교수는 '광주민중항쟁은 국민과 주권 찬탈자 사이에서 일어날 수밖에 없는 비극'이었다면서 '반민중적 세력이 정권을 잡고 있는 한 광주민중항쟁은 지금도 계속되고 있다'고 역설했다.[145] 이처럼 91년 5월은 80년 5월의 연장으로 인식되며 말해졌고, 91년 5월은 80년 5월의 경험과 정서를 환기시키며 광주지역의 투쟁에 불을 지폈다.

4. 애도의 리미널리티와 '해방공동체'

박승희의 분신과 연이은 자발적 죽음들로 인한 충격과 분노는 연일 계속되는 집회와 시위로 이어졌고, 도청 노제와 망월묘역 장례를 위한 애도의 과정은 대학생과 시민이 일상의 삶으로 철수하려는 퇴로를 차단했다. 이밖에도 학생비상총회, 동맹휴업과 파업, 학생·교수의 철야농성, 규탄성명, 단식농성, 혈서, 특별미사와 시국법회, 철야기도회, 점거농성, 상가 철시, 촛불 행진 등은 그 참여자로 하여금 일상의 공간을 탈일상화시켰다. 또한 반복되는 일상적 삶을 정지시키고 구조화된 삶의 경계를 해체하거나 전복할 수 있는 경험공간을 제공했다. 그리고 이러한 리미널한 시공간에서 마주친 사건과 경험은 평소와는 전혀 다른 유형의 감성을 형성하고, 또 과감하게 표현할 수 있는 기회를 제공했다. 더 나아가

145) 「시민 학생 등 2만여 명 전대병원 앞서 전야제」, 『광주일보』(1991. 5. 18.).

투쟁과 애도의 과정에서 리미널한 전이상태(liminal transition)에 놓인 주체들은 기존의 사회관계를 제거하거나 변형시켜 새로운 커뮤니타스(communitas)를 구성하기도 했다.

그리고 이와 같은 리미널한 시공간의 경험과 감성은 종종 87년 6월항쟁의 거리나 더 멀게는 80년 5월 10일간의 광주와 시민공동체를 떠오르게 했다. 더구나 계속된 '열사'의 분신·투신과 그에 대한 애도와 장례투쟁이 5·18민중항쟁 11주기와 겹쳐지면서 광주 도심 곳곳에 집회와 시위가 계속되었다. 특히 금남로를 비롯한 시내 중심가는 프랑스 역사학자 피에르 노라(Pierre Nora)가 '기억의 터(lieux de mémoire)'라고 말한 바와 같이, 과거에 대한 환기력을 지니는 상징적 장소로서 기능했다.[146] 무엇보다 80년 5월과 87년 6월항쟁을 직·간접적으로 경험했던 이들의 몸(신체) 자체가 역사적 흔적과 감각을 새긴 장소였다.[147] 이처럼 '광주'라는 장소와 위치가 갖는 문맥으로 인해 이 지역의 91년 5월투쟁은

146) 전진성, 『역사가 기억을 말하다』(휴머니스트, 2005), 57-58쪽.

147) 어린 시절 5·18을 겪은 한 대학생의 글은 '기억의 장소'로서의 그의 몸과 감각이 어떻게 현실과 만나고 있는가를 잘 보여준다. "지금에 와서도 80년 5월은 잊을 수가 없다. 한참 나를 즐겁게 하던 「마징가-Z」가 5·18로 인해 방영이 며칠 중단되어 짜증 내던 일. 그리고 내가 지금 대학생의 몸으로 군부독재의 잔혹함을 체험하며 80년 계엄군의 M-16과 단검을 두려워하던 감정을. 그렇지만 가장 기억을 아로새기고 있는 회상은 동네 아주머니들의 밥과 김치다. 배고픈 젊은이들에게 양동이 가득히 밥과 김치를 채워 나눠 먹이던 아주머니들의 정성은 「광주 정신」을 오늘까지 연장·발전시켜온 「시민 정신」의 원본이다. 승희가 죽었다. 경대가 광주를 향해 정든 서울을 떠나 학우들과 집을 멀리하며 고속도로를 달리던 날, 경대의 죽음의 의미를 아로새기던 승희가 주검이 되었다. 가정주부와 고교생이 또다시 분신했으며 전 국민의 아우성도 분신의 불꽃처럼 활활 타오르고 있다. 5월만 되면 일이 한 건씩 터진다. 위정자들에게는 두려움의 5월이요 귀찮은 한 건이겠지만, 죽은 자의 뒤를 밟는 산자, 우리들에게는 투쟁의 활화산이 터지는 5월이요 결의의 주먹을 쥐게 하는 한 건이다." 「밥과 김치」, 『조대신문』(1991. 5. 22.).

타 지역에 비해 한층 더 무(의)식적으로 과거와 접속하고 대화하는 경향이 강했다.

무엇보다 광주시민들에게 가장 큰 충격을 주며 일상의 삶을 유예시키고 감성적 봉기를 이끌었던 것은 전남대생 박승희의 분신이었다. 그녀는 4월 29일 전남대 5·18광장에서 있었던 '강경대 학형 살인 만행 규탄 및 노태우 정권 퇴진을 위한 2만 학우 결의대회' 집회 도중 온몸에 불을 붙인 채 '노태우 정권 타도하고 미국 놈을 몰아내자', '2만 학우 단결투쟁 노태우 정권 박살 내자' 등의 구호를 외치며 쓰러져 갔다. 집회 현장에서 불과 1백여 미터 떨어진 곳에서 불길이 타오르자, 현장을 목격한 이들과 이 소식을 전해 들은 학생들은 충격에 빠졌다. 주변을 지나던 한 학생은 분신을 전혀 생각할 수 없는 상황에서 집회 도중 화형식을 하는 줄 착각하기도 했다. 어느 누구도 예상하지 못했기에 박승희의 분신을 접한 이들은 "온몸에 소름이 돋치는 끔찍한 사건이었고 앞뒤가 분간이 안 되는 망연자실이었다. 감히 상상할 수도 없는 일"이었다며, "이 뜬금없는 비보 앞에 모든 이들은 넋을 잃었다. 믿고 싶지 않았고 사실이 아니기를 바라는 마음뿐이었다"고 그 충격을 전했다.[148)]

박승희가 남긴 유서 역시 일상의 삶에 안주했던 이들에게 부채의식을 느끼게 하며 투쟁의 거리로 나서게 했다. 추모의 시와 글들이 계속되는 가운데 유서의 내용은 집회와 시위의 현장에서 반복적으로 회자하였다.

> 제 길이 2만 학우 한 명 한 명에게 반미 의식을 심어주고 정권 타도에 함께 힘썼으면 하는 마음에 과감히 떠납니다. 불감증의 시대라고 하고 무

148) 「이 뜬금없는 비보 앞에 우리는」, 『전대신문』(1991. 4. 30.).

관심의 시대라고 하는 지금 명지대 학우의 죽음에 약간의 슬픔과 연민을 가지다가 다시 제자리로 안주해 커피를 마시고 콜라를 마시는 2만 학우가 되지 않기를 바라는 마음에서 비롯되었습니다.[149]

당시를 '불감증의 시대', '무관심의 시대'라고 지적하며, '이 시대에 우리는 눈물 흘릴 여유가 없다. 지금 우리에게 열사는 필요 없고 전사가 필요한 때다'고 말했던 그녀의 외침은 지역 언론과 유인물을 통해 퍼져나갔다. 이와 함께 "몸을 불살라 극한의 고통 속을 헤매고 있는 박승희 양을 위해 우리 성한 자들이 해야 할 일은 무엇일까? 그 답은 자명해진다. 우리는 다시 일어서야 한다. 좌절감을 털고 일어서야 한다. 우리들이 안주하고 있는 생활의 굴레에서 과감히 벗어나 다시 소리 높여 민주화를 요구해야 한다"는 사설과 같이,[150] 그 뜻을 실현하기 위해 일상에서 벗어나 봉기할 것을 호소하고 결의하는 모습이 곳곳에서 나타났다.

그리고 광주·전남지역의 분신 사례에서 나타나듯이, 박승희를 뒤따라갔던 윤용하는 분신 전 투병 중인 박승희를 면회하기 위해 전남대병원을 찾았었고, 5월 18일 분신한 보성고등학교 학생 김철수 역시 "박승희 분신 이후 죽음을 각오했다."[151] 그리고 5월 22일 분신한 정상순이 남긴 수첩에는 "승희 양과 철수 열사들에 뒤를 이어 젊음을 태우렵니다"라고 적혀 있다.[152] 이와 같이 박승희의 죽음은 또 다른 죽음과 연결되었고, 그

149) 「'이 시대에 우리는 눈물을 흘릴 여유가 없다'」, 『전대신문』(1991. 4. 30.).

150) 「(사설) 강압 통치를 그만두자」, 『전대신문』(1991. 4. 30.).

151) 「보성고 김철수 군 분신」, 『전대신문』(1991. 5. 21.).

152) 광주·전남추모연대, 「정상순 유서 수첩」.

죽음은 다시 또 다른 죽음을 불렀다. 자신의 몸을 불사르고 던진 이 죽음들의 의미를 당시도 그리고 현재도 설명할 수 없지만, 이를 지켜본 대학생과 일반 시민들은 충격과 안타까움에 몸부림치면서도 그 죽음에 응답해 일상을 중지시킨 채 스스로를 리미널한 투쟁의 시공간으로 밀어 넣었다.

5월투쟁 내내 대학가는 물론 광주 도심 곳곳의 거리는 일상이 중단된 모습이 일상적으로 되어갔다. 연일 계속된 도심 집회와 시위는 평소 시내의 교통 흐름과 시민들의 이동 노선을 바꾸어 놓았고, 최루탄과 돌이 난무한 대학가 주변과 도심의 상가들은 이른 시간 문을 닫기도 했다. 당시 '제2의 민주화 성지'로 불렸던 전남대병원 앞 도로에서는 매일 오후 6시 시민들의 자유발언과 토론으로 80년 5월 광주를 되새기는 함성으로 메워졌고, 이 때문에 간혹 병원까지 최루탄 가스에 휩싸여 입원 환자들이 애를 먹고 심지어 수술에 지장을 주기도 했다. 도심 노제나 5·18 11주기 집회가 열리는 날에는 거대한 인파가 도청을 향해 금남로 일대 시내를 가득 메웠고, 거대한 군중이 뿜어내는 분노의 함성은 군사정권의 억압적 질서를 위태롭게 하거나 해체시킬 수 있는 힘을 그 참여자들로 하여금 느끼게 하는데 충분했다.

실제 광주지역의 경우 '열사'들의 도심 노제와 장례를 치르는 과정에서 대학생과 시민에 의해 일시적이지만 공권력이 붕괴하거나 후퇴하는 반구조의 리미널한 광경이 종종 출현했다. 한 예로 5월 18일과 19일에 걸쳐 경찰 저지를 뚫고 강경대의 금남로 노제를 강행하는 과정에서 발생한 소위 '운암대첩'은 잠시나마 공권력을 붕괴시키고 운구행렬을 도심으로 진출시키는 '승리'를 경험하고 목격하게 했다.[153] 19일 새벽에 광주 진입로에 운구행렬이 도착한지 15시간째 경찰과 치열한 공방전을 벌이던 학생들과 시민들은 고속도로 바로 옆의 가로대를 철거하고 배수로를 돌과 자갈로 막아 운구차와 영정차가 지나갈 수 있도록 길을 내어 시내 진입에 성공했다. 이 과정에서 경찰 페퍼포그와 최루탄 수송차량이 불타고 전경 수십 명이 무장해제당하기도 했다.[154] 당시를 회고하는 글은 경찰저지선을 뚫고 시내로 뛰어가던 상황을 '승리의 축제'로 기억했다.

> 좁은 길들을 지나 무등경기장 근처까지 갔을 때는 도로에 함께 뛰는 대열이 엄청나게 불어났고 인도에도 꽉 찬 시민들이 잔치라도 만나듯 신나게 박수를 보내고 있었다. 금남로까지 가는 동안 조금의 빈틈도 없이 늘어서 있는 시민들을 보며 우리는 '광주시민이 다 나왔나 보다'라고까지 생각할 정도였다. 운구가 한일은행 앞에 이르자 거기서부터는 더 이

153) 5월 19일 강경대 도청 노제를 위해 광주 진입 길목에서 벌어졌던 일명 '운암대첩' 투쟁을 기리기 위해 5월 22일 조선대 학생들은 '시민 학생 한마당' 행사를 진행했다. 이후 5월 29일 오후 7시부터 9시까지 동구 대인시장에서 "5월투쟁승리 시민위안잔치"를 갖기도 했다. 이는 소규모 약식집회 형식을 빌려 시민과의 밀접 접촉과 공감대 형성을 꾀한 것인데, 이미 박승희 분신 이후 대학생들은 이와 같은 방식으로 지역민과 소통하고 투쟁의 동력을 만들어갔다. 여기에서 흥미로운 것은 5월투쟁을 '승리'했다는 자평하고 있다는 점이다. 동시에 이와 같은 투쟁방식이 80년 5월 광주민중항쟁 당시에 가장 활발했다며 그 기원을 찾고 계승하는 의식을 보인다는 점이다. 이처럼 1991년 5월 기층에서 경험한 광주지역의 투쟁은 정치적 성과가 아닌 다른 차원에서 인식된 것으로 보인다. 타 지역과 달리 수세적 국면이 아닌 '운암대첩'과 같이 공권력에 대항해 승리한 경험 자산을 갖고 있었고, 이를 기억하고 재현하는 방식 역시 80년 5월과의 대화 속에서 의미화되고 있었다. 「동별집회에서 민주대연합 건설로」, 『조대신문』 (1991. 6. 5.).

154) 「경찰저지 뚫고 금남로 강군 노제 강행」, 『전대신문』 (1991. 5. 21.).

상 앞으로 나갈 수 없을 만큼 많은 시민이 기다리고 있었다. 거리에 콩나물처럼 박힌 시민들은 구호도 없이 무조건 함성을 올렸으며 "으쌰! 으쌰!"하는 소리에 금남로가 통째로 흔들리는 듯했다. 그것은 장례가 아니라 완전히 축제였다. 노 정권의 장례식 방해책동과 광주시민을 얕잡아본 어리석음에 대한 승리, 그 승리의 축제였다. 경대의 누나는 "광주시민 여러분, 사랑합니다"하며 눈물을 글썽였고 어머니는 경대가 죽은 이후 처음으로 마음 편히 웃어봤다고 하셨다. 무엇보다도 노제가 시작된 뒤 단상에 올라가신 아버지의 말씀이 우리의 승리를 다시 한번 확실히 보여주었다. "경대는 광주에 와서 부활했습니다. 광주시민이 우리 경대를 살렸습니다."[155]

강경대 장례투쟁에 이어 5월 25일과 26일에 걸쳐 진행된 박승희 장례 때는 경찰이 도청 노제를 사전에 허용했을 뿐만 아니라, 대학생과 시민을 자극하지 않기 위해 방어적 대처 방침을 일선 시위진압부대에게 전달하기도 했다. 당시 상황을 광주일보는 다음과 같이 보도하고 있다.

도청 앞 노제가 열리기 3시간 전인 25일 오후 2시 20분께부터 도청 앞과 금남로 1·2·3가는 밀려드는 추모 인파로 교통이 차단. 일부 시민들은 평소 같으면 생각지도 못할 도청 수위실 옥상과 도경 주차장 담벼락·지붕 위에까지 올라가 미리 자리를 잡고 앉아 있기도.(…)학생들의 요구로 수협도지회와 예술회관에 반기가 게양되기도 했는데 이날 주변

155) 전남대 용봉문학회, 「우리는 그날을 '운암대첩'이라 부른다」, 『청년』 (1991년 8월호), 143-144쪽.

> 건물에는 각종 걸개그림, 플래카드는 물론 스프레이로 휘갈긴 각종 구호로 범벅. 이날 밤 9시 40분께 풍물패 20여 명을 비롯, 시민·학생 5백여 명이 도청 임시정문을 열고 들어와 당국과 일촉즉발의 긴장감이 감돌았으나 도청직원들이 인(人)의 장막을 쳐 더 이상의 진입을 막고, 경찰 수뇌부가 안에 대기 중인 전 경찰에게 '특별한 명령이 없는 한 끝까지 참으라'며 집안 단속을 철저히 해 위기를 극복. 경찰은 또 시민·학생이 시내 곳곳으로 거리행진에 나서자 '돌 한두 개 맞는다고 해서 최루탄 쏘지 말라'고 긴급 지시했는가 하면 노제가 시작되기 전 전경이 시민·학생의 눈에 띄지 않도록 도청 앞 건물 뒤편으로 모두 철수 대기토록 하는 등 경미한 접전이 큰 불상사로 번지지 않도록 신경을 곤두세우기도. 한편 도청 앞 행사 도중 일부 군중들이 도청 담에 붙은「새 생활 새 질서」현수막을 뜯어내 불태웠으며 도의회 청사 유리창 4장이 깨지고 담 2m가 무너지기도(…)[156]

이와 같은 양상은 5월투쟁 기간 광주시민의 거센 저항에 밀려 공권력이 수세적 자세를 취했음을 상징적으로 보여준다. 더 주목되는 것은 공권력이 비록 일시적이지만 수세적 입장을 취하게 되면서 권력이 지배했던 공공장소가 시민들의 자치적인 공간, 즉 해방공간으로 열리게 되었다는 점이다. 그리고 이 해방공간에서 광주시민들은 80년 5월 시민공동체의 경험과 정서를 다시 느끼고 만들어내기도 했다. 도심 노제의 공간도 그러했지만 가장 대표적인 사례는 앞서 언급한 전남대병원 앞 도로에서 지속적으로 열린 '시민대토론회'였다. 이밖에도 5월 광주의 풍경에서 시

156)「박승희 양 장례 날 이모저모」,『광주일보』(1991. 5. 27.).

내 집회 후 귀교길 버스요금을 받지 않거나 종점을 향하던 버스를 돌려 학생들을 귀교시켜 준 버스 기사들, 학생들과 함께 '어머니의 노래'를 부르며 울먹이는 전경, 서울에서 내려오는 장례행렬을 위해 김밥과 주먹밥을 준비하는 아주머니들, 저녁상 물리고는 항상 전남대병원으로 향하는 주부들, 어린아이를 목말 태워 추모집회에 나온 젊은 아버지, 발 디딜 틈조차 없는 인파 속에 집체극을 보며 시종 노래와 구호와 박수로써 응답하는 '해방공동체'의 유대와 공감을 어렵지 않게 발견할 수 있다.[157)]

> 발 디딜 틈조차 없이 빽빽이 들어찬 시민들은 집체극을 보며 시종 노래와 구호와 박수로써 그날의 함성을 재현하고 있었다. 징·북 등을 든 5명의 출연자가 무대에 등장하면서 집체극은 시작된다. 경찰에게 돌을 던지던 이들에게 갑자기 백골단이 나타나 쇠파이프로 마구 때린다. 그 중 한 명이 쓰러지고 고 강경대 열사의 얼굴이 스크린에 비추어진다. 누가 시작한 지도 모르게 '임을 위한 행진곡'이 시민들 사이에 울려 퍼지고 '백골단 해체' '민자당 박살' 등의 구호가 터져 나온다. 이어 붉은 천

157) 5월투쟁 기간 동안 '해방공동체'의 여러 양상이 나타났지만, 그렇다고 광주지역 투쟁세력이 균질했거나 그 내부에 갈등이 없었던 것은 아니다. 서울지역 대책회의와 제도권 야당 간에 정국을 대하는 셈법이나 투쟁의 방식 및 수위에 차이가 보였던 바와 같이, 광주지역 내에서도 대책회의 내 다양한 입장 차가 존재했다. 일례로 박승희 장례에서 신민당은 시민·학생들의 반발을 무마해줄 것을 조건으로 김대중 총재의 조사를 지역 의원이 대독하려 했으나 대책회의가 난색을 표해 포기했다. 또 강경대 운구를 망월동으로 향하게 하려는 대책회의에 반발해서 대학생과 시민들이 금남로 노제를 강행했던 것과 같이, 대책회의가 대중의 의식을 수습하거나 사건에 대해 신속한 대응을 하지 못한 것에 대한 불만이 제기되기도 했다. 「범국민대책회의 투쟁 평가와 광역의회선거대응」, 『조대신문』 (1991. 6. 5.); 「전대교정 추모 플래카드·만장 물결」, 『광주일보』 (1991. 5. 25.); 「범국민대책회의와 5월투쟁 평가」, 『조대신문』 (1991. 5. 29.).

> 을 뒤집어쓴 한 여학우가 쓰러진다. 박승희 열사의 얼굴이 스크린에 비치고 '저는 언제나 광주시민과 함께할 것입니다'라는 승희의 유서가 잔잔히 흘러나오자 장내는 갑자기 숙연해진다. 극 중 인물들과 관중이 연극을 통해 만나 공통의 의식과 유대를 확인하는 순간이었다. 수만 명의 시민이 함께 분노하고, 함께 슬퍼하고, 함께 웃는 것이다. 광주항쟁 11주년은 이렇게 기념되고 있었다. 거대한 추모집회나 기념식, 공권력과 시위대 간의 격렬한 대결의 앞뒤에는 추모 거리굿, 민족극 한마당 등 이런 감격적인 장면이나 작은 행사들을 통해 해방 공동체 기간의 공감의 잔치를 가지고 있었던 것이다.[158]

위 인용문은 5월 17일 전남대병원 앞 오거리에서 진행된 5·18 11주기 전야제에서 공연된 5월 부활극 '우리 가슴에 불을 품고'의 풍경을 소개하는 기사이다. 5·18 전야제를 맞아 기획된 이 집체극에서 강경대와 박승희를 80년 5월과 오버랩(overlap)하는 것을 통해 공통의 의식과 유대를 만들어갔던 바와 같이, 91년 5월투쟁이 만든 곳곳의 풍경은 광주시민에게 반복되는 5월로 인식되고 있었다. '박승희 도청 노제 시 연단으로 사용된 분수대 위에 대형태극기가 덮여 있는 것을 보고 80년 5·18 당시 민족민주성회를 연상했다'는 기사도,[159] '길을 터주며 환호성과 격려 박수를 보내는 시민들을 보고 오월 광주를 떠올리며 눈시울이 뜨거워'졌던 경험도,[160] 모두 91년 5월을 80년 5월을 경유해서 체감하고 있던 지역민의

---

158) 「해방공동체」, 『전대신문』 (1991. 5. 21.).

159) 「박승희 양 장례 날 이모저모」, 『광주일보』 (1991. 5. 27.).

160) 「…투쟁하는 '광주의 5월' 이모저모」, 『전대신문』 (1991. 5. 7.).

모습을 드러내 주는 장면이다. 결국, 이와 같은 지역의 집단적 정서는 분신정국투쟁을 단순히 정권 퇴진과 같은 정치적 성패의 문제로만 보지 않게 했다. 6월항쟁 때에도 그러했던 것처럼 오히려 당면한 정치적 목표의 쟁취 여부로 끝나는 것이 아니라, 5·18 문제가 해결될 때까지 계속되어야 할 투쟁의 한 과정으로 생각하는 경향이 강했다.

한편 분신 이후 박승희의 곁을 지켰던 한 동료의 병상 일기에는 다음과 같은 심경이 고백 되어 있다.

> 희망을 버린 것처럼 절망도 버리고 산다. 시간과 날짜의 부피가 나에겐 느껴지지 않는다. 계절도 달도 날도 없는 아득한 시간대 위에 나와 승희는 함께 떠 있는 것은 아닐까. 고통과 두려움의 시간대를 벗어나 오월 이 지상으로 내려오고 싶다.[161)]

최정운이 80년 5월 광주시민들의 '절대공동체'를 이야기하며 "그곳에는 사유재산도 없었고, 목숨도 내 것 네 것이 따로 없었고 시간 또한 흐르지 않았다"고 말했던 것과 같이,[162)] 병상을 지킨 동료 역시 현실의 시공간을 초월해 전혀 다른 시간대 위에 서 있었음을 알 수 있다. 5·18 당시 광주시민들의 외침이 민주주의와 같은 이념으로만 귀착될 수 없는 인간의 존엄과 생명이 무참히 짓밟힌 것에 대한 분노였던 것처럼이나, 계속되는 안타까운 죽음들에 응답해 거리로 나섰던 많은 이들 역시 그러했던 것으로 보인다. 이런 이들에겐 당시의 정권 퇴진과 같은 정치적 목표의 미달

161) 「(병상일지) 승희 너의 붉은 넋을 가슴에 묻으마」, 『전대신문』(1991. 5. 28.).

162) 최정운, 『오월의 사회과학』(오월의봄, 2012), 123쪽.

성이 그대로 자기 삶의 아픔과 실패로 귀결된 것은 아니었다. 오히려 이러한 리미널한 시공간의 경험은 그들의 삶에 더 오랫동안 다른 방식으로 영향을 주었던 것으로 보인다. 즉 5월투쟁의 경험 주체에게 설령 하나의 사회극으로서 5월투쟁이 막을 내리고 다시 일상의 구조 속으로 회귀했더라도 그 일상은 균열이 새겨지고 잠재된 것으로, 이 특별한 시공간을 거쳐 다시 돌아온 주체는 예전과는 전혀 다른 새로운 존재였다. 그리고 이들에 의해 91년 이후 다양한 갈래의 변혁운동이 전개되었다.

5. 맺음말

1991년 5월투쟁은 6월항쟁 이후 전국민적 민주개혁의 열망을 외면하고 1989년부터 시작된 공안탄압과 그다음 해 3당 합당으로 상징되는 반민주적 조치를 통해 재집권을 노렸던 노태우 정권에 맞선 6공화국 시기 최대 규모의 민주화운동이었다. 1991년 4월 26일 명지대생 강경대의 구타치사사건 이후 6월 말 투쟁이 종료될 때까지 모두 13인이 죽고 전국적으로 수십만 명이 시위에 참여했다. 하지만 노태우 정권의 물리적 폭력과 함께 보수언론의 이데올로기 반격이 가해지는 가운데 6월 광역단체장 선거로 정국이 전환되면서 투쟁은 소진되었다.

광주지역은 5·18의 경험과 감성의 자장 속에서 분신정국을 맞이했다. 80년 '5월 청산'의 문제가 지연된 상태에서 5·18 문제는 광주시민이 노태우 정권을 평가하는 창이자 잣대였다. 그것은 80년대와 90년대를 관통해 지속적으로 지역민의 사회 인식과 실천에 (무)의식적 영향을 미쳤다.

5·18 문제에 밀착되었던 광주지역은 타 지역에 비해 시종일관 노태우 정권에 대한 불신과 반정부적 태도를 견지하고 표출했다. 5·18 문제에 대한 노태우 정권의 행태는 광주지역 민심의 더 큰 반발을 초래했다. 1988년 초에 민화위 활동이나 연말에 국회 '광주 청문회'는 5·18의 진상규명이 아닌 은폐와 호도를 위한 것으로, 노태우 정권의 위선적 본질만을 드러냈다. 이로 인해 광주시민들에게 '전·노가 떼려야 뗄 수 없는 한 핏줄의 쌍생아"라는 본질이 재차 환기되었고, 학살자들끼리 정권의 대물림이 된 상태에서는 광주문제의 근본적 해결이 될 수 없다는 생각은 더욱 확고해졌다. 91년 5월투쟁 당시 광주의 투쟁 양상이 타 지역과 달랐던 배경에는 이처럼 누적된 5·18의 상흔이 자리 잡고 있었고, 그것이 낳은 분노가 연이은 '열사'들의 죽음에 응답했기 때문이었다.

1991년 광주지역 5월투쟁에 불씨를 댕긴 것은 4월 29일 전남대생 박승희의 분신이었다. 4월 26일 강경대 구타치사사건의 발생 직후 광주·전남지역 민주화운동 진영은 명확한 대응 방안을 수립하지 못한 채 적극적인 투쟁을 조직하지 못했다. 노태우 정권의 공안탄압이 불러온 필연적 사건으로서 사태의 심각성을 인식하고 분노했지만 광주가 사건 현장이 아니었고, 정확한 사태 파악이 안 된 상태에서 서울대책위의 움직임을 기다리는 소극적 태도를 보였다. 하지만 박승희의 분신 이후 대학생들을 중심으로 자신의 일상적 삶을 투쟁적인 정치적 삶으로 급속히 전환시키는 양상을 보였으며, 반구조(anti-structure)의 풍경은 도심 곳곳으로 확산되어갔다.

당시 표면적으로 광주지역 5월투쟁은 큰 흐름에서는 서울을 비롯한 다른 지역과 유사하면서도 그 안에서 지역 투쟁을 촉발 내지는 지속시킨 계기와 시점은 달랐다. 이와 함께 광주지역 투쟁은 타 지역에 비해 상대적으로 치열하게 지속적으로 전개되었는데 그 배경에는 몇 가지 요인이 존재했다. 첫째 강경대 치사정국을 분신정국으로 이끌었던 8건의 분신 중 광주전남지역 출신에 의해 5건이 발생하면서 지역민의 감정적 동요가 상대적으로 컸다. 둘째 4월 29일 분신한 박승희는 타 지역에서 분신한 김영균, 천세용, 김기설 등과 달리 분신 20일 만인 5월 19일까지 전대병원에서 투병 후 사망했다. 이로 인해 전남대학교 병원 앞 도로에서는 많은 시민이 모여들었고, 매일 시민대토론회가 열려 투쟁과 애도의 국면을 지속시켜 갈 수 있었다. 셋째 5월 16~17일 윤용하, 5월 18~20일 강경대, 5월 20~21일 이정순, 5월 25~26일 박승희, 6월 4~5일 정상순, 6월 9~10일 김철수까지 계속된 노제와 장례투쟁으로 인해 대학가 주변과 금남로 일대 시내를 중심으로 연일 집화와 시위가 이어져 투쟁의 분위기를 고조시켰다. 넷째 분신정국이 5·18민중항쟁 11주년 기념 주간과 겹치면서 노제와 장례투쟁은 80년 5월을 소환해 그 동력을 확대해갈 수 있었다.

박승희의 분신과 연이은 자발적 죽음들로 인한 충격과 분노는 연일 계속되는 집회와 시위로 이어졌고, 도청 노제와 망월묘역 장례를 위한 애도의 과정은 대학생과 시민이 일상의 삶으로 철수하려는 퇴로를 차단했다. 또한 반복되는 일상적 삶을 정지시키고 구조화된 삶의 경계를 해체하거나 전복할 수 있는 경험공간을 제공했다. 그리고 이러한 리미널한 시공간에서 마주친 사건과 경험은 평소와는 전혀 다른 유형의 감성을 형성하고, 또 과감하게 표현할 기회를 제공했다. 더 나아가 투쟁과 애도의 과정에서 리미널한 전이상태(liminal transition)에 놓인 주체들은 기존의 사회관계를 제거하거나 변형시켜 새로운 커뮤니타스(communitas)를 구성하기도 했다. 그리고 이와 같은 리미널한 시공간의 경험과 감성은 종종

87년 6월항쟁의 거리나 더 멀게는 80년 5월 10일간의 광주와 시민공동체를 떠오르게 했다.

광주지역에서는 소위 '운암대첩' 투쟁과 같이 일시적이지만 공권력이 붕괴하거나 후퇴하는 반구조의 리미널한 광경이 종종 출현했다. 공권력이 비록 일시적이지만 수세적 입장을 취하게 되면서 권력이 지배했던 공공장소가 시민들의 자치적인 공간으로 전환되었다. 이 해방공간에서 광주시민들은 80년 5월 시민공동체의 경험과 정서를 다시 느끼고 만들어내기도 했다. 그리고 91년 5월투쟁이 만든 곳곳의 풍경은 광주시민에게 반복되는 5월로 인식되어지고 있었다. 이와 같이 또 하나의 5월로 경험되었던 분신정국투쟁은 광주시민에게 5·18 문제가 해결되지 않은 상태에서 끝이 아닌 계속되어야 할 투쟁의 한 과정으로 인식되는 경향이 강했다.

한편 최정운이 80년 5월 광주시민들의 '절대공동체'를 말했던 것과 같이, '열사'들의 병상을 지킨 동료 역시 현실의 시공간을 초월해 전혀 다른 시간대 위에 서 있었다. 5·18 당시 광주시민들의 외침이 민주주의와 같은 이념으로만 귀착될 수 없는, 인간의 존엄과 생명이 무참히 짓밟힌 것에 대한 분노였던 것처럼이나, 계속되는 안타까운 죽음들에 응답해 거리로 나섰던 많은 이들 역시 그러했다. 이런 이들에겐 당시의 정권퇴진과 같은 정치적 목표의 미달성이 그대로 자기 삶의 아픔과 실패로 귀결된 것은 아니었다. 오히려 이러한 리미널한 시공간의 경험은 그들의 삶에 더 오랫동안 다른 방식으로 영향을 주었다. 즉 5월투쟁의 경험 주체에게 설령 하나의 사회극으로서 5월투쟁이 막을 내리고 다시 일상의 구조 속으로 회귀했더라도 그 일상은 균열이 새겨지고 잠재된 것으로, 이 특별한 시공간을 거쳐 다시 돌아온 주체는 예전과는 전혀 다른 새로운 존재였다. 또한 혹자는 91년 5월투쟁을 80년대에서 90년대로 넘어가는 결절점이라고 하지만 '광주'는 여전히 80년 5월의 시간 속에 붙들려 있었다.

이렇게 놓고 보면, '광주'라는 도시를 통해 91년 5월투쟁을 다시 바라보았을 때 그것은 하나가 아닌 다양한 위치와 장소의 맥락을 갖는 것임을 알 수 있다. 또한 그렇기 때문에 91년 5월투쟁에는 에른스트 브로흐(Ernst Bloch)가 '비동시성의 동시성(die Ungleichzeitigkeit des Gleichzeitigen)'이라고 말했던 바와 같이,[163] 여러 시간대가 중첩되어 흐르고 있었다. 한편으론 90년대 한국 사회의 새로운 운동 지형을 예고하는 흐름이 만들어지고 있었고, 또 한편으론 지체된 '5월 청산'과 같이 80년대의 모순과 갈등의 자장이 지속되고 있기도 했다. 또한 6월 광역의회 선거결과가 말해주듯 단기적으론 정치적 좌절을 목도해야 했지만, 투쟁의 리미널한 시공간을 거쳐 일상으로 돌아온 이들의 차원에서는 자신의 몸에 더 오랫동안 기억될 삶과 투쟁의 자원을 갖는 계기이기도 했다. 이런 측면에서 기존의 정치나 운동의 차원을 넘어 다양한 층위에서, 동시에 특정 지역의 경험이 일반화되는 것이 아니라 여러 지역의 맥락과 위치 속에서 5월투쟁에 대한 새로운 접근이 이루어져야 할 필요가 있다.

163) 임혁배, 『비동시성의 동시성: 한국 근대정치의 다중적 시간』(고려대학교출판부, 2014), 21-77쪽.

참고문헌

〈자료〉

* 「경향신문」, 『광주일보』, 『동아일보』, 『조선일보』, 『한겨레』, 『전대신문』, 『조대신문』
* 『정상순 유서수첩』
* 광주광역시 5·18사료편찬위원회, 『5·18광주민주화운동자료총서』 14-19권 (1998-1999).

〈저서〉

* 91년 5월투쟁 청년모임, 『그러나 지난 밤 꿈속에서 이 친구들이 나에 대하여 이야기하는 소리가 들려왔다 1991년 5월』 (이후, 2002).
* 강인철, 『5·18 광주 커뮤니타스』 (사람의무늬, 2020).
* 강정인, 『죽음은 어떻게 정치가 되는가』 (책세상, 2017).
* 김정한, 『대중과 폭력: 1991년 5월의 기억』 (이후, 1998).
* 김정한, 『비혁명의 시대』 (빨간소금, 2020).
* 빅터 터너, 강대훈 옮김, 『인간 사회와 상징 행위』 (황소걸음, 2018).
* 빅터 터너, 김익두·이기우 옮김, 『빅터 터너의 제의에서 연극으로』 (민속원, 2014).
* 임혁배, 『비동시성의 동시성: 한국 근대정치의 다중적 시간』 (고려대학교출판부, 2014).
* 전재호·김원·김정한, 『91년 5월투쟁과 한국의 민주주의』 (민주화운동기념사업회, 2004).
* 전진성, 『역사가 기억을 말하다』 (휴머니스트, 2005).
* 최정운, 『오월의 사회과학』 (오월의봄, 2012).

〈논문〉

* 강인철, 「변혁의 리미널리티와 해방의 커뮤니타스: 광주항쟁에 대한 새로운 접근」, 『신학전망』 205 (2019), 114-152쪽.
* 고성국, 「노 정권 파시즘체제의 본질을 밝힌다」, 『월간 말』 (1991년 6월호), 14-19쪽.
* 김원, 「80년대와 90년대의 결절점」, 91년 5월투쟁 청년모임, 『그러나 지난 밤 꿈속에서 이 친구들이 나에 대해서 이야기하는 소리가 들려왔다 1991년 5월』 (이후, 2002), 126-154쪽.

* 김원, 「91년 5월투쟁의 일상과 담론에 대한 연구」, 민주화운동기념사업회, 『91년 5월투쟁과 한국의 민주주의』 (오름, 2004), 73–158쪽.
* 김동춘, 「1980년대 민주변혁운동의 성장과 그 성격」, 학술단체협의회 편, 『6월민주항쟁과 한국 사회 10년』 1 (당대, 1997년) 65–104쪽.
* 김봉국, 「로컬에서 6월항쟁을 다시 보기: 전남대학교 학생운동을 중심으로」, 『기억과 전망』 42 (2020), 132–171쪽.
* 김봉국, 「순례공감장: 망월묘역과 5월의 기억」, 『감성연구』 22 (2021), 307–348쪽.
* 김서정, 「백골단에 빼앗긴 김귀정의 스물다섯 살」, 『월간 말』 (1991년 6월호), 202–205쪽.
* 김윤철, 「91년 5월투쟁, 그 열려진 '역사적 의미 짓기'의 장으로 들어서기」, 91년 5월투쟁 청년모임, 『그러나 지난 밤 꿈속에서 이 친구들이 나에 대해서 이야기하는 소리가 들려왔다 1991년 5월』 (이후, 2002), 104–119쪽.
* 김응종, 「심성사의 여러 모습」, 안병직 외, 『오늘의 역사학』 (한겨레출판, 1998), 81–133쪽.
* 김정한, 「권력은 주체를 슬프게 한다: 91년 5월투쟁 읽기」, 91년 5월투쟁 청년모임, 『그러나 지난 밤 꿈속에서 이 친구들이 나에 대하여 이야기하는 소리가 들려왔다 1991년 5월』 (이후, 2002), 42–74쪽.
* 김정한, 「대중운동과 민주화: 91년 5월투쟁과 68년 5월혁명」, 민주화운동기념사업회, 『91년 5월투쟁과 한국의 민주주의』 (오름, 2004), 159–194쪽.
* 김종철, 「어떻게 희망을 재건할 것인가」, 『월간 말』 (1991년 8월호), 30–31쪽.
* 김진숙, 「노동해방을 꿈꾼 진짜 노동자」, 『월간 말』 (1991년 6월호), 144–145쪽.
* 박주필, 「노 정권에 맞선 국민회의」, 『월간 말』 (1991년 7월호), 28–33쪽.
* 박형준, 「야권의 진로와 민족민주운동의 과제」, 『월간 말』 (1991년 8월호), 9–13쪽.
* 손규성, 「가난과 폭압을 불사른 민중의 아들」, 『월간 말』 (1991년 6월호), 148–149쪽.
* 양재원, 「공안통치 종식을 위한 민족민주진영의 투쟁전략」, 『월간 말』 (1991년 6월호), 9–13쪽.
* 오승룡, 「91년 5월투쟁」, 광주광역시·전라남도, 『민주장정 100년, 광주·전남지역 사회운동 연구』 6 (2015), 218–274쪽.
* 오연호, 「5월투쟁, 그 분노의 현장기록」, 『월간 말』 (1991년 6월호), 154–159쪽.
* 오연호, 「한(恨)과 투쟁의 도시 광주」, 『월간 말』 (1988년 12월호), 55–62쪽.
* 윤석진, 「(현재취재)광주 사람들의 요즘 생각」, 『월간중앙』 (1990년 5월호), 364–376쪽.
* 이덕우, 「강경대 군 치사사건과 5월 시위정국」, 『인권보고서』 6 (1991), 227–255쪽.
* 이수인, 「「광주」는 지금 어디에 있는가」, 『신동아』 (1990년 5월호), 294–307쪽.
* 이승재, 「혁명을 그린 젊은 예술가」, 『월간 말』 (1991년 6월호), 142–143쪽.
* 이영미, 「5월투쟁과 거리시위의 문화패들」, 『월간 말』 (1991년 7월호), 222–225쪽.
* 이유경, 「'6·3 외대 사건'에 대한 언론의 '상징폭력화' 과정」, 91년 5월투쟁 청년모임, 『그러나 지난 밤 꿈속에서 이 친구들이 나에 대하여 이야기하는 소리가 들려왔다 1991년 5월』 (이후, 2002), 78–100쪽.

* 장영석, 「노태우 '5공' 관련 비리」, 『월간 말』 (1988년 12월호), 14-19쪽.
* 전남대학교5·18연구소, 「1991년, 열사투쟁과 전남대(학술심포지엄 자료집)」 (2021), 1-112쪽.
* 전남대 용봉문학회, 「우리는 그날을 '운암대첩'이라 부른다」, 『청년』 (1991년 8월호), 132-144쪽.
* 정경아, 「반미구국의 선봉에 선 여전사」, 『월간 말』 (1991년 6월호), 150-153쪽.
* 정문영, 「진실을 향한 투쟁」, 5·18기념재단 기획, 『너와 나의 5·18』 (오월의봄, 2019), 118-165쪽.
* 정승혜, 「민중의 아픔을 껴안은 청년활동가」, 『월간 말』 (1991년 6월호), 146-147쪽.
* 정태윤, 「민주연합정부 수립을 위한 긴급제안」, 『월간 말』 (1991년 6월호), 20-25쪽.
* 정태인, 「5월투쟁의 평가와 민족민주운동의 과제」, 『월간 말』 (1991년 7월호), 9-13쪽.
* 천호영, 「쇠파이프에 찢긴 젊은 넋」, 『월간 말』 (1991년 6월호), 138-139쪽.
* 최진섭, 「6월항쟁 주역들의 현주소」, 『월간 말』 (1991년 6월호), 80-85쪽.
* 최혜영, 「행복과 사랑을 나눠준 민속학도」, 『월간 말』 (1991년 6월호), 140-141쪽.
* 편집부, 「광주학살 책임자 노태우는 대통령이 될 수 없다」, 『월간 말』 (1987년 12월호), 38-39쪽.
* 편집부, 「광주학살 책임자를 어떻게 처벌할 것인가」, 『월간 말』 (1987년 11월호), 14-16쪽.
* 편집부, 「민주화합추진위의 위선적 본질」, 『월간 말』 (1988년 3월호), 13-14쪽.

1988~1991년 대구·경북지역 민주화운동과 1991년 5월투쟁[164)]

김상숙 (성공회대학교 연구교수)

1. 머리말

1991년 5월투쟁이 일어났을 때 나는 당시 한 시민단체 실무자로서 투쟁에 참여했다. 이 단체는 사회운동연구소에서 열었던 민주시민대학 수강생들이 모였던 단체였는데, 단체 회원들은 노동자, 화이트칼라, 자영업자, 주부 등 직업도 다양했고 나이도 20대에서 60대까지 다양했다. 대부분 1987년 6월민주항쟁 이전에는 사회운동을 경험하지 않았던 단체 회원들은 1991년 5월투쟁이 일어났을 때는 최소 50~60명 이상이 거리시위에 참여했다. 물론 시위에 참여한다 해도 대다수는 시위대 주변을 따라다녔지만, 몇몇은 시위대 맨 앞에서 앉아 있었고 청년들 일부는 사수대에 합류했으며 몇몇은 독자적으로 유인물을 만들어 살포했다. 김영균 학생이 분신한 뒤 경북대병원으로 이송되었을 때는 단체 회원들이 사수대에 합류해 밤을 새우면서 그의 소생을 기원했다. 이 단체는 학생이나

164) 이 글은 2021년 7월 9일 열린 대구·경북지역 열사투쟁 30주년 기념 학술토론회에서 발표한 발제문을 보완한 글이다.

노동자들처럼 큰 조직이 아니었기에 경찰의 공격을 받아 시위대 주력이 흩어진 뒤 다른 장소로 이동할 때는 택을 전달받지 못해 우왕좌왕하기도 했다. 시위가 끝나면 50~60명 이상의 회원이 사무실로 돌아와 새벽 한 시까지 열띤 토론을 하며 뒤풀이를 했다. 회원 중 일부는 시위하다 연행되기도 했다. 나는 매일 연행자가 없는지 회원들의 상황을 파악하느라 바빴다.

그러나 5월 중순 넘어가면서 갑자기 분위기가 바뀌는 것을 느꼈다. 도심 곳곳에 시위대를 비난하는 현수막이 걸리고, 시위 장소에는 요즘의 태극기 부대 같은 사람들이 대거 나타나 시위대에게 욕을 하고 시비를 걸었다. 그러한 욕설은 최루탄이나 백골단의 주먹보다 더 아프고 쓰라렸고 회원들은 흔들리기도 했다. 그러다가 6월 들어 투쟁이 갑자기 소강상태에 접어들면서 회원 상당수가 단체를 떠났다.

그래서인지 나는 '1991년 5월'이라는 낱말을 접하면 김영균이 먼저 떠오르고, 그다음은 투쟁 열기 속에 정신없이 바빴던 기억이 떠오른다. 그리고 동시에 아픈 감정이 치밀어 오른다. 물론 이 단체에 남은 회원들은 나중에 민주시민운동협의회라는 본격적인 시민운동 단체도 만들었고 회원 중 몇몇은 민주노총이나 대경연합의 간부가 되었다. 그런데도 '1991년 5월'이라고 하면 우선은 답답함, 쓰라림 등의 감정이 먼저 떠오르는 것 같다.

그로부터 30년이 지난 지금, 1991년 열사투쟁 30주년을 맞아 "대구·경북지역 민주화운동과 91년 5월투쟁"이란 제목의 발제를 맡았다. 발제문을 작성하려고 보니 우선, 1991년 5월투쟁은 1987년 대선 이후 1988년~1991년까지의 민주화운동과의 연관 속에서 고찰할 수밖에 없다는 생각이 든다. 통상적으로 이 시기는 '노태우 정권 시기'로 표현하고 있으나, 단순히 그렇게만 표현하기엔 찜찜하고 부족한 면이 있다. 그보다는 이 시기는 1987년 6월민주항쟁의 연장 속에 그 성과를 계승하고 한계를 뛰어넘기 위해 노력하던 '체제 이행기'였다고 볼 수 있다.

이행기란 대중투쟁에 의해 권위주의 체제의 지배 권력을 일부라도 무너뜨린 후 새로운 민주주의 사회로 이행하는 시기를 말한다. 정치학에서는 이행이란 체제 이행(regime transition)을 지칭하며, 권위주의 혹은 전체주의로부터 민주주의로의 이행, 민주주의로부터 권위주의로의 이행(역 이행)을 모두 포괄하지만, 일반적으로는 민주주의 방향으로의 이행을 지칭한다. 세계사적으로 보면, 1970년대 이후부터 100여 개의 국가가 권위주의, 내전, 또는 다양한 분쟁으로부터 체제 이행을 경험했다(이병재, 2015: 88). 더 넓게 보면 1945년 제2차 세계대전 종식 후, 그리고 1980년대 탈냉전기에도 많은 국가가 체제 이행을 시도했다(Teitel, 2003: 75; 이영재, 2012: 14-142 재인용).

이러한 이행기에는 대중의 정치 참여 의지가 고양되는 한편, 정치적인 면에서 과거 정권의 비민주적 요소를 청산하려는 움직임이 일어나고 사회적으로도 일상의 민주화를 위한 노력이 광범위하게 일어난다. 한국 사회에서도 대중들은 1987년 6월민주항쟁을 통해 직선제 개헌을 통한 군부독재정권의 교체와 민주주의 이행을 요구했다. 비록 1987년 대통령 선거에서 군부의 재집권을 저지하지는 못했지만, 항쟁을 통해 직선제를 쟁취한 직후인 노태우 정권 시기에는 어느 때보다 대중의 정치 참여 열기가 높아진 상태에서 1988년 국회의원 선거를 통해 여소야대 정국을 형성하고, 광주학살 책임자 처벌 등 과거청산을 시도하면서 이행기 정의를 실현하고자 했다. 한편, 민주화운동 세력은 1987년 6월민주항쟁 이전부터 좀 더 근본적인 사회변혁을 추구했다. 그런 점에서 1987년 6월민주항쟁 이후 노태우 정권 시기에 이르는 일련의 과정은 사회변혁운동 세력이 대중투쟁의 에너지를 바탕으로 민족해방의 이념이나 민중민주주의까지 포괄하는 급진적 이념과 변혁적 지향을 표출했던 시기이기도 하다. 이처럼 이 시기는 제도정치와 대중투쟁이 서로 영향을 주고받으며 지배 권력과 대치하던 민주화 세력의 공세기이자, 급진적 이념의 분출기라고 볼 수 있다.

이 글에서는 이러한 시각을 전제로 하여 이 시기에 대구·경북지역에서 있었던 대중투쟁들을 시간 순서에 따라 개괄적으로 살펴보겠다. 구체적으로 『대구·경북민주화운동사』(대구·경북민주화운동사편찬위원회, 2020)에 필자가 집필했던 내용을 바탕으로 1988년에서 1991년 5월까지 대구·경북지역의 민주화운동 상황을 개관하고자 한다. 2020년 연말에 발간된 『대구·경북민주화운동사』는 크게 통사와 부문운동사로 구성되어 있으며, 통사 부문은 1950년대에서 1980년대까지의 대구·경북민주화운동사 전반을 다루고 있다. 이 글에서는 그중 제3부 제4장 '노태우 정권 시기 민주화운동' 파트에서 필자가 집필했던 내용을 축약하여 소개하고 마지막 장에 1991년 5월투쟁과 관련된 쟁점을 몇 가지 간략하게 덧붙여 서술하고자 한다.

그런데 『대구·경북민주화운동사』는 지역 민주화운동사를 최초로 총망라해 서술하면서 1차 자료를 바탕으로 기초 사실 복원에 치중하다 보니 분석적인 면에서는 아직까지는 여러 가지 미비한 점이 있다. 또한, 학생운동을 부문운동 파트에서 별도로 다루지 않고 통사 파트에 포함해 서술하다 보니 내용의 균형이 부족한 점도 있다. 이 점 양해 바란다.

이 글의 마지막 장에는 세미나의 발제 차원에서 1991년 5월투쟁의 의의와 영향에 관해 간단히 덧붙였다. 이 역시 그다지 체계적이고 정교하게 분석하지 서술하지 못한 점도 양해 바라며, 이 문제는 세미나 토론자들의 의견을 바탕으로 후속 연구에서 깊이 있게 다뤄지길 바란다.

2. 1988년~1991년 시기 대구·경북지역 민주화운동의 상황

1. 다양한 대중조직 건설과 부문운동의 정립

1987년 6월민주항쟁 후 집권세력이 수세에 처해 열린 공간에서 대중의 정치적 관심이 고조되고 다양한 대중조직화가 전개되었다. 이것은 단순한 대중조직 건설이 아니라 정치적 대중의 결집으로 나타났다. 이 시기에 대구·경북지역에서도 각 부문의 대중조직이 발전하고 운동영역이 다원화되면서 진보적 대중운동을 전개할 수 있는 공간이 확장됐다. 이에 따라 1987년까지만 해도 지역 민주화운동에서 학생이 주요 동력이었으나, 점차 노동자, 농민, 시민·청년의 비중이 커지게 됐다.

노동운동의 경우, 대구에서는 1987년 노동자대투쟁 이후 단위 사업장에서 민주노조 건설 움직임이 활발하게 일어났으며, 민주노조들은 1988년 12월 7일 대구·경북지역노동조합연합준비위원회(이하 대경노련준비위, 의장 양재복)를 거쳐 1989년 11월 8일 '대구지역노동조합연합'(이하 대노련, 의장 유영용)을 중심으로 결집했다. 구미에서는 1990년 1월 '구미지역노동조합협의회'를 결성해 민주노조의 연대 틀을 마련했다. 포항에서는 1988년 11월 10일 지역 최초의 노동조합 연대조직인 '협력업체노동조합연합'을 결성했다. 1990년 1월 22일 전노협이 출범하자, 대구·경북지역의 민주노조 조직들은 함께 연대해 전노협 사수와 민주노총 건설을 위해 노력했다. 그리고 이러한 흐름에 발맞춰 1987년까지 여러 개의 비공개 서클조직으로 분산되어 있던 지역 노동운동가들은 '대구노동자협의회'(1988), '대구노동교육협회'(1990) 등의 단체로 결집했다.

한편, 1987년 '대구경북교사협의회'(1987.10.31.)를 창립해 활동하던 교사들은 1989년 5월 28일 '전국교직원노동조합'(이하 전교조)가 창립되자 6월 11일 전교조 대구지부(지부장 이만호)와 경북지부(지부장 이영희) 결성대회를 열었다. 이후 전교조 대구지부와 경북지부는 전교조 사수 및 합법화, 해직교사 원상복직, 참교육 실천과 교육개혁을 위해 노력하고 사회민주화 운동에도 앞장섰다.

경북지역의 농민운동은 1987년 6월민주항쟁과 1988년 고추 제값 받기 대투쟁 등을 거치며 대중운동으로 발전했고, 1990년대에는 농산물 수입개방 정책과 농업 구조조정 정책에 저항하며 급속하게 성장했다. 가톨릭농민회와 기독교농민회, 전국농민협회와 여러 자주적농민회로 나누어져 있던 농민운동조직은 1990년 4월 24일 '전국농민회총연맹'(이하 전농, 의장 권종대)으로 단일화했고, 경북지역에서도 같은 날 '전농경북도연맹'(의장 윤정석)을 결성했다. 전농경북도연맹은 군 단위 농민회 조직을 토대로 우루과이라운드 거부투쟁, 쌀 수입 개방 저지투쟁, 한·칠레 자유무역협정(FTA) 비준저지투쟁 등을 벌이며 지역 농민운동의 중심이 됐다(민주화운동기념사업회, 2003: 30).

노태우 정권 시기에는 경북의 각 지역에서 농민운동과 노동운동이 발전하면서 지역 명망가 중심으로 민주화운동을 진행했던 1987년 이전과는 달리 지역민들이 실질적으로 지역운동의 주력이 됐다. 경북의 시·군 중 포항과 구미는 노동자들이, 안동은 농민과 학생들이, 그 밖의 다른 지역은 농민들이 지역 민주화운동의 주력으로 나섰다. 특히, 1989년 봄 전교조가 결성된 뒤, 경북 대부분의 시·군에서는 지역 농민회와 새로 결성된 전교조지회가 사무실을 함께 사용하는 경우가 많았다. 여기에 전교조 해직교사들이 몇 년 동안 상근하면서 헌신적으로 각종 교육 사업을 진행하고 농민회 회원들과 함께 연대 사업을 해 시·군 단위 지역의 대중운동을 건설하는 촉진자 역할을 했다(김찬수 구술, 2020.9.19.; 이용우 구술, 2020.9.19.).[165)]

이 시기 운동의 또 다른 주요한 특징은 6월민주항쟁의 성과를 바탕으로 일상의 민주화와 사회운동의 제도화가 중요한 의제로 대두됐다는 점이다. 이에 따라 대구·경북지역에서도 새로운 시민운동의 흐름이 등장했고, 청년, 시민, 여성, 환경, 인권, 복지, 장애인, 문화예술, 연구자 등 다양한 영역에서 부문운동 단체들이 건설되어 급속하게 사회적 영향력을 확대해갔다. 노태우 정권 시기에 새로이 건설된 단체들은 ①민족민주운동의 일환으로서 청년·시민을 의식화, 조직화하고자 하는 진보적 대중단체, ②기존의 민족민주운동과는 결이 다른 새로운 시민운동을 지향하는 단체, ③여성, 환경 등 특정 대상, 특정 주제를 중심으로 전문적으로 활동하는 단체로 나눌 수 있다. 그리고 전통적으로 활동해온 인권단체, 종교단체, 문화단체도 사안에 따라 이들과 함께 연대하며 활동했다.

대구·경북지역에서 학생운동은 1987년 6월민주항쟁뿐 아니라 노태우 정권 시기에도 민주화운동에서 선도적 역할을 담당했다. 대구지역 학생운동은 1987년 중반을 거치면서 운동의 조직적 중심을 학생회 공간으로 이동했다. 학생운동 세력들은 총학생회를 먼저 장악한 뒤 점차 학과 학생회,

165) 이하 학생운동과 청년운동 전반과 관련된 내용은 다음 자료를 참고했다.: 박명배 구술(2020.9.25.), 박형룡 구술(2020.8.28.), 서인찬 구술(2020.8.31.), 안영민 구술(2020.9.24.), 유성찬 구술(2020.9.18.), 이용우 구술(2020.9.19.), 임채도 구술(2020.9.24.).

학회와 같은 기본적인 단위로 활동의 범위를 넓히고 영향력을 확대했다.

이 시기 학생운동은 전대협을 중심으로 전국적 네트워크가 구축된 후 운동이 급속하게 전국화됐다. 과거 비공개 서클 단위로 활동하던 학생들이 전대협이라는 전국적 조직을 건설함에 따라 민주화운동에서 학생운동의 조직적 역할과 비중이 결정적으로 높아졌다(한국민주주의연구소, 2010: 456). 대구·경북지역에서도 1987년 6월민주항쟁 후 대대협을 결성한 뒤로는 학생회 간의 연대가 활발해지면서, 총학생회 연대조직을 중심으로 민주화운동을 전개했다. 1989년 5월 26일에는 대대협을 발전적으로 해산하고 다른 지역보다 비교적 빨리 '대구경북지역총학생회연합'(이하 대경총련)건설준비위원회(임시의장 김병하)를 발족했다. 1990년 5월 10일에는 11개 대학 학생들이 모여 대경총련건설준비위원회를 대경총련(1기 의장 장병관, 의장 권한대행 김현욱)으로 조직을 전환했다. 1991년 5월에는 13개 대학 학생들이 모여 대경총련 2기(의장 안영민)를 출범시켜 1991년 5월투쟁 등에 앞장서면서 노태우 정권 퇴진 운동을 선도적으로 벌여 나갔다.

경북지역에서는 대구한의대(경산, 1991년 12월에 경산대로 개칭), 경북산업대(경산, 1996년 이후 경일대로 개칭), 금오공대(구미), 동국대 경주캠퍼스(경주) 등의 대학에서도 1987년 6월민주항쟁의 영향으로 학생운동 조직이 생겼다. 안동대는 1989년에 '반미애국학생회'(의장 박명배)라는 비합법 조직을 만들어 총여학생회와 인문대 등 단과대학 학생회 조직을 기반으로 활동했다. 안동대 학생운동 조직은 경북 북부권의 군소 대학에 영향을 미쳤으며, 경북지역 대학의 학생들은 대구지역 대학들이 중심이 된 대경총련과는 별도로 독자적인 (가칭)경북지역총학생회연합을 구성하려고 노력하기도 했다(박명배 구술, 2020.9.25.).

2. 전선운동의 발전과 운동의 전국화

1988~1991년 시기는 다양한 부문의 대중조직 건설을 통해 지역 민주화운동의 저변이 넓어지는 것과 동시에 이를 이끌고 나갈 연대조직과 전선조직도 발전했던 시기이다. 대구·경북지역에서는 이미 1980년대 중반부터 민통련경북지부(1985)가 지역 전선운동의 구심 역할을 하며, 1987년 6월민주항쟁 시기에는 민주대연합 조직으로서 국민운동대경본부(1987)를 발전시켰다. 그러나 1987년 대선과 1988년 총선을 거치는 동안 드러난 민주화운동 진영의 분열을 극복하고, 다양한 부문운동을 묶어 세울 수 있는 새로운 조직을 건설하는 것이 절실해졌다. 이에 따라 1989년 1월 21일 전국 200여 개 단체가 모여 '전국민족민주운동연합'(이하 전민련)을 창설했다. 전민련이 결성되자 이 조직의 대구·경북지역 지부에 해당하는 '대구경북민족민주운동연합'(이하 대경민련, 의장 권종대, 윤정석, 이승학)도 같은 날 결성됐다. 대경민련은 1989년 공안정국 분쇄와 민중생존권 쟁취를 위한 운동과 전교조 사수 운동, 1990년 5월 민자당 창당 반대 투쟁, 1991년 낙동강페놀오염사건시민대책위 활동과 5월 투쟁에 앞장섰다. 또한, 한시적인 공동투쟁조직인 전교조공대위(1989), 국민연합대경본부(1990), 대구경북대책회의(1991) 등도 전선운동의 구심 역할을 했다.

이렇게 전선운동 조직이 발전하고 전국조직과 결합함으로써, 이전 시기의 학생과 소수 명망가 중심의 재야운동 단계에서 벗어나 민족민주운동세력은 구체적인 동원력을 가진 실체로서 대중투쟁을 주도했다. 그러므로 이 시기는 이전 시기와 달리 야당이 정세를 주도한 국면이 아니라 민족민주운동세력이 대중투쟁을 주도하면서, 제도정치와 대중투쟁이 서로 영향을 주고받으며 지배 권력과 대치하던 시기라고 볼 수 있다.

특히, 제도권 야당의 지지 기반이 약하고 수구·보수 세력의 장벽이 강한 상태에서 전개된 대구·경북지역 민주화운동은 다른 지역보다 운동세력의 자립성, 독자성이 강했다고 볼 수 있다. 제5공화국 시기에는 신민당과 연대하여 운동의 활로를 개척하거나 탄압을 돌파하기도 했지만, 1990년 3당 합당 이후에는 제도정치권과의 연대는 미약했기에 여러 부문에서 지역연대조직이 비교적 빠르게 결성됐다. 대학생들의 연대조직인 대대협은 다른 지역보다 비교적 빨리 대경총련으로 발전했고, 1991년 5월투쟁 후 결성된 전선운동 조직인 대경연합도 지역연합으로서는 비교적 이른 시기에 출범했다.

3. 급진적 이념의 외화, 노선에 따른 민주화운동 조직의 분화

1987년 6월민주항쟁 이전부터 단순히 군부독재정권을 교체하는 수준을 넘어 근본적인 사회변혁을 추구했던 민주화운동 세력은 1988~1991년 시기에는 급진적 이념과 변혁적 지향을 대중과 결합하여 표출하고자 했다. 특히, 1987년 6월민주항쟁 후 대학 캠퍼스 등 일정 범위의 공간이 '해방구화'하고, 학계, 출판계, 언론계에도 진보세력이 결합해 공개적인 공간에 활동했다. 그러므로 이전 시기에 비합법 서클 조직 수준에서 소규모로 논의되던 급진주의 이념은 반합법 대중적 공간에 전파되고 논쟁이 증폭되었다. 이러한 논의를 이론화, 체계화하려는 시도도 나타났다. 이를 통해 급진적 사회변혁의 이상은 공개적으로 외화되었고 이것은 대중운동의 측면에서는 노동운동과 통일운동의 약진과 결합하여 표현되었다.

또한, 노선에 따라 운동조직이 분화되는 양상으로도 나타났다. 대구·

경북지역에서도 사회 변혁적 지향을 구체화하려는 이념·노선 논쟁이 1987년 6월민주항쟁 전부터 전개됐으며, 노태우 정권 시기에는 민주화운동의 여러 부문에서 이러한 논쟁이 확산하면서 NL계열과 PD계열로 조직이 나뉘었다.

전선운동 조직인 전민련에서는 1989년 결성된 뒤 투쟁노선을 둘러싸고 몇 차례 큰 논쟁이 있었고, 1991년 5월투쟁 이후 정치세력화와 관련해서 진보정당 건설 관련 논쟁도 있었다. 대구·경북지역의 사회운동 진영에서도 이러한 논쟁들이 있었고, 결국 1990년 이후에는 전선운동을 지향하는 조직과 정당운동을 지향하는 조직이 분화되었다. 그러나 각 조직의 활동가들은 노선의 차이가 있다 해도, 지역운동의 주요 사안에 대해서는 갈등하기보다는 상호 연대하는 분위기가 강했다(김찬수 구술, 2020.9.19.).

학생운동의 경우에는 사정이 좀 더 복잡했다. 이 시기에는 어느 계열의 학생들이 주요 대학의 총학생회를 장악하느냐에 따라서 한 해 학생운동의 주요 방향이 정해졌으며, 이것은 지역 민주화운동에도 큰 영향을 주었다. 1987년에서 1989년까지의 기간에는 대구·경북지역의 주요 대학에서는 대부분 NL계열 후보가 총학생회장으로 당선되어 대대협 1기와 2기의 핵심을 구성했다. 이에 지역 대학가에는 NL노선이 대세를 형성했고, NL계열에서 강조했던 5공 청산운동(전두환·이순자 구속 처벌 운동)과 반미통일운동이 활발하게 일어났다.

그러나 대구지역은 다른 지역보다는 PD 등 비(非)NL계열의 소그룹 조직이 많은 편이었고 일부 대학교에서는 주요 단과대학을 중심으로 범PD 진영을 형성했으므로, 각 조직 사이의 경쟁이 심했다. 1990년 들어 경북대 총학생회 선거에서는 범PD진영의 후보가 당선됐다. 그들은 반NL연합 총학생회를 결성해 대경총련 의장을 배출했으며, 그 영향으로 1990년에는 그전 해보다 노학연대 투쟁이 좀 더 활발하게 전개됐다. 이 해에는 계명대, 대구대, 영남대에는 공안당국에서 학생운동에 반대하는 반(反)운동권 후보를 양성해 출마시키기도 했다. 그 결과 이 세 대학에서는 반(反)운동권 후보가 총학생회장으로 당선됐다.

1991년에는 주요 대학에서 다시 NL계열의 학생운동 세력이 총학생회장으로 당선되어 대경총련 의장단을 구성했다. 이 시기 지역 대학가에서는 NL계열에서 강조하던 대중노선을 펼치면서 학원 자주화 투쟁에 주력했다. 이는 1991년 5월투쟁으로 이어져 학생 다수가 5월투쟁의 주체로 나설 수 있는 발판이 됐다.

4. 지역주의 통치 전략의 영향

한편, 대구·경북지역의 민주화운동은 수십 년 동안 정권의 지역주의적 통치전략의 영향을 받으며 전개됐다. 지역주의는 박정희 정권 시기부터 중요한 통치전략이었다. 집권 당시 군부 외에는 별다른 기반이 없었던 박정희 정권은 영남 지역주의를 활용해 권력 기반을 창출해 나갔다. 1980년대 들어서도 호남을 고립시키고 광주학살과 쿠데타로 집권한 신군부는 지역주의를 활용했다. 그들은 영남지역 상층부의 주요 기관과 인맥 관계를 장악하고 말단까지 광범위한 관변조직을 형성해 지역민들을 정치적으로 동원했다.

1987년 6월민주항쟁 후에는 과거와 같이 군부의 물리력에 의존할 수 없게 된 수구·보수 세력은 지역주의 통치전략을 정권 창출의 수단으로 계속 활용했다. 1987년 대통령 선거에서 노태우 후보는 영·호남의 지역주의를 활용해, 김대중, 김영삼 후보에 대한 국민의 지지를 분산하고 대구·경북지역의 지지에 의존하여 정권을 창출했다. 1988년 13대 총선에서도 소선구제와 함께 지역주의가 동원됐고, 그 결과 대구·경북지역에서는 민정당이 압승하면서 지역주의적 분할 구도가 강화됐다.

1990년, 노태우 정권이 여소야대 정국에서 의회 내에서의 취약한 상태를 전환하기 위해 3당 합당을 할 때도 지역주의 전략이 발현됐다. 3당 합당 결과, 야당 중 다수당으로서 민주화운동 세력과 상대적인 친화성을 갖고 있던 평민당은 호남지역에 국한된 지역당이 됐고 패권적 영남지역주의가 구축됐다. 그리고 6월민주항쟁의 성과를 바탕으로 만들어진 여소야대 정국의 정치지형은 수직적 양당 체제로 전환했다. 이로써 개혁적 대립 구도는 지역주의적 대결 구도로 전환했다(한국민주주의연구소, 2010: 430~431). 대구·경북지역에는 노태우 정권기에 제도권 야당의 약화 현상이 더 두드러지게 나타났고, 과거 군부독재 세력의 후신인 수구·보수 세력이 강력하게 영향력을 행사할 수 있게 됐다.

이처럼 1960년대부터 형성되어온 지역주의적 동원 체계는 1980년대에 더 정교하게 강화됐다. 이에 따라 광주지역은 탄압과 차별에 반발해 민주화운동의 성지로 발전했지만, 과거에 대표적인 저항 도시로 꼽힐 정도로 진취적이었던 대구지역은 수구·보수 세력의 아성이 됐다. 지역주의 통치는 강력한 연고주의를 바탕으로 지역민을 정치적으로 동원하고 지역 차별적 경제 혜택을 주는 방식으로 시행됐다. 동시에 지역 민주화운동 세력에게는 탄압과 배제를 통해 지역민에 대한 영향력을 차단하는 전략을 구사했다. 이는 공권력의 물리적 통제뿐 아니라 지역 토호 세력과 자본들, 관료 및 말단 관변조직, 대학 내의 반(反) 운동권 조직의 헤게모니를 통해 표현됐다. 따라서 대구·경북지역에서는 지역민과 민주화운동 세력 사이에 정치의식의 간극이 점차 커지게 되었으며, 지역의 민주화운동은 정권의 탄압과 지역공동체 안에서의 배제라는 이중의 장벽과 싸우며 전개되었다.

3. 1988~1991년 시기 주요 투쟁과 1991년 5월투쟁

1. 1988~1991년 시기 주요 투쟁

1) 1988년 여소야대 정국과 5공 청산운동

1987년 대통령 선거에 이어 1988년 4월 26일에 치러진 13대 국회의원 선거에서는 6월민주항쟁으로 성장한 국민의 민주화 욕구가 표출되면서 야당이 압승해 헌정 사상 처음으로 여소야대 정국을 형성했다. 그러나 13대 총선에서도 지역주의가 전면 동원됐고, 그 결과 그 이전 선거에서 볼 수 없었던 지역주의적 분할 구도를 분명하게 나타냈다. 그리고 새롭게 도입된 소선거구제의 영향을 받아 어느 한 세력의 완전 독과점을 허용하지 않는 지역분할 체계를 형성했다(한국민주주의연구소, 2010: 410). 이에 따라 총선에서 대구는 8개 선거구에서 전원 민정당 후보가 당선됐고, 경북은 21개 선거구 중 17개 선거구에서 민정당 후보가 당선되는 등 민정당이 압승했다.

여소야대 국회에서 정국의 주도권을 갖게 된 야당은 국정감사 제도를 부활하고 각종 악법을 개혁하는 한편, 청문회 제도를 도입했다. 1988년 10월에는 88서울올림픽 폐막과 함께 국정감사가 시작됐고, 5공 비리특위와 광주특위가 열리면서 청문회 정국이 전개됐다. 민주화운동 진영에서는 5공 청산은 국회나 정권이 아니라 국민의 힘으로 해야 한다고 보면서, '광주학살 5공 비리 원흉 처단', '전두환·이순자 구속 처벌'을 목표로 하는 5공 청산 운동을 전개했다. 대구·경북지역에서는 국민운동대경본부를 중심으로 한 대중시위와 함께, 학살 가해자를 상징적이고 격렬한 형태로 공격하는 선도 투쟁을 연이어 전개했다. 또한, 학생운동 진영에서는 NL계열 학생들이 대대협을 이끌어가면서 반미통일운동도 활발하게 진행했다.

이 시기 주요 사건으로는 ①노태우 부정 집권 규탄 투쟁(1988.2.~3)과 4·26 부정선거 규탄 투쟁(1988.4. 27), ②광주학살 5공 비리 주범 전두환·이순자 구속 처벌 투쟁(1988.10.~12.), ③영남대 박근혜 재단 퇴진 운동(1988.11.)을 들 수 있다.[166)]

2) 1989년 제1차 공안정국 하의 민주화운동

국회 청문회와 가두의 대중투쟁으로 표출된 범국민적 차원의 '광주학살, 5공 비리 진상규명 및 책임자 처벌'에 대한 열기는 노태우 정권에 큰 정치적 부담을 주었다. 노태우 정권은 1988년 11월 전두환의 사과 성명 발표와 백담사 은둔, 12월의 양심수 석방 등을 통해 국민의 요구를 무마하면서도, 한편으로는 국회의 5공 비리특위와 광주특위의 활동을 조기에 종결하려고 했다. 그리고 1987년 대통령 선거에서 내걸었던 '올림픽 후 중간평가' 공약의 실천을 연기하겠다고 일방적

166) 주요 사건의 구체적인 내용은 『대구경북 민주화운동사』(대구경북민주화운동사편찬위원회, 2020) 294~297쪽을 참고하기 바란다.

으로 선언하고, 체제 수호 선언, 민생 치안에 관한 특별 지시 등을 발표하며 공안정국을 조성해 정국의 분위기를 반전하려고 했다.

이에 맞서 민주화운동 진영은 1989년 1월 21일에는 전민련을 결성했고, 같은 날 대구·경북지역에서도 대경민련을 결성했다. 그리고 7월에는 전교조 탄압에 맞서서 '전국교직원노조탄압저지및참교육실현을위한공동대책위원회'(이하 전교조공대위)를 결성했다. 전교조공대위는 1987년 6월민주항쟁 후 새로이 만들어진 대중조직들의 연대단체와 함께 민족민주운동단체, 시민사회단체가 총결집한 것으로 대구·경북지역에서는 6월민주항쟁 이후 가장 큰 민주대연합 전선을 형성했다. 특히, 전교조공대위 활동은 이듬해 '민자당일당독재분쇄및민중기본권쟁취를위한국민연합'(이하 국민연합) 대구경북본부 결성의 밑거름이 됐다.(김찬수 구술, 2020.9.19.).

학생운동 진영에서는 1988년에 이어 1989년에도 반미통일운동이 활발하게 일어났다. 그리고 노동운동 진영에서는 대노련준비위를 결성한 뒤 섬유와 염색공단의 주요 사업장에서 민주노조를 만들어 연대 활동을 펼쳐나갔다.

이 시기 주요 사건으로는, ①중간평가 연기 불신임 퇴진 운동(1989.3.), ②공안정국 분쇄와 민중생존권 쟁취를 위한 운동(1989.4), ③이철규 사인 진상규명 운동(1989.5.~6.), ④전교조 사수를 위한 범국민적 지원 운동(1989.7.~12.), ⑤광주학살 책임자 정호용 사퇴 운동(1989.10.~12.) 등을 들 수 있다.[167)]

167) 주요 사건의 구체적인 내용은 『대구경북 민주화운동사』(대구경북민주화운동사편찬위원회, 2020) 299~302쪽을 참고하기 바란다.

3) 1990년 3당 합당 이후 민자당 일당 독재 분쇄 운동

1990년 1월 22일에는 노태우와 김영삼, 김종필이 3당 합당 선언을 해 민자당이 출범했다. 거대 여당 민자당의 일당 독주체제가 수립되면서 이전에 진행됐던 각종 특위의 활동이 중단되고 여러 개혁안이 폐기됐다. 3당 합당의 공안적 성격은 전노협 탄압, 무노동 무임금 강행, 최루탄 사용의 증가와 시국 사범의 대량 양산으로 나타났다. 정권은 범죄예방과 선제적 진압을 명분으로 민주화운동에 대해 공세를 퍼부으며 2차 공안정국을 조성했다.

당시 대구·경북지역에서는 노동운동은 1989년에 대노련을 결성한 뒤 1990년에도 성장세를 보였다. 반면 학생운동은 1989년까지 운동이 폭발적으로 성장하다가 1990년 사회주의권 붕괴 후 다소 주춤하는 모습을 보였다. 특히 안기부에서 학생운동 분열 공작을 집중적으로 한 결과, 일부 대학에서는 반운동권이 총학생회를 장악했으며 이에 따라 대학 내에서 운동권과 반운동권이 물리적으로 대립하는 양상도 나타났다(이용우 구술, 2020.9.19.).

이러한 정세 속에서 1990년 4월 21일에는 전교조, 전농, 전대협, 전민련, 전빈련 등 10여 개 단체가 모여 '민자당일당독재분쇄및민중기본권쟁취를위한국민연합'(이하 국민연합)을 결성했고, 대구에서도 4월 28일 대구경북본부(상임의장 이영희)를 결성했다. 국민연합대경본부는 1989년의 전교조공대위 활동을 바탕으로 건설한 한시적인 상설 공동투쟁조직이었으나, 1960년 4월 혁명 이후 처음으로 노동자, 농민, 교사, 청년·학생 등 각계각층의 대중조직과 민족민주운동단체들이 결집한 정치투쟁체로서 노태우 정권 퇴진운동을 주도하는 지역적 구심이 됐다(김찬수 구술, 2020.9.19.).

이 시기 주요 사건으로는 ①3당 합당 규탄, 보궐선거 대응 운동(1990.1.~4.), ②대구시 경찰국 점거농성사건(1990.4.30.)과 민자당 창당 반대 투쟁(1990.5.9.), ③보안사 학원 사찰 진상규명 운동, 내각제 저지 운동(1990.10.) 등을 들 수 있다.[168)]

4) 반미통일운동

1987년에서 1989년까지의 기간에는 대구·경북지역의 주요 대학에서는 대부분 NL계열 후보가 총학생회장으로 당선되어 대대협의 핵심을 구성했다. 이에 지역 대학가에는 NL노선이 대세를 형성했고, 반미통일운동이 활발하게 일어났다. NL이 주도하는 전대협은 자주·민주·통일을 내세우며, 강력한 반미주의를 주장했다. 1988년부터는 한반도의 영구분단을 기도하는 미국에 대한 반미투쟁의 일환으로서, 조국통일촉진투쟁을 전국적으로 진행했다. 대구지역 학생들도 대대협(이후 대경총련)이 주도로 반미 조국통일투쟁에 전면적으로 합류했다. 반미의 물결은 당시 대구지역 대학사회에서 커다란 거부감이 없이 수용되면서 각 대학 총학생회는 반미 조국통일론을 전면에 내세우면서 당선이 됐다(채장수, 2006: 221). 이 흐름은 ①1988년 남북학생회담 추진 운동과 ②1989년 제13차 세계청년학생축전 참가운동으로 나타났다. 이와 같은 통일운동은 1990년 이후에는 해마다 범민족대회 참가운동으로 이어졌다.[169)]

168) 주요 사건의 구체적인 내용은 『대구경북 민주화운동사』(대구경북민주화운동사편찬위원회, 2020) 303~307쪽을 참고하기 바란다.

169) 주요 사건의 구체적인 내용은 『대구경북 민주화운동사』(대구경북민주화운동사편찬위원회, 2020) 317~319쪽을 참고하기 바란다.

한편, 4월 혁명 이후 수십 년간 정체됐으며 모든 부문운동을 통틀어 가장 격렬하게 정부 및 체제와 대립해온 영역이었던 통일운동 영역에서도 합법조직이 만들어지기 시작했다. 1988년에는 원로 통일운동가들이 모여 '민족자주평화통일중앙회의'를 창립했고 대구·경북지역에서는 '민족자주평화통일대구경북회의'(이하 민자통)를 창립했다. 민자통은 1960년 4월 혁명 시기에 활동했던 민족자주통일중앙협의회 등을 재건한 것으로 4월 혁명 직후에 전개됐던 혁신계 통일운동을 계승하고 1960년대와 1990년대 통일운동을 연결하는 역할을 했다.

통일운동이 대중화되면서, 1989년 대구지역에서는 인혁당, 남민전 사건 관련자의 명예를 회복하고 지역 민주화운동의 전통을 복원하자는 운동도 일어났다. 인혁당, 남민전 사건을 재평가하자는 것은 1987년 6월 민주항쟁 전에도 민자통대구경북회의 원로들 사이에 암암리에 거론되어왔으나 1989년에야 공개적으로 제기됐다. 1989년 4월에는 경북대 총학생회에서 '이재문, 여정남 선배 애국정신 계승 및 노태우 정권 퇴진을 위한 범복현 실천 주간'을 정하고 심포지엄과 강연회를 열어 남민전, 인혁당 사건의 조작 과정과 사건의 의의에 대해 널리 알렸다. 4월 9일에는 민자통대구경북회의와 새로운청년회, 대대협 주최로 학생과 시민 2500여 명이 참석한 가운데 인혁당 관련 희생자 추모제를 열었다(민주화운동기념사업회, 2006: 127).

5) 진보정당 운동의 전개

1987년 대통령 선거를 거치면서 민주화운동 세력은 몇 갈래로 나뉘었다. 선거 당시 독자후보 운동을 했던 측은 '민중의 독자적 정치세력화'를 표방하고, 1988년 3월에 민중의당을 창당했다(대구는 민중의당

대구시지부를 결성). 이들은 13대 총선에 참여했다가 총선에서 패배한 뒤 해산했다. 한편, 1987년 대통령 선거 과정에서 후보단일화운동에 동참한 일부 세력인 새정치추진모임은 1988년 3월에 한겨레민주당을 창당했다(대구·경북지역은 대구지부와 경북지부 결성). 주로 민청학련 사건 관련자들이 모인 이 당도 13대 총선에서 전남 신안군에서 유일하게 당선된 박형오가 당적을 옮겨 평민당에 입당하면서 원외 정당이 되었다. 남은 당원들은 1990년 4월에 민중의당 일부와 합당을 시도했으나, '선(先)진보정당 재건'을 주장하는 민중의당 측과 '선(先)야권통합 후 3당 합당 심판'을 주장하는 한겨레민주당 측의 의견 차이를 극복하지 못해 합당이 무산됐다. 이후 한겨레민주당은 중앙선거관리위원회에 의해 등록취소 판정을 받았다. 그 뒤 민중의당에서 진보정당 운동을 추진하던 세력은 민중당대구시지부를 구성해 활동하다가 1992년 5월에 진정추대구본부로 전환했다.

이상과 같은 진보정당 건설 노력은 주로 1970년대와 1980년대 초중반에 학생운동을 했던 PD계열의 활동가들이 참여해 민주화운동의 합법적, 제도적 기반이 척박한 대구에서 제도정치 공간을 만들어나가려는 시도로 나타났다. 진보정당 운동은 이후에도 계속 이어졌고, 이에 따라 이후의 민족민주운동은 전선운동과 정당운동으로 분화되어 갔다.

2. 1991년 5월투쟁

1991년에는 6공화국 최대의 대중투쟁인 5월투쟁이 일어났다. 대구·경북지역의 5월투쟁은 다음 여러 요인의 영향을 받으며 전개됐다.

첫째, 이 시기에 사회 경제적으로 물가폭등, 집값 폭등 때문에 서민들의 생활고가 가중된 상태였는데, 1991년 초 수서지구 택지 특혜분양사건 등 정권의 권력형 비리가 노골적으로 드러났다. 정부의 경제정책에 대한 불만이 누적된 상태에서 3월 중순 대구에서는 낙동강 페놀오염사건이 일어나 시민들의 분노가 들끓었다. 이에 대구·경북지역에서는 3월부터 국민연합대경본부가 중심이 되어 수서비리 규탄투쟁을 전개하는 한편, 시민단체들이 연대해 두산전자의 페놀 방류를 규탄하며 집회를 열었다. 이러한 분위기는 4월까지 이어졌다.

둘째, 1991년 3월 들어 대학가에서는 학원자주화투쟁이 폭발적으로 일어났다. 특히 1990년에 총학생회를 반운동권에게 뺏겼다가 1991년에 다시 장악한 계명대, 대구대, 영남대에서는 학원자주화투쟁을 강력하게 진행했고, 안동대에서도 인문대 학생회와 반미애국학생회를 중심으로 운동을 전개했다. 각 대학에서는 신입생을 대상으로 예비대학운동을 펼쳤고, 등록금인상 저지 투쟁을 했다. 학생 다수의 참여를 바탕으로 교육과정 개편, 학생회칙 개정운동도 활발하게 진행했다. 대학 신문사와 교지편집실은 대학의 중요한 언론매체로서 학생 대중의 의식화 작업을 수행했다. 이것은 1991년 5월투쟁에 중요한 동력이 됐다(이용우 구술, 2020.9.19.; 채장수 구술, 2020.8.1.).

셋째, 노태우 정권은 1992~1993년 정권 이양에 대비해 1990년 10월 '범죄와 폭력에 대한 전쟁'을 선포하고 공안 통치를 강화했다. 1991년에는 새해 초부터 이를 규탄하는 시위가 일어나자, 경찰이 시위대에게 총기를 사용하는 등 시위 진압을 강화했다. 대구에서는 2월 11일 경북대 학생 1백여 명이 학생회 간부구속에 항의해 산격3동 파출소로 몰려가 시위를 하자, 경찰이 시위대를 향해 M16 소총과 38구경 권총 등 실탄을 쏘아

학생 1명이 다리에 관통상을 입는 일도 일어났다. 이처럼 시위 진압이 극단적으로 강경해지면서, 마침내 4월 26일 명지대 학생 강경대가 백골단이 휘두른 쇠파이프에 살해되는 사건이 발생했다.

특히 대구·경북지역에서는 강경대 타살 사건에 이어 1991년 5월 1일 안동대 학생 김영균이 분신했고, 8월 18일 대구대 학생 손석용이 분신 후 투신했다. 이 두 사건은 대구·경북지역 민주화운동 대오에 큰 충격을 주었고 1991년 5월투쟁이 격렬하게 분출하도록 만든 추동력이 됐다. 대구·경북지역의 1991년 5월투쟁 전개 과정을 몇 단계로 나눠보면 다음과 같다.

1) 안동대 김영균 분신 사건과 5월 초기의 투쟁

1991년 4월 26일 강경대 타살 사건이 일어난 뒤, 대구에서는 페놀 방류 규탄과 강경대의 살해를 규탄하는 운동이 함께 일어났다. 4월 27일에는 국민연합대경본부가 주최하는 '페놀 방류 염색폐수 규탄 시민궐기대회'가 대구역 광장에서 열렸다. 대회가 끝난 뒤 참가자들은 "시민에겐 페놀 식수, 학생에겐 쇠파이프, 살인정권 타도하자"라는 구호를 외치면서 도심에서 시위했다.

5월 1일 낮에는 안동대에서 학생들이 '강경대 열사 추모식 및 폭력·공안정권 규탄대회'를 열던 중, 이 학교 학생 김영균이 "살인 폭력·민중탄압 즉각 중단하라"는 구호를 외치며 분신한 뒤 이튿날 오후 8시 10분경 분신 31시간 40분 만에 숨졌다. 당시 스무 살이던 김영균은 고등학교에서부터 소모임 활동을 하고 전교조 해직교사 구명운동에 앞장섰다. 또한, 당시 안동대는 인문대 학생회를 중심으로 학생운동을 전개하고 있었는데, 김영균은 인문대 민속학과에 입학한 뒤 민속문화연구회를 조직하고 교지 편집위원과 학회 활동을 하는 한편, 통일선봉대원으로도 나섰던 활동가였다. 그는 1991년에는 비합법 학생운동조직인 반미애국학생회 학습팀에 들어가 회원 가입을 앞둔 상태였다(박명배 구술, 2020.9.25.).

김영균 분신 사건이 일어나자 안동대 학생들은 수업과 시험을 전면 거부하고 안동역, 목성교, 대한극장 앞 등 안동 시내 곳곳에서 시위하고 유인물을 뿌렸다. 그리고 김영균 학생이 대구의 경북대병원으로 옮겨지자, 대거 대구의 연합 집회에 결합했다. 5월 2일에는 안동교구 신부들이 성명을 발표하고 단식에 들어갔으며, 안동농민회, 전교조안동지회, 천주교정의평화위원회 등 지역의 7개 민주단체가 모여 '고강경대열사살인규탄및공안통치분쇄와김영균씨분신임시대책위원회'를 결성해 5월투쟁을 벌여 나갔다.

대구에서도 학생들은 동맹휴업을 결의하고 매일 수천 명이 도심에서 추모 시위를 했고, 민교협대구경북지회 소속 5개 대학교수 2백여 명이 농성에 들어갔다. 5월 2일에는 국민연합대경본부와 신민당·민주당·민중당 등 야당이 연대해 '고강경대열사폭력살인규탄및김영균학생분신범시민대책회의'(이하 범시민대책회의)를 결성했다(민주화운동기념사업회, 2006: 69~70, 160).

2) 5·18 이후의 5월투쟁

대구·경북지역에서 범시민대책회의 조직은 1991년 5·18을 기점으로 해서 '공안통치분쇄와민주정부수립을위한대구경북대책회의'(이하 대구경북대책회의)로 전환해 노태우 정권 퇴진투쟁을 전개했다. 여기에는 민족민주운동단체들과 1987년 6월민주항쟁 이후 만들어진 지역의 기층 민중운동조직들과 야당이 결집했다. 대구·경북지역의

1991년 5월투쟁을 이끌어갔던 것은 대구경북대책회의에 참여했던 기층 민중조직과 민족민주운동 세력이었다. 그들은 대구경북대책회의를 정치적으로 주도하고 투쟁의 주동력을 담당했다. 여기에 야당도 참여했지만, 야당은 대책회의 안에서 민중운동 진영의 결정에 동참하는 수준이었다. 이처럼 1991년 5월투쟁은 성장한 민중세력의 힘을 반영해 보수야당이 아니라 기층 민중운동 조직들이 민주대연합을 주도했다는 점에서 1987년 6월민주항쟁과 차이가 있었다(김찬수 구술, 2020.9.19.).

1991년 5월투쟁은 전국적으로 연인원 1백만 명이 참가하면서 전개됐고, 대구·경북지역에서도 연일 수천 명이 참여한 상태에서 투쟁이 진행됐다. 5월 18일 대구에서는 5천여 명이 "노태우 정권 퇴진"과 "살인정권 타도"를 외치며 5월 19일 새벽까지 6공화국 최대 규모의 시위를 했다. 5월 21일에는 대구·경북지역 대학생 7백여 명이 광주로 가서 광주지역의 학생·시민과 연대집회도 했다.

경북지역에서도 안동, 경산, 김천, 예천, 상주 등지에서 5월투쟁을 전개했다. 김영균 열사의 지역인 안동에서는 안동대 학생들과 전교조 안동지회, 농민회 회원들이 연대해 열사의 장례식을 안동대장으로 거행하던 5월 15일까지 매일 2천 명 정도의 학생과 시민이 시위했고, 투쟁은 5월 말까지 이어졌다(박명배 구술, 2020.9.25.). 노동자 지역인 포항에서는 포항지역범시민대책회의 주최로 죽도시장에서 추모제와 국민대회를 열었고 노동자·시민·청년 8백여 명이 경찰과 대치해 화염병을 던지며 격렬하게 시위를 했다(유성찬 구술, 2020.9.18.). 그 외의 일부 시·군 지역에서도 농민회와 전교조 중심으로 시·군 단위의 집회를 연 뒤 주말에는 대구에서 열리는 연합집회에 참석했다.

1991년 5월 29일에는 수성구 범어동 민자당대구시지부 앞에서 대경총련 산하 구국결사대 대학생 1백여 명이 '기만적인 내각 사퇴와 김귀정 학우 폭력살인 규탄 시위'를 했다. 그리고 김현욱(경산대), 박영률, 이경숙, 이규봉(이상 경북대) 등 7명은 3층 시지부 사무실에 들어가 "장기 집권 음모 민자당 해체하라"라는 현수막을 걸고 농성을 벌이다 경찰에 연행되어 전원 구속됐다.(민주화운동기념사업회, 2006: 129)

3) 5월투쟁에 대한 탄압과 손석용 분신 사건

노태우 정권은 수많은 젊은이의 죽음도 외면한 채 공안 통치를 이어갔다. 강기훈 유서대필사건을 조작하고 관제 조직을 동원하면서 여론을 호도했다. 1991년 6월 3일에는 언론이 한국외국어대에서 있었던 국무총리 서리 정원식에 대한 계란투척사건을 대대적으로 보도했다. 끓어오르던 5월투쟁은 이 사건을 계기로 반전됐다.

이미 6월 1일부터 당국은 전면적인 공안 탄압을 다시 시작하면서, 활동가들을 집중적으로 수배하고 검거했다. 공안당국은 강기훈 유서대필사건처럼 안동대에서도 김영균 분신 배후를 조작하기 위해 반미애국청년회 학생 총 27명을 연행해 보안사에서 10~20여 일에 이르는 모진 고문을 했으나 뜻대로 되지 않자, 연행한 학생 중 임차발 등을 이적단체 구성죄 등을 적용해 국가보안법 위반혐의로 구속했다(박명배 구술, 2020.9.25.). 이러한 가운데 6월에는 광역의회 선거 국면이 됐고, 대학은 기말시험 기간이 되면서 투쟁은 서서히 소강상태로 넘어갔다.

그러나 8월에는 대구대 학생 손석용 분신 사건이 일어났다. 손석용은 대구대 3학년 재학 중 1991년 3월에 군에 입대한 군인으로 평소

'미제국주의의 용병' 역할을 하는 군을 혐오해왔다. 그는 범민족대회가 열리던 기간인 8월 14일 첫 휴가를 나와서 8월 18일 밤 11시 40분께 장문의 유서를 남기고 대구대 대명캠퍼스 건물 옥상에서 분신한 후 투신해, 이튿날인 19일 오전 5시 25분께 숨졌다. 그의 유서에는 "미국의 용병이 되어 동포의 가슴에 더 이상 총부리를 겨눌 수 없었다"라고 적혀 있었다. 당국은 전경 3개 중대 350여 명을 동원해, 영안실을 지키던 사수대 학생 70여 명과 몸싸움을 벌인 뒤 손석용의 주검을 국군대구통합병원 영안실로 옮겼고, 사건이 확대되는 것을 막기 위해 유가족을 회유해 화장하게 했다. 국민연합대경본부는 '고손석용반미조국통일열사분신대책위원회'를 꾸렸고 대경총련도 비상대책위원회를 꾸려 매일 철야농성을 하며 규탄대회를 열었다. 8월 24일에는 대구대에서 학생·시민·노동자 1천여 명이 참석한 가운데 추모제를 열고 도심으로 나와 시위를 했다(민주화운동기념사업회, 2006: 218~221).

4. 1991년 5월투쟁의 의의와 영향

1. 현국 현대사에 나타났던 체제 이행기들, 그리고 1991년 5월투쟁

1991년 5월투쟁은 1987년 6월민주항쟁과 이후 몇 년간 지속되었던 대중투쟁의 연장 속에서 일어난 투쟁이다. 1991년 5월투쟁의 배경이 되었던 1988년~1991년의 시기는 1987년 6월민주항쟁 이후 대중의 의식화, 조직화가 활발하게 진행되고 사회변혁운동 세력의 급진적 이념성이 이와 결합하여 표출되었던 '체제 이행기'라고 볼 수 있다. 그런 점에서 이 시기는 1945년 8·15 이후 해방정국 시기, 1960년 4월혁명 시기, 1980년 민주화의 봄 시기를 떠올리게 한다.

여기서 잠깐 1945년 8·15 이후 해방정국의 상황을 살펴보자. 이 시기에는 일제 식민지 권력이 물러나고 국가기구가 만들어지지 않은 상태에서 다양한 대중조직이 건설되고 건국운동이 활발하게 일어났다. 친일파를 청산하고 자주적 민주정부를 수립하려는 이 운동이 미군정의 탄압으로 좌절되자 1946년 10월항쟁이 일어났고, 남한만의 단독정부 수립에 반대하는 분단정부 저지운동은 제주 4·3항쟁과 여순항쟁으로 표출되었다. 미군정의 비호 아래 친일파를 기반으로 수립된 이승만 정권은 자신의 정치적 취약성을 국가보안법 제정, 국민보도연맹 결성을 통한 주민 통제, 소위 6월 공세(반민특위 해산, 김구 암살, 국회프락치사건 등 공안사건 조작) 등을 통해 극복하려 했고 이에 맞서 자주적 민주정부를 세우려던 건국운동 세력은 야산대·유격대 등을 조직해 무장투쟁으로 맞섰다. 『한국전쟁의 기원』을 쓴 브루스 커밍스의 표현에 의하면, 군경은 야산대·유격대를 "전후 아시아에서 가장 잔인하고 지속적이며 철저하게" 토벌했으며(브루스 커밍스, 1986: 435), 이 과정에 수많은 민간인이 함께 학살되었다. 지역 내전은 한국전쟁으로 이어졌으며, 이승만 정권은 자신의 반대 세력을 제거하기 위한 민간인 학살을 1954년까지 계속했다. 이러한 학살은 건국운동의 주축이었던 지역 진보세력의 배제와 절멸 과정, 특히 대중과의 접점에 있던 진보세력 말단 활동가들의 말살 과정이 되었다. 이승만 정권은 이를 통해 아래로부터의 자주적 민주 정부 수립 의지를 말살하고 자신의 권력을 위로부터 이식했다(김상숙, 2015). 이와 마찬가지로 1960년 4월혁명기와 1980년 민주화의 봄 등의 체제 이행기에도 군부가 쿠데타, 계엄 조치와 학살로 대중의 민주화 의지를 진압했던 것은 주지의 사실이다.

1988년~1991년 체제 이행기에는 집권세력이 계엄 조치와 학살 등 1987년 이전 방식으로는 대중투쟁을 진압하는 것이 불가능했다. 1987년 선거에서 야권과 민주화운동 세력이 분열을 통해 가까스로 집권했기에 노태우 정권은 그 기반이 취약한 상태였다. 이러한 세력 관계를 전환하기 위해 지역주의 통치전략을 바탕으로 민자당 합당을 통해 취약했던 지배 권력 블록을 재편성했다. 또한, 강력하게 공안정국을 조성하는 한편, 관제 조직을 광범위하게 조직해 하부 토대를 정비했다. 그리고 언론을 장악해 왜곡 보도를 통한 여론의 호도를 통해 일종의 사상심리전을 펼쳤다. 이러한 사상심리전은 주로 민족민주세력을 폭력집단으로 매도함으로써, 민족민주세력의 도덕성을 공격하는 것으로 나타났다. 1991년 5월투쟁은 정권과 민주화운동 세력의 대치 국면에서 정권의 복합적 공세에 맞서 일어난 투쟁이라고 볼 수 있다.

2. 1987년 6월민주항쟁과 1991년 5월투쟁

1991년 5월투쟁은 1987년 6월민주항쟁처럼 다양한 계층계급이 참여한 대규모 도심 가두시위의 형태로 나타났다. 그러나 다음과 같은 점에서 1991년 5월투쟁은 1987년 6월민주항쟁과 차이가 있다.

우선, 참여주체와 주도세력 면에서 차이가 있다. 대구·경북지역의 경우, 1991년 5월투쟁을 이끌어갔던 것은 대구경북대책회의에 참여했던 기층 민중조직과 민족민주운동 세력이었다. 그들은 대구경북대책회의를 정치적으로 주도하고 투쟁의 주동력을 담당했다. 당시 다른 지역에서도 비슷한 양상이 나타났는데, "1987년의 거리는 대학생과 재야인사들의 저항에 호응한 이른바 넥타이부대의 자발적 참여에 의해 메워졌다면, 그와 비슷한 규모에서, 그보다 훨씬 더 전투적이고 격렬하게, 더 오랜 기간 지속된 1991년의 거리는 조직된 재야인사들의 단체, 학생 단체, 노동조합 등에 의해서 채워졌다(정준희, 2021: 13)." 이처럼 1991년 5월투쟁은 성장한 민중세력의 힘을 반영해 미조직 대중과 보수야당이 아니라 기층 민중운동 조직들이 민주대연합을 주도했다는 점에서 1987년 6월민주항쟁과 차이가 있었다. 그러므로 1991년 5월투쟁은 정권에 맞서 민족민주세력이 조직 역량을 최대치로 발휘해 전개했던 전면전이나 마찬가지였다.

투쟁 의제 면에서 보면, 1987년 6월민주항쟁은 전두환 정권의 극단적인 파시즘에 맞서기 위한 대안으로 직선제 개헌을 통한 군부독재정권의 교체와 민주주의 이행을 요구했다. 1991년 5월투쟁은 "유사 파시즘의 반동 공세"(정준희, 2021: 13)에 맞서 민자당 일당독재 해체와 공안통치 종식을 요구하며 전개된 투쟁이다. 이는 1987년 6월민주항쟁 이후 미처 실현해내지 못한 이행기 정의의 지속적 실현을 요구하는 것이기도 했다.

1991년 5월투쟁은 1987년 6월민주항쟁의 학습효과를 반영한 투쟁이기도 했다. 조직 대중에게 강경대의 죽음은 박종철과 이한열의 죽음을 떠올리게 했다. 1991년 5월투쟁 국면에서 분신한 열사들은 학생 외에도 다양한 직군의 사람들이 포함되어 있다. 학생들의 경우 고등학생 운동 경험자가 포함되어 있지만, 대부분 저학년이고 이한열과 마찬가지로 일반 대중과 운동권의 접점에 있던 사람들이 대부분이다. 그들은 1987년

6월민주항쟁을 경험하고 이 시기의 이념적 급진성과 투쟁방식의 전투성을 반합법적 공간에서 학습한 세대들이다. 그리고 열사들은 공안통치 분쇄와 노태우 정권 타도를 직접적으로 주장하기도 했지만, 대부분 강경대의 살해에 대한 항의, 앞서 분신한 열사에 대한 애도를 주장하며 연쇄적으로 분신을 했다는 특징이 있다.[170] 그들은 제2의 6월민주항쟁을 전개해 6월민주항쟁의 한계를 극복하길 원했다고 볼 수 있다.

3. 1991년 5월투쟁의 영향

1991년 5월투쟁은 1987년 6월민주항쟁이나 다른 투쟁에 비해 이상하다고 할 정도로 학술적인 연구 성과가 많지 않다. 그나마 이 사건을 연구하거나 회고한 몇몇 글에서는 1991년 5월투쟁을 좌절한 투쟁, 패배한 투쟁, 성과 없는 투쟁이라고 언급하며 우울하게 묘사하고 있다.

> "5월투쟁은 별다른 성과 없이 흐지부지 끝나버렸다."
>
> (장석준, 2019).

> "1987년 이후 지속됐던 민주화 열망의 좌초를 지켜보는 시간"
>
> (권경원, 2021)

170) 한국 학생운동에서 대학생들의 저항적 자살에 대해 연구한 임미리는 "분신자살의 연쇄성은 이 시기의 '저항적 자살'이 하나의 실천으로 간주됐음을 의미한다. 즉, 앞선 열사의 자살을 실천행위로 간주하면서 그러한 실천을 연장 또는 계승하기 위한 또 다른 실천이 자살로 나타난 것이다. 따라서 이때 자살은 개인적 결단을 넘어 집합행동의 하나로 볼 수 있다"(임미리, 2016: 348)라고 평가하기도 했다.

> “87년의 6·10항쟁이 대통령 직선제라는 가시적 성과물을 거두며 ‘승리의 기억’으로 남았다면, 91년 5월투쟁은 참담한 패배이자 트라우마가 되었다.”
>
> (정환보·정희완, 2011).

> “1991년 5월은 87년 6월과 달랐다. (중략) 후자는 ‘민주화 원년’으로 기록됐으나, 전자는 상처와 오욕의 시대로 남았다. 후자는 일부 지도부에게 정치권력을 안겨 주며 거듭 호명되고 있으나, 전자는 떠올리는 것조차 고통스러운 과거로 잊히고 있다.”
>
> (김연수, 2007)

> “1979년 10월 부마항쟁과 1980년 5·18 광주항쟁에서 기원하는 1980년대 사회운동은 1991년 5월투쟁으로 종결했다. 이 12년 동안 혁명의 시대를 자임했던 1980년대는 이렇게 스스로 역사가 되었다.”
>
> (김정한, 2011: 176)

이렇게 1991년 5월투쟁을 패배한 투쟁으로 보는 사람 중 일부는 당시 운동 지도부가 설정했던 목표의 불명료함(정준희, 2021: 7)이나 지도부의 무능력과 혼란(홍기빈, 2021: 16~17)을 비판하기도 한다. 돌이켜보면, 당시 민족민주운동 세력은 1987년 6월민주항쟁 이후에 구축된 선거체제에 적응하지 못했고, 제도정치 견인과 대중투쟁의 외연적 확산이라는 두 가지 면에 유연하게 적응하지 못했던 점이 있다. 즉, 당시 민족민주운동 세력은 스스로 가졌던 변혁적 지향의 원대함에 비해 현실에서는 전투성, 선도성이라는 전술만 지속적으로 강조하면서 대중투쟁을 특정한 양식으로 고착했던 측면이 있다.

그리고 확실히 1991년 5월투쟁은 당시 주도하거나 참여했던 주체들에게는 몇 가지 측면에서 트라우마로 남은 부분이 있다.

첫째, 1991년 5월투쟁 당시 있었던 열사 13명의 희생에 대한 기억은 어떤 형태로든 투쟁에 참여했던 세대에게 떠올리기조차 힘들 정도로 아픈 트라우마로 남은 측면이 있다.

둘째, 1991년 5월투쟁에서는 대중투쟁이 1987년 6월항쟁만큼이나, 때로는 6월항쟁보다 더 격렬하게 극적으로 고양되었다가 갑자기(그야말로 홀연히) 소강되었다. 그리고 그토록 많은 희생을 치렀지만, 바로 이어진 6월 25일 광역의회 선거에서 민자당이 압승했다는 사실은 패배의 가시적인 표식으로 다가왔으며, 결국, 보수대연합과 김영삼 정부의 출범을 막지 못했고, 지역주의 통치의 장벽을 넘어서지 못했다는 점은 1987년 6월항쟁과 비교되면서 아픔을 남긴다.

셋째, 1991년 5월투쟁이 소강되었던 바로 그 직후 1991년 8월 러시아에서 소비에트연방이 붕괴했다. 이 사건은 마르크스주의 등 당시의 운동이 의거했던 정치적 대안을 무너트리는 사건이었다. 운동 세력 중 일부는 “정치적 방향 감각을 완전히 상실했다”(김인식, 2021)라고까지 표현했고 노선에 따라 타격을 받는데 시차가 있었다 해도, 탈냉전이라는 이름으로 냉전체제가 재편성되고 신자유주의 지구화체제가 강화되었던 국제 정세의 변화는 당시의 운동 세력이 지니고 있던 사회변혁의 전망과 이를 실현할 전략 설정에 구조적으로 영향을 미쳤다.

이러한 중첩된 트라우마 때문에 당시 투쟁에 주체적으로 참여했던 사람들은 아직도 이 투쟁을 정면으로 바라보며 성찰하고 분석하기 힘든 듯하다.

그러나 한 세대가 지난 지금 과거의 트라우마를 걷어내고 큰 틀에서 본다면, 1991년 5월투쟁은 1987년 6월민주항쟁 이후 지속되었던 대중투쟁 고양기가 마무리되고 운동이 새로운 형태로 전환하게 된 국면 전환기의 사건이었던 것이 드러난다.

우선, 1991년 5월투쟁은 노태우 정권이 1987년 6월민주항쟁 이전으로 회귀하려는 시도를 저지했다는 의미가 있다.

1991년 6월의 광역의회 선거를 거친 뒤 민주화운동 진영은 선거에 참여하자는 입장과 투쟁을 지속하자는 입장이 갈라졌다. 동시에 전선운동을 발전시키기 위해 노동자, 농민, 빈민, 교사, 학생, 청년 등 주요 대중조직과 전민련 등 민족민주단체들이 모여서 민족민주운동의 구심을 새롭게 건설하자는 논의가 있었고 그 결과 전국연합을 결성했다. 대경연합은 전국연합과 비슷한 시기에 결성됐고, 지역연합으로서는 비교적 이른 시기에 출범했다. 그 이유는 그간 대경민련과 전교조공대위(1989), 국민연합대경본부(1990), 대구경북대책회의(1991) 등으로 이어지는 전선운동을 꾸준히 전개해왔기에 이것이 전국적 운동의 새로운 흐름과 결부되면서 추진력을 발휘했기 때문이다. 그리고 다른 지역과 달리 야당이나 다른 재야 세력이 지역 민중운동 세력에게 미치는 영향이 약하다 보니 내부의 합의도 빨랐다(김찬수 구술, 2020.9.19.).

그리고 진보정당 운동이 좀 더 강화되었다. 이후의 민족민주운동은 전선운동과 정당운동으로 분화되어 갔다. 한편, 전선운동을 진행하던 대경연합에서도 선거 공간의 중요성을 인식하고 1992년 4월 총선에서는 전국연합 후보와 노동자 후보를 내세워 선거 투쟁을 벌였다. 그리고 1991년 하반기부터는 환경운동 등 시민운동의 영역에서 새로운 사회운동을 지향하는 흐름이 나타났다. 지역 대학가에도 이를 지지하는 흐름이 나타나기 시작했고, 이들은 1990년대 후반 여러 시민운동 조직이 결성되는 데 영향을 주었다.

요컨대, 1991년 5월투쟁은 1991년 5월투쟁 세대라는 새로운 운동 세대를 배출했으며, 이후의 운동은 그들에 의해 새로운 방식으로 전개되었다. 이 세대는 그 이전 세대보다 풀뿌리민주주의와 일상의 민주화의 중요성을 좀 더 내면화한 세대이다. 그리고 이후의 다양한 대중조직 활동과 촛불 항쟁으로 표현되는 대중투쟁의 양식을 이끌어낸 세대로서 오늘날에 이르기까지 한국사회의 진보적 방향성을 견인하는 버팀목 역할을 하고 있다.

5. 결론

1988년~1991년까지의 시기는 광범위한 대중과 사회변혁 세력이 1987년 6월민주항쟁의 연장 속에 그 성과를 계승하고 한계를 뛰어넘기 위해 노력하던 '이행기'로서, 제도정치와 대중투쟁이 서로 영향을 주고받으며 지배 권력과 대치하던 민주화세력의 공세기이자, 급진적 이념의 분출기라고 볼 수 있다.

이 시기에 대구·경북지역에서도 각 부문 대중조직이 발전하고 운동영역이 다원화되었다. 이에 따라 1987년까지만 해도 지역 민주화운동에서 학생이 주요 동력이었으나, 점차 노동자, 농민, 시민·청년의 비중이 커지게 됐다. 그리고 경북의 각 지역에서 농민운동과 노동운동이 발전하면서 지역 명망가 중심으로 민주화운동을 진행했던 1987년 이전과는 달리 지역민들이 실질적으로 지역운동의 주력이 됐다. 또한, 6월민주항쟁의 성과를 바탕으로 새로운 시민운동의 흐름이 등장했고, 다양한 부문운동단체들이 건설되었다. 이 시기 학생운동은 전대협을 중심으로 전국적 네트워크가 구축된 후 운동이 급속하게 전국화됐다. 대구·경북지역에서도 대대협에 이어 대경총련을 결성해 노태우 정권 퇴진운동을 선도적으로 벌여 나갔다.

연대조직과 전선조직도 발전했다. 대구경북민족민주운동연합(1989)이 결성됐고, 한시적인 공동투쟁조직인 전교조공대위(1989), 국민연합대경본부(1990), 대구경북대책회의 (1991) 등도 전선운동의 구심 역할을 하면서 대중투쟁을 주도했다. 특히, 대구경북지역 민주화운동은 제도권 야당의 지지 기반이 약하고 수구·보수 세력의 장벽이 강한 상태에서 전개되었고 1990년 3당 합당 이후에는 제도정치권과의 연대가 약했기에 오히려 여러 부문에서 지역연대조직이 비교적 빠르게 결성됐다.

1987년 6월민주항쟁 후 이전 시기에 비합법 서클조직 수준에서 소규모로 논의되던 급진주의 이념은 공개적으로 외화되었고 대중운동의 측면에서는 노동운동과 통일운동의 약진과 결합하여 표현되었다. 또한, 노선에 따라 운동조직이 분화되는 양상으로도 나타났다. 대구·경북지역에서도 민주화운동의 여러 부문에서 사회변혁적 지향을 구체화하려는 이념·노선 논쟁이 확산되면서 NL계열과 PD계열로 조직이 나뉘었다. 그러나 각 조직의 활동가들은 노선의 차이가 있다 해도, 지역의 주요 사안에 대해서는 상호 연대하는 분위기가 강했다. 학생운동의 경우, 1987년~1989년에는 지역 대학가에 NL노선이 대세를 형성해 5공 청산 운동과 반미통일운동이 활발하게 일어났다. 1990년에는 범PD 진영의 영향으로 노학연대 투쟁이 활발하게 전개됐다. 1991년에는 다시 NL계열의 영향으로 대중노선에 의거한 학원 자주화 투쟁이 활발하게 일어났고, 이는 1991년 5월투쟁으로 이어졌다.

한편, 대구·경북지역의 민주화운동은 수십 년 동안 정권의 지역주의적 통치전략의 영향을 받으며 전개됐다. 1987년 6월민주항쟁 후, 과거와 같이 군부의 물리력에 의존할 수 없게 된 수구·보수 세력은 지역주의 통치전략을 정권 창출 수단으로 계속 활용했다. 특히, 3당 합당 결과, 여소야대 정국의 정치지형은 수직적 양당 체제로 전환했고, 개혁적 대립 구도는 지역주의적 대결 구도로 전환했다. 이에 따라 대구·경북지역에는 제도권 야당의 약화 현상이 더 두드러지게 나타났다. 지역민과 민주화운동 세력 사이에 정치의식의 간극이 커지게 되었으며, 지역의 민주화운동은 정권의 탄압과 지역공동체 안에서의 배제라는 이중의 장벽과 싸우며 전개되었다.

이러한 정세적 맥락 속에 1988년 여소야대 정국에서는 ①노태우 부정 집권 규탄 투쟁(1988.2.~3) 과 4·26 부정선거 규탄 투쟁(1988.4.27), ②광주학살 5공 비리 주범 전두환·이순자 구속 처벌 투쟁(1988.10.~12.), ③영남대 박근혜 재단 퇴진 운동(1988.11.) 등이 전개되었다. 1989년 제1차 공안정국 하에서는 ①중간평가 연기 불신임 퇴진 운동(1989.3.), ②공안정국 분쇄와 민중생존권 쟁취를 위한 운동(1989.4), ③이철규 사인 진상규명 운동(1989.5.~6.), ④전교조 사수를 위한 범국민적 지원 운동(1989.7.~12.), ⑤광주학살 책임자 정호용 사퇴 운동(1989.10.~12.) 등이 전개되었다. 1990년 3당 합당 이후에는 '국민연합 대구경북본부' 주도로 ①3당 합당 규탄, 보궐선거 대응 운동(1990.1.~4.), ②대구시 경찰국 점거농성 사건(1990.4.30.)과 민자당 창당 반대 투쟁(1990.5.9.), ③보안사 학원 사찰 진상규명 운동, 내각제 저지 운동 (1990.10.) 등 민자당 일당 독재 분쇄와 민중기본권 쟁취를 위한 운동이 전개됐다.

지역 대학가에는 반미통일운동도 활발하게 일어났다. 이는 ①1988년 남북학생회담 추진 운동과 ②1989년 제13차 세계청년학생축전 참가운동으로 나타났고 1990년 이후에는 해마다 범민족대회 참가운동으로 이어졌다. 한편, 통일운동이 대중화되면서, 1989년 대구지역에서는 인혁당, 남민전 사건 관련자의 명예를 회복하고 지역 민주화운동의 전통을 복원하는 운동도 일어났다. 한편에서는 진보정당 운동도 전개되었으며, 이 운동은 주로 PD 계열의 활동가들이 참여해 민주화운동의 합법적, 제도적 기반이 척박한 대구에서 제도정치 공간을 만들어나가려는 시도로 나타났다.

6공화국 최대의 대중투쟁인 1991년 5월투쟁은 대구·경북지역에서는 낙동강 페놀오염 사건으로 시민들의 분노가 격앙된 상태에서 출발했고, 안동대 학생 김영균의 분신, 대구대 학생 손석용의 분신 사건에 영향을 받아 증폭됐다. 민주화운동 세력의 이러한 노력은 보수대연합과 김영삼 정부의 출범을 막지는 못했고, 지역주의 통치의 장벽을 넘어서지 못했다. 그러나 노태우 정권이 1987년 6월민주항쟁 이전으로 회귀하려는 시도를 저지했고, 1991년 5월투쟁 세대라는 새로운 운동 세대를 배출해 1990년대와 2000년대에 지역 민주화운동을 새롭고 다양한 형태로 전개할 수 있는 밑거름이 되었다. 그리고 수구·보수 세력의 심장부에서 민주주의의 의지를 끊임없이 표출하고 그들을 타격함으로써, 한국 사회 민주주의 발전에 중요한 보루 역할을 했다.

참고문헌

* 권경원(2021), 『1991, 봄: 잃어버린 이름들을 새로 쓰다』, 너머북스.
* 김상숙(2016), 『10월 항쟁: 1946년 10월 대구 봉인된 시간 속으로』, 돌베개.
* 김연수(2007), 『네가 누구든 얼마나 외롭든』, 문학동네.
* 김인식(2021), 「1991년 5월투쟁 30주년: 단지 패배한 투쟁이었는가?」, 『마르크스21』 39.
* 김정한(2011), 「도래하지 않은 혁명의 유산들」, 『문화과학』 66.
* 대구경북민주화운동사편찬위원회(2020), 『대구경북 민주화운동사』, 선인.
* 민주화운동기념사업회(2003), 『대구경북지역민주화운동 사적지 선정을 위한 기초조사사업보고서』.
* 민주화운동기념사업회(2006), 『대구경북지역민주화운동사 편찬을 위한 기초조사(최종)보고서』
* 민주화운동기념사업회 한국민주주의연구소 엮음(2010), 『한국민주화운동사』 3권.
* 이병재(2015), 「이행기 정의(transitional justice)와 인권」, 『국제정치논총』 55(3).
* 이영재(2012), 「이행기 정의의 본질과 형태에 관한 연구」, 『민주주의와 인권』 12(1).
* 임미리(2016), 「한국 학생운동에서 대학생의 저항적 자살에 관한 연구」, 『기억과 전망』 34호.
* 장석준(2021), 「'5월투쟁' 30주년 6공화국을 돌아본다」, 『한겨레』 2021.4.1.
* 정준희(2021), 「잊혀진 1991년, 잊게 한 권력」, 『1991년 열사투쟁 30주년 기념 학술심포지엄 – 1991년 열사투쟁과 한국민주주의』, 1991년 열사투쟁 30주년 기념 사업회.
* 정환보·정희완(2011), 「강경대 사망 20주기 : 죽음 권하는 사회서 젊은이들 '신음' 여전」, 『경향신문』 2011.4.25.
* 채장수(2006), 「80년대 대구지역 학생운동에서 '이념'의 전개」, 『대한정치학회보』 14권 2호.
* 홍기빈(2021), 「87년 항쟁은 91년 5월에 끝났다」, 『1991년 열사투쟁 30주년 기념 학술심포지엄 – 1991년 열사투쟁과 한국민주주의』, 1991년 열사투쟁 30주년 기념 사업회.

* 브루스 커밍스, 김자동 역(1986), 『한국전쟁의 기원』, 일월서각. (원문은 Bruce Cumings, The Origins of the Korean War: Liberation and the Emergence of Separate Regimes, 1945~1947 (New Jersey: Princeton Univ, Press, 1981).
* Teitel, Ruti G.(2003). Transitional Justice Genealogy. Harvard Human Rights Journal. Vol.16. pp.69-94.
* 『대구매일신문』, 『동아일보』, 『한겨레』 보도 기사(본문에는 별도로 출처 표기하지 않음).

* 김찬수(전선운동 관련 구술), 면담자 김상숙, 2020년 9월 19일, 전화 인터뷰.
* 박명배(안동지역 관련 구술), 면담자 김상숙, 2020년 9월 25일, 전화 인터뷰.
* 박형룡(학생운동, 청년운동 구술), 면담자 김상숙, 2020년 8월 28일, 전화 인터뷰.
* 서인찬(학생운동 구술), 면담자 김상숙, 2020년 8월 31일, 전화 인터뷰.
* 안영민(학생운동 관련 구술), 면담자 김상숙, 2020년 9월 24일, 전화 인터뷰.
* 유성찬(포항지역, 청년운동 관련 구술), 면담자 김상숙, 2020년 9월 18일, 전화 인터뷰.
* 이용우(학생운동, 경북지역 운동 관련 구술), 면담자 김상숙, 2020년 9월 19일, 전화 인터뷰.
* 임채도(학생운동 관련 구술), 면담자 김상숙, 2020년 9월 24일, 전화 인터뷰.

제2부

1991년 열사들의 삶,
그리고 투쟁

야만적인 공권력에 쓰러진 스무 살 청년의 순수와 열망

강경대 열사, 1991년 4월 26일

– 1972년 2월 4일 서울 출생
– 1990년 2월 휘문고 졸업
– 1991년 3월 명지대 경제학과에 입학
– 1991년 4월 26일 '학원 자주화 완전 승리와 총학생회장 구출 투쟁' 중 백골단의 쇠파이프 난타로 인해 심장막 내출혈로 병원으로 옮기는 도중 운명

1991년 4월 24일 상명여대의 학원자주화투쟁 집회에 지지 연설을 하고 돌아오던 총학생회장이 불법 연행되자, 명지대 학생들은 즉각적으로 투쟁을 전개하였다. 그러나 경찰은 최루탄을 난사하며 진압하였고, 학생들은 철야농성에 들어갔다. 4월 26일, '학원 자주화 완전 승리와 노태우 군사정권 타도 및 총학생회장 구출을 위한 결의대회'를 갖고 경찰과 대치하는 상황이 벌어졌다. 학교 안팎의 상황을 연락하는 임무를 맡고 있던 강경대 열사는 제일 늦게 철책으로 된 담을 오르게 되었는데, 백골단 5~7명이 열사의 다리를 붙들고 끌어내리면서 쇠파이프로 전신을 구타하고 도망갔다. 잠시 후 오른쪽 머리와 얼굴이 피범벅

이 된 열사가 담을 넘어 올라오고 학우들이 부축하자 실신하였다. 그러나 병원으로 이송하는 도중 운명하였다.

✷

1991년 4월 26일은 금요일이었다. 그날 새벽 명지대학교 경제학과 1학년생 강경대는 일찍 일어났다. 평소에도 일찍 일어나던 강경대는 종이를 꺼내 부모님께 "엄마 아빠 학교 다녀오겠습니다. 어머니, 아버지 학교 가서 공부 열심히 하고 오겠습니다"라는 쪽지를 쓰고 집을 나섰다.

그날은 경제학과 야유회가 있는 날이었지만 강경대는 야유회를 가지 않았다. 이 말은 당시 경제학과 학생회장 김홍석(경제89)이 강경대 누나에게 연세대 영안실에서 해준 말이다. 그는 강경대가 야유회에 왔었다면 이런 일이 일어나지 않았을 거라며 안타까워했다. 강경대는 학교에 도착하자마자 명지대 민중노래패 '땅의 사람들'에 들렀다.

- 명지대 1학년, 학교 담장 앞에서 쓰러지다

당시 집회는 낮부터 진행되고 있었다. 명지대에서는 학원자주화투쟁이 계속되고 있었으며 4월 24일에는 명지대 총학생회장이 상명여대 학원자주화투쟁집회에 참석하여 지지연설을 마치고 나오다 서울 서부경찰서에 연행되었다. 이에 명지대생들은 총학생회장 구출투쟁에 나서 4월 26일 낮 12시 서부경찰서 앞에서 항의 연좌투쟁을 벌였으나 전원 폭력적으로 연행되었다.

이에 분노한 명지대생들은 오후 3시에 학내집회를 갖고 경찰서 진격투쟁을 벌였다. 당시 대학에는 여전히 사복경찰이 들어와 학생들의 동태를 감시하고 있었고, 시위가 발생하면 백골단(경찰사복체포조)이 학내까지 진입하여 학생들을 때리고 끌어가는 일이 벌어졌다.

이러한 상황에서 이날 오후 3시 40분경부터 명지대 운동장에서 학생 400여 명이 모여 시위를 벌였다. 당시 학생들의 구호는 "총학생회장 석방하라" "학원자주 완전승리와 노태우 정권 퇴진" "해체 민자당, 퇴진 노태우"였다. 경찰은 쇠파이프와 직격 최루탄, 페퍼포그로 중무장한 전경과 백골단을 투입해 강제해산과 체포 작전에 나섰다.

백골단을 보자 학생들은 담을 넘어 몸을 급히 피했고, 시위대 선두와 본대를 연결해주는 연락책이었던 강경대도 쫓아오는 백골단들을 발견하

강경대 열사가 백골단 폭력에 쓰러졌던 명지대 교문 앞 집회 모습

고 담을 넘어 피하려고 학교 담장에 올라섰다. 이때 서울시 경찰국 소속 제4기동대 94중대 백골단 5명이 한꺼번에 달라붙어 강경대를 끌어내려 담장 벽에 세워놓고 그중 한 명이 강경대를 붙잡고 나머지 네 명은 115센티미터의 쇠파이프와 130센티미터 나무 몽둥이, 진압봉 등으로 강경대의 가슴과 어깨를 마구 내리쳤다. 또 각목으로 왼쪽 머리를 가격하고 발로 배를 계속 차면서 강경대의 머리를 잡은 채 진압봉으로 머리와 팔, 상체를 무차별적으로 가격했다.

강경대는 그 자리에서 쓰러졌다. 학생들이 강경대가 맞고 있는 것을 보고 달려오자, 백골단은 강경대를 2미터 정도 끌고 가다 길 위에 내팽개치고 도망쳤다. 강경대는 이미 온몸이 축 늘어져 손가락 하나 가누지 못했다. 강경대는 병원으로 옮기던 중 오후 5시 30분경 피워보지도 못한 짧은 19년의 생애를 마감했다. 사인은 외부가격에 의한 심낭 내 출혈이었다. 그날 새벽 부모님께 남긴 짧은 쪽지가 마지막 유언이 된 채 강경대는 영영 돌아오지 못했다.

- "내 아들 살려내라, 노태우를 불러내라"

강경대의 사망은 백골단 몇몇에 의한 우발적 타살이 아니라 공안통치의 결과이다. 열사의 사망 이후 노태우 정권은 "계단에서 굴러떨어져 숨졌다"라는 거짓발표를 했으나 4천만 민중의 항의와 규탄에 4월 27일 서울시경은 사복체포조의 폭력에 의한 사망임을 공식 발표하였다.

그러나 계속해서 노태우 정권은 강경대 타살 진상을 은폐하기 위해 "시위진압에 나섰던 일부 전경과 백골단이 감정을 자제하지 못해 격렬해지는 시위과정에서 일어났던 우발적 사고였다"고 주장했다. 즉 노태우 정권과 지배세력은 강경대 '사건'이 궁극적으로 불법폭력시위에서 비롯된 것이며, 불법폭력시위에 '대응'하는 과정에서 일부 전경들의 감정적인 과잉진압으로 발생한 '우발적' 사건이라고 주장하면서, 사건을 축소하려 한 것이다.

이러한 '우발적' 사고라는 의도적 시각은 '강경대 치사사건' 가해 전경들에 대한 재판과정에서도 여실히 드러났다. 재판 내내 피고 전경들의 변호인은 물론 검사와 판사까지 시종일관 불법폭력시위에 대해 인내하며 진압해야 하지 않았느냐, 동료 전경들이 상해를 입는 상황과 자신이 시위대의 화염병으로 다칠 위험과 생명의 위협 때문에 불가피하게 과잉진압을 할 수밖에 없었지 않았냐는 요지의 유도 질문을 계속했으며, 강경대가 화염병을 던진 사실이 없음에도 불구하고 "강경대가 맨 마지막으로 화염병을 던지고 돌아서는 순간 강경대를 검거하려 했다"고 사실을 조작했다.

재판에서 강경대 타살의 진상이 축소되고 왜곡되자, 강경대 아버지와 유가협 회원들은 왜곡재판을 강력하게 규탄했고, 아들을 무참히 잃은 지 두 달여 만에 아버지도 영어(囹圄)의 몸이 되었다. 더욱이 영어의 몸이 되어 아들을 죽인 5명의 전경과 함께 감옥살이하며 아침마다 얼굴을 마주해야 했다고 한다. 1991년 7월 4일 서울지방법원 서부지원 113호 법정에서 '강경대 상해치사' 사건 피고인 5명에 대한 재판 중, 강경대 아버지는 민가협 회원 등 20여 명과 합세하여 "내 아들 살려내라 노태우를 불러내라, 살인마 노태우 정권 시녀들이 무슨 재판이냐", "검사 조사가 조작이다" 등 고함을 질렀다. 또 방청석을 향해 "재판을 못 하게 하고 앞으로 이런 사건은 합심해서 돕기로 합시다"라고 외친 후 변호인을 밀치는 등 위 법정에서 소동한 사실로 수배됐다. 결국 아버지는 7월 11일 구속되어 징역 8개월을 선고받고 1992년 3월 10일 출소했다.

- "내 동생은 비겁을 몰랐습니다"

강경대의 사망을 대학에 갓 입학한 새내기가 선배의 조종에 이끌려 시위에 참여했다가 당한 불행한 피해자로 보는 시각이 있다. 연세대학교 김동길 교수는 서양문화사 교양 강의 중에 강경대를 직접적으로 폄하했다. 구타치사 사건에 대해 "그를 열사라고 부르지 말아라. 입학한 지 2개월 된 신입생이 사회에 대한 문제의식을 얼마나 느끼고 행동했길래 그를 열사라고 부르는가, 그는 배후조종한 선배들에 이끌려 시위 도중 도망가다

강경대 열사의 노제 광경

가 맞아 죽은 것일 뿐"이라는 식으로 폄하했고, 이것을 학생들이 교내 대자보로 비판하자 결국 1991년 5월 8일 사표를 제출하고 학교를 떠났다.

그러나 강경대는 비록 대학 1학년이었지만 사회모순과 학원자주화와 사회민주화에 대한 청년으로서의 분명한 인식과 자기 확신이 있었음이 분명하다.

강경대는 어릴 때부터 의협심이 강했고 책을 끼고 살다시피 책 읽기를 좋아했고 사회에 대해 호기심이 많은 어린이였다. 강경대는 아버지를 통하여 5·18 광주민주화운동을 들었고, 고등학교 때는 전교조 선생님을 믿고 따르며 일찍부터 사회문제와 불의에 눈을 뜨게 되었다. 어머니의 증언이다.

"경대가 고등학교 때 전교조가 생겨 토요일이면 명동성당으로 친구들과 함께 선생님을 찾아가곤 했어요. 그때만 해도 나는 전교조에 대해서도, 전교조에 대한 탄압이 올바르게 가르치고자 하는 선생님을 해직시키는 것인지도 몰랐어요. 경대는 전교조 선생님을 보면서 사회를 보는 눈을 뜬 것 같아요."

강경대는 옳다고 생각하여 결정한 일에는 몸을 던져 행동했다. 누나의 증언이다.

"혹자는 1학년이 무엇을 안다고 할지 모릅니다. 그렇습니다. 내 동생은 비겁을 몰랐습니다. 옳다고 생각하는 것은 행동으로 옮기는 일이었습니다. 옳은 일을 행하는 사람들과 함께 느끼며 옳으면 어떤 식으로 옳은가를 몸으로, 가슴으로 배우는 것이었습니다."

- 강경대의 죽음은 우발적 타살이 아니다

강경대는 1991년 3월 22일 명지대 총학생회 진군식에 참석하여 시위 도중 학내 진입한 전투경찰의 직격 최루탄에 의해 안면에 큰 부상을 입었다. 눈이 퉁퉁 붓고 8바늘을 꿰매는 수술을 해야 했다. 강경대가 집에 와서, 어머니가 그 이유를 묻자 강경대는 어머니가 걱정하실 것이 염려되어 그냥 넘어졌다고 했고, 어머니가 직감적으로 사실이 아니라고 느껴 재차 묻자 강경대는 사실을 실토했다고 한다. 그리고 강경대는 1991년 4월 26일 '노태우 정권 타도, 학원자주화 완전승리, 총학생회장 구출을 위한 서부경찰서 진격투쟁' 시위에 적극적으로 참여하고 동기들에게 함께 참여하자며 설득하기도 했다.

강경대는 생전의 일기에서 이렇게 썼다.

> "이번 두산전자 페놀 방류사건은 온 국민을 분노와 공포로 떨게 했다. 과연 기업이란 무엇인가? 자신의 이익을 위해서는 남을 기꺼이 희생시킬 수 있는 비인간화된 영리추구집단인가? 또 정부는 어떤가? 그런 기업의 잘못을 시정하는 것이 아니라 오히려 그것을 조장하고 있으니 말이다. 이제는 시민 하나하나가 똑바로 자신들이 처한 현실을 직시하고 오늘의 환경오염 문제를 해결하려는 노력을 보일 때이다. 왜냐하면 이것은 우리의 생존권 문제이기 때문이다."

> "내가 OT를 갔었을 때 파업 전야라는 영화를 본 적이 있다. 그런 일은 전두환 때 가능했던 일이라고 생각했고 요즘에는 교묘히 탄압한다고 들었다. 즉 지도자를 잡아넣는다든지 잦은 수색, 구속으로 결합을 와해

시킨다고 들었다. 결국 5공, 6공 모두 자신들의 장기집권과 권력독점을 위해 어떤 수단과 방법을 가리지 않고, 다양한 방법으로 탄압하고 있다는 사실을 깨달았다 (…) 이 나라는 군인의 나라가 아니다. 또한 우리 선조들은 빼앗긴 나라를 찾기 위해 목숨을 바쳐 싸웠다. 군사독재정권이 물러나고 민주주의를 이루어 낼 때까지 행동으로 실천할 것이다."

강경대는 계속된 노태우 정권 타도 집회에 자신의 신념과 의지로 참석했으며, 자신의 행동으로 학원과 사회와 나라가 변화되길 열망했고 변화될 수 있다고 믿었다. 강경대의 고등학교와 대학 신입생 시절, 전교조 선생님들이 투옥되고 해직되었으며, 학원자주화운동과 통일운동이 극심한 탄압을 받았고, 노동자들은 노조결성과 파업을 이유로 길거리로 내몰렸다. 이 탄압의 시대에 감수성이 예민하고 사회 불의에 눈을 뜨고 기꺼이 행동하고자 하는 용기를 지녔던 청년 강경대가 있었다.

따라서 시위에 나섰다가 폭력진압에 의해 쇠파이프로 살해된 강경대는 노태우 정권에 대한 저항과 학원자주화, 한국사회의 민주화를 위해 투신하는 과정에서 희생된 '민주열사'이다. 강경대의 죽음은 우연이나 우발적 타살이 아니다. 강경대는 4월 26일 학원민주화 투쟁과 노태우 정권 타도를 위하여 순수한 열정과 분노로 저항하고자 했다. 이러한 젊은 청년의 순수와 열망을 야만적 공권력이 살해한 것이다.

* 이 글을 쓴 송병헌 박사(정치학, 정치사상)는 민주화운동보상심의위원회 전문위원을 지냈고, 현재 전국민주화운동유가족협의회 자문위원장을 맡고 있다.

"더 바보였던 승희는 먼저 떠났고, 덜 바보였던 우린…"

박승희 열사, 1991년 4월 29일

– 1971년 4월 12일 전북 전주 출생
– 1990년 2월 목포 정명여고 졸업
– 1990년 3월 전남대학교 가정대학 식품영양학과 입학, 과 대의원 활동 교지 「용봉」 편집위원으로 활동
– 1991년 4월 29일 전남대에서 '고 강경대 열사 추모 및 노태우 정권 퇴진 결의대회' 중 "노태우 정권 타도하고 미국놈들 몰아내자! 2만 학우 단결하라!"를 외치며 분신
– 1991년 5월 19일 21일간의 병상투쟁 후 운명

박승희 열사는 고교 재학 중 학생회장에 출마하였고, 전교조와 관련해 사회문제에 일찍 눈을 떴으며, 대학 생활로 더욱더 진지한 모습으로 운동을 고민해 왔다. 열사는 짧은 커트에 안경을 쓰고 목포 출신답게 '목포의 눈물'을 구성지게 즐겨 불렀고, 친구들에겐 색화선지를 곱게 붙여 편지를 써주던 정 많은 이였다. 또한 샴푸와 린스에 수질오염을 일으키는 성분이 있다고 비누로 머리를 감으며 하이타이도 퐁퐁도 콜라도 손 안 대던 작은 환경주의자였다. 분신 전날 4

월 28일 목포 집에 가서 부모님을 끌어안고 “가족들을 사랑한다”며 해후한 뒤 “내 서랍에 코스모스 씨가 있으니 2만 학우가 잘 다니는 곳에 심어주라. 항상 함께하고 싶다”라는 유서를 남기고 분신하였다.

✶

1991년 4월 26일, 대낮에 대학생이 경찰의 쇠파이프와 몽둥이에 맞아 숨졌다.

1991년 4월 27일, 승희는 한 통의 유서를 남긴다.

> 슬퍼하며 울고 있지만은 말아라. 그것은 너희들이 해야 할 일이 아니다. 너희는 가슴에 불을 품고 싸워야 하리. (…) 내 서랍에 코스모스 씨가 있으니 2만 학우가 잘 다니는 길에 심어주라. 항상 함께하고 싶다.
>
> (박승희 열사 유서 중에서)

유서의 날짜를 보면 4월 27일 분신을 결심한 것으로 보이지만 이미 자신의 죽음을 예정시켜 놓고도 승희는 여느 때와 다름없이 의연하게 일상을 보냈다. 총학생회장에게는 밝은색의 넥타이를, 교지 편집실 후배에게는 초콜릿을, 생일을 맞은 선배에게는 책과 꽃다발을 선물로 주었다.

그리고 4월 29일 오후 2시, 승희는 ‘강경대 살인 만행 규탄 및 살인정권 폭력정권 노태우 정권 퇴진을 위한 2만 학우 결의대회’에 참석하기 위해 전남대학교 5·18 광장으로 나섰다. 집회가 시작되고 약 한 시간 뒤 전남대학교 본부(현재 전남대학교 용봉관) 뒤편에서 불길이 치솟았다. 승희는 자기 몸을 타오르는 불기둥 속에서 “노태우 정권 타도하고 미국놈들 몰아내자!

2만 학우 단결하라!"를 외쳤다.

독실한 가톨릭 신자였던 박승희 열사는 목포에서 중고등학생 시절 성당 레지오 활동을 열심히 했다.

"승희가 분신하기 며칠 전 나를 찾아왔어요. 내게 조그마한 선물을 주더군요. 열심히 해달라고. 승희의 소식을 듣고 너무 충격적이었어요. 그 '작은 선물'이 이별의 선물이었다는 생각을 하니 가슴이 미어졌습니다. 스무 살의 꽃다운 여학생, 정말 순수하고 발랄했는데, 그런 승희가 그렇게 불길에 휩싸이다니…."

분신 하루 전날 승희에게 넥타이를 선물로 받았던 1991년 당시 전남대 총학생회장 노훈오 씨의 회상이다.

- '참교육 1세대', 졸업식 날까지 투쟁의 선봉에 서다

승희는 1972년 4월 2일 전라북도 전주에서 1남 2녀 중 둘째로 출생했다. 전남 목포 북교초등학교에 입학했지만 부모님을 따라 전남 무안과 목포를 오가며 성장했고, 무안에 있는 무안초등학교와 무안북중학교를 졸업했다.

승희는 어려서부터 자신이 옳다고 생각하면 절대 뜻을 굽히지 않는 고집쟁이였다. 그런 승희는 중학교 때 성당에서 레지오 활동(성당에서 선배 단원과 후배 단원이 2인 1조가 되어 교우나 어려운 지역민 돌봄, 지역봉사 등을 하는 활동)을 하면서 사회의 모순에 눈뜨기 시작하였다. 당시 승희가 레지오 활동을 기록했던 수첩을 살펴보면 이 땅에서 고통받는 소외계층을 위한 기도는 물론 가정의 평화와 나라의 민주화를 위한 기도 내용이 주를 이룬다.

1987년 목포 정명여고에 입학한 승희는 구신서 담임선생님을 만나 목포 고교생 YMCA(이하 고교 Y) 활동을 하였다. 당시 고교 Y는 풍물 강습, 독서 토론, 노래 배우기, 시사 토론을 하는 등 목포 지역 고등학생들의 대표적인 사회봉사 실천 활동 단체였다. 이때의 활동이 승희의 대학생활에도 큰 영향을 미쳤다.

1989년 승희가 고등학교 3학년이 되었을 때, '민족 민주 인간화 교육'을 외치며 참교육을 표방한 전국교직원노동조합(이하 전교조)이 창립됐다. 당시 정부와 학교 측은 전교조 가입 교사에 대한 부당징계를 시도했다. 이에 맞서 학생들의 징계 철회 투쟁이 확산됐고, 이 과정에서 목포의 고등학생들은 학생회 활동을 중심으로 한 '목포지역 고등학생연합'(이하 목고련)과 학생들 개개인의 활동을 앞세운 '자주교육쟁취 고등학생연합'(이하 자고연)을 조직하여 적극 투쟁에 나섰다.

이때 승희도 함께 활동하였다. 특히 구신서 선생님을 비롯한 김대중, 고윤혁 등 10여 명의 정명여고 교사를 포함해 목포지역 전체에서 40여 명의 교사가 해직되자 학생들은 목고련과 자고연을 중심으로 해직 교사 복직 운동을 치열하게 전개했다.

특히 정명여고는 당시 고3 10개 반 담임 중 5명이 해직될 정도로 분위기가 심각했다. 이에 고3 10개 반 실장들이 주도해 기말고사 백지 답안지 제출, 수업 거부 투쟁을 벌였다. 낮에는 운동장에서, 저녁에는 대강당에서 매일같이 전교생이 농성을 했다.

그러나 농성이 장기화되면서 대학입시를 걱정하는 고3들이 대열에서 이탈하기 시작했고, 급기야 10개 반 실장 중 4명을 제외하곤 모두 학생회 간부직까지 사퇴하는 상황에 이르렀다. 당시 8반 부실장이었던 승희는 늦은 밤에 대책을 논의하던 학생회실의 문을 열고 들어와 이렇게 말했다.

"우리 반이 모두 공부를 하겠다고, 실장을 비롯해 전원 싸움을 포기했지만 나는 우리 반 50명을 대표해서 앞으로 회의도 나오고 투쟁에 앞장서겠다."

그때부터 승희는 마지막 졸업식 날까지 투쟁의 선봉에 섰다. 이처럼 전교조 투쟁을 통해 실천적 의식의 성장을 이루었던 승희와 같은 전국의 고등학생 세대들을 우리는 '참교육 1세대'라 부른다. 당시를 회고하는 승희의 정명여고 친구인 주현 씨의 말이다.

"더 바보였던 승희는 먼저 떠났고, 조금 덜 바보였던지 우린 지금 이렇게 살아있습니다."

- 커피와 콜라 마시지 않고, 샴푸와 린스도 쓰지 않고

그때의 정명여고 친구들은 대학에 진학한 이후로도 모두 열심히 학생운동에 동참하자며 자주 만나 결의를 모았다. 이러한 과정을 거쳐 승희는 1990년 전남대학교 가정대학 식품영양학과에 입학하였고, 학과 대의원과 '용봉' 교지편집위원회 수습위원으로 대학 생활을 시작하였다.

모든 일에 적극적이고 대담한 반면 수줍음도 많았던 승희는 한지를 곱게 접어 친구들에게 편지 쓰는 것을 좋아했다. 매일 같이 편집실 청소를 도맡은 이도 승희였다. 특히 승희는 자신이 결심한 것에 대해서는 단호했다. 외국산인 커피와 콜라를 일절 마시지 않았다. 환경을 오염시킨다고 하여 샴푸와 린스 대신 세탁비누와 식초로 머리를 감았다. 그만큼 생활 속에서 실천하는 작은 애국자였다.

1991년 4월 20일, '전남지역 총학생회 연합'(이하 남총련) 건설준비위원회 집회에서 전남대 최강일 학생이 경찰의 직격 최루탄을 맞고 실명당하는 일이 벌어졌다. 이 때문에 승희는 무척 힘들어했다. 그리고 4월 26일, 이번에는 서울 명지대 강경대 학생이 백골단이 휘두른 쇠파이프에 맞아 숨진 사건이 터졌다. 그날 승희는 눈물로 밤을 지새우고 두 눈이 퉁퉁 부어 등교했다.

시대의 불감증에 무감각한 사람들에 대한 실망과 사랑도 분노도 느끼지 못하는 모습에 대해 한탄하며 "이것이 우리들의 자화상이어서는 안 된다"고 주변에 말하곤 했다. 특히 1987년 목포대학교에서 외롭게 분신 항거했던 박태영 동지를 이야기하며 눈물을 짓기도 했다. 그런 당시의 심정은 유서에 고스란히 담겨 있었다.

> 그 싸움이 네 혼자만의 싸움이 아니라 2만 학우 한 명 한 명의 손을 잡고 하는 함께 하는 싸움이어야 하리. 내 항상 너희와 함께하리니 힘들고 괴롭더라도 나를 생각하며 힘차게 전진하라.
>
> (박승희 열사 유서 중에서)

- 투병 중에 쓴 "노태우 정권 퇴진, 미국 놈들 몰아내자"

분신 이후 승희는 전남대병원으로 옮겨져 온몸에 붕대를 감고 견디기 힘든 화상의 고통 속에서도 어버이날과 스승의 날을 기억하며 선물을 잊지 않았다. 자신을 치료해준 의사와 간호사들에게도 책을 선물하며 감사의 말을 잊지 않았다.

이처럼 승희는 마지막 숨을 거둘 때까지도 자신보다는 주변 사람들을 먼저 생각했다. 또한 투병 과정에서 어렵게나마 손가락 글씨로 의사소통이 가능해지자 "노태우 정권 퇴진, 미국 놈들 몰아내자"는 구호를 쓸 정도로 투혼을 잃지 않았다.

1991년 5월 19일 강경대 열사의 운구가 전투경찰에 막혀 광주 시내로 진입하지 못하고 대립상태가 지속되던 그날, 승희는 끝내 세상을 떠났다. 승희의 사망 비보는 삽시간에 남총련 대학생들과 시민들에게 들불처럼 번져나갔다.

당시 광주시민들은 고속도로 옆 가드레일을 뜯어내고, 도랑을 흙과 돌로 메웠다. 경찰의 저지에 막힌 장례차를 들다시피 도로로 옮겨 결국 경찰의 저지선을 돌파했다. 마침내 학생들과 시민들은 강경대 열사의 운구를 금남로로 옮겨 도청 노제를 진행하고, 망월동 민족민주열사 묘역에 안장했다. 사람들은 그날의 역사를 '운암대첩'이라 부른다. 운암대첩은 승희가 이승에 남긴 마지막 투혼이기도 했다.

1991년 5월 25일, 도청 노제에 참석한 수십만의 광주시민들과 학생들은 애도 속에 '겨레의 딸 자주의 불꽃 고 박승희 열사 민주국민장'을 치렀다. 그리고 승희를 망월동 민족민주열사 묘역에 안장했다.

"4월 26일 경대가 전투경찰들의 쇠파이프에 맞아 죽고, 이어 승희의 분신을 시작으로 열사들의 결단이 잇따르자 우리는 경악했습니다. 열 명의 꽃다운 젊은이들이 새로운 조국을 건설하기 위해 자기 몸을 불태워

싱싱한 세포 하나하나가 타들어 가는 고통을 감내하면서 구도자적 자세로 죽어갔습니다.

노동 현실의 깜깜한 밤하늘에 봉화 같은 1970년 전태일 열사의 분신으로 시작해 1991년 우리 젊은이들의 역사적 분신이야말로 우리 운동을 구도(求道)의 경지까지 끌어올렸는지도 모르지만, 마지막 생명이 꺼져 가는 열사의 고통을 지켜보면서 우리는 잔인한 역사의 신을 저주하고 싶었습니다."

(1991년 당시 '고 강경대 열사 폭력살인 규탄과 박승희 학생 분신 광주전남 대책회의' 김정길 공동대표 겸 집행위원장의 추모사 중에서)

1991년 5월 25일 전남도청 앞에서 열리는 박승희 열사 노제에 참석하기 위해 금남로 거리를 지나는 장례 행렬

* 이 글을 쓴 박승희열사정신계승사업회는 1999년 5월 25일 전남대학교에 박승희 열사 분신 표지석을 설치하였고, 2011년 4월 29일 열사의 모교인 목포 정명여고 후문에 흉상을 제작하여 열사의 뜻을 기렸다. 2005년 9월 30일 박승희는 민주화운동 관련자로 인정되어 명예를 회복하였다. 2007년 8월 24일 전남대학교 생활과학대학(입학 당시 가정대학) 명예 졸업을 하였다. 전남대학교는 박승희 열사를 기리기 위해 2020년 5월 18일 학생회관 앞에 전남대 민주길, 박승희 기념정원을 조성하였다.

'전태일 형' 부르고 싶었던 영균이…, 스무 살로 남았다

김영균 열사, 1991년 5월 1일

- 1971년 11월 4일 서울 출생
- 1987년 서울 대원고등학교 입학
- 1989년 참교육을 고민하는 소모임 '목마름' 결성, 홍보부장 역임
- 1990년 3월 안동대학교 민속학과 입학
  민속학과 학생회 산하 '민속문화연구회' 결성, 초대회장 역임
- 8월 조국통일 범민족대회 통일선봉대로 참가, 여름 농촌활동 참가
  우루과이라운드 반대 경북농민대회에서 마당극 '새벽을 밟으며' 공연
- 1991년 4월 민속학과 부학생회장, 솔뫼 교지편집위원회 대외사업부장
- 5월 1일 '고 강경대 열사 추모 및 공안통치 분쇄를 위한 범안대인 결의대회' 도중 '공안통치 분쇄, 노태우 정권 타도'를 외치며 분신
- 5월 2일 오후 8시 13분 경북대 의대 부속병원 화상병동 301호에서 운명

김영균 열사는 고등학교 때 교육문제와 사회문제를 고민하는 소모임 '목마름'에서 활동하는 등 일찍부터 삶에 대해 치열한 고민을 하였다. 학교 총학생회 선

거가 끝나고 서울 집에 다녀온 열사는 눈빛이 더욱 깊어져 있었다. 총학생회 선거에서 지고 허탈한 심정으로 서울에 올라간 열사에게 1990년 11월 8일 한양대 옥상에서 투신한 최응현 열사의 죽음이 기다리고 있었던 것이다. 최응현 열사는 김영균의 절친한 친구의 형이자 고등학교 때 활동하던 '목마름'을 도와주며 마음의 의지가 돼주던 분이었다. 그 후 열사가 자주 하기 시작한 말이 '도망갈 곳을 만들면 안 된다'였다. 5월 1일 새벽까지 집회 준비를 하고 오전에는 선전을 하고 집회 앞풀이 풍물판에서 북을 치던 열사는 집회 시작과 더불어 불을 달고 집회장으로 뛰어왔다.

✶

강산이 바뀌었으면 세 번이나 바뀌었을 시간이다. 한 세대가 지나 20대의 젊음은 50대 중년이 되었다. 그 세월 동안 반복되는 습관이 있다. 4월 26일은 1991년 명지대생 강경대가 백골단의 곤봉에 맞아 죽어 간 날이다. 이날부터 달력을 보며 죽어간 이름들을 되짚는다. 전남대 박승희의 분신은 4월 29일. 5월 25일 성균관대 김귀정이 강제진압으로 죽었다.

김지하 시인의 저주의 굿판. 서강대 박홍 총장의 어둠의 세력 발언. 정원식 총리의 계란 세례. 4월에서 5월, 5월에서 6월로 넘어가는 91년은 처절했고 무서웠다. 매년 4월 26일부터 죽어간 이들의 소환. 머리에 저장된 기억 때문이 아니라 가슴에 화인으로 새겨진 탓일 것이다.

- 슬픔도 허락되지 않았던 1991년 5월

1991년 5월 1일, 나는 안동대학교 인문대 학생회장으로 강경대 타살 항의 집회 준비 중이었다. 마이크를 잡고 학우들의 참여를 독려하고 있었는데, 어느 순간 여학생들의 찢어질 듯 비명이 들리고 사범대 쪽으로 도로에서 불덩이가 달려오고 있었다. 그게 말로만 듣던 분신이라는 걸, 휘청거리며 '공안통치 분쇄, 노태우 정권 타도'라고 외치며 쓰러진 이가 불과 몇 시간 전에 얼굴을 마주했던 후배 영균이라는 걸 한참 만에 알았다.

1990년 전대협 통일선봉대에 참여한 김영균 열사가 대구 경북대에서 열린 집회에 참여하고 있다. 사진 오른쪽에서 여섯 번째가 김영균 열사

안동병원에서 응급처치를 받고 경북대병원으로 이송되었고, 다음 날 영균이는 유언도 없이 생을 마쳤다. 시신은 가족들에게 인계되었고, 우리는 영혼만 모시고 학교로 돌아와 친구들의 머리카락을 잘라 관에 넣고 뒷산에 묘를 썼다. 그렇게 영균이는 30년을 스무 살로 남았고, 스물다섯 청년이었던 나는 대학생 딸을 둔 중년이 되었다.

김영균 1971년생. 서울 대원고를 다녔다.
고등학교 재학 시 교육 민주화를 위한 학생 소모임 '목마름'에서 활동했다.
1990년 안동대학교 민속학과에 입학.
학생회 산하 '민속문화연구회'를 만들어 초대 회장을 지냈고, 학내 교지 편집위원회 활동을 했다. 8월에는 조국통일 범민족대회 통일선봉대에 참가했고 농활에 참여했다.
1991년에는 민속학과 학생회 부회장으로 선임되었고, 4월 학원자주화 투쟁 과정에서 총장실 단식농성에 이름을 올렸다.
5월 1일 '고 강경대 열사 추모 및 공안통치 분쇄를 위한 범안동대인 결의대회' 집회에 앞선 12시 30분경 분신, 5월 2일 저녁 8시 13분 경북대병원에서 운명했다.

(김영균 열사 추모집에 실린 열사의 약력 중에서)

스무 살 청년의 약력은 간단하다. 그러나 고등학교 재학 시 전교조 해직 교사들의 출근이 교문에서 막히자 서명을 주도하고 철야농성에 동참하며 졸업식장에서 리본을 나눠주고 참교육을 외쳤다는 건 제자의 영정 앞에 선 은사의 처절한 회고사 내용이었다.

전태일 열사를 형이라 부르고 싶다던 영균. 그는 '나의 생활이 너무도 평화롭기에 행여 당신의 존재를 망각할 때가 있을까 두렵습니다'라는 글을 모란공원 참배 후기로 남겼다. 대학 1학년 때였다. 제 몸 불살라 끔찍한 노동환경을 고발한 전태일 열사. 그를 형이라 부르고자 했던 영균이가 노동절인 5월 1일에 제 몸에 불을 붙인 건 우연일까 하는 의문이 오랫동안 남았다.

5월 2일 영균이가 운명하자 가족들과 학생들의 의견이 부딪혔다. 가족장을 하겠다는 부모님, 불을 뒤집어쓴 친구를 다시 화장할 수 없다며 영안실을 막아선 영균이 친구들. 전경들이 영안실을 치고 들어와 시신을 빼내 갈 것이라는 소식이 여러 통로로 전해졌다.

영안실 안에서 영균이 어머니가 실신하고, 화장만은 안 된다고 절규하던 여학생들도 실신을 반복했다. 그러나 가족장을 하겠다는 유가족들의 뜻을 막을 수는 없었고, 학교 뒷산에 가묘가 세워져 30년이 흘렀다. 장례를 놓고 대립했던 유가족과 학생들이 뜨거운 회한으로 손을 맞잡은 건 몇 년이 더 지나서였다.

끝이 아니었다. 6월 3일 정원식 국무총리서리가 외국어대 특강 도중 분노한 학생들의 항의 시위에 밀가루와 계란을 뒤집어쓰는 봉변을 당하자 보수언론과 김지하 시인, 박홍 총장 등은 기다렸다는 듯 학생들을 패륜 세력으로 몰아붙였다. 김기설 유서대필 조작사건으로 학생운동의 도덕성 먹칠에 성공한 노태우 정권의 정국 수습책은 탄압이었다.

6월 10일 안동 시내에서 열린 '6.10 대회 및 열사정신 계승대회'에 참가했던 친구 하나가 대구 대공분실로 끌려갔다. 영균이가 숨지기 직전까지 병상을 지켰던 영균이 선배였다. 앞으로 닥쳐올 어마어마한 태풍의 서막과 같았던 6월 10일이었다.

"선배라는 놈이 후배들을 징역살이시켜서 되겠어? 수십 명 줄줄이 이곳으로 끌려올 거야. 이 자식아. 너란 놈은 양심도 없어? 영균이에 대해서만 확실히 이야기하면 조직사건은 아무것도 아냐!"

(김영균 열사 추모자료집에서 발췌)

대구 대공분실에 끌려간 친구는 잠을 못 자고 맞아가며 22일 동안 분신의 배후를 조사받았다. 말이 조사이지 분신 배후의 강요였고, 제대로 협조하지 않으면 수십 명 잡아넣을 조직사건을 만들겠다는 협박이었다. 그러나 친구는 분신의 배후가 되기를 끝내 거부했고, 생각대로 그림을 맞추지 못한 수사 당국은 엄포처럼 '반미애국학생회'라는 이적단체를 안동대학교에서 적발했다고 발표했다.

고 김영균 열사 영결식이 1991년 5월 15일 경북 안동대에서 2천여 명이 참석한 가운데 열렸다. 고인의 영정을 앞세운 장례 행렬이 교문을 나서고 있다

군에 간 친구들, 방학에 집에 갔던 친구들 20여 명이 줄줄이 기무사로 대공분실로 끌려갔다. 나는 교수님의 차를 얻어 타고 학교를 빠져나와 시골 식당에서 이적단체 발표와 수배 명단에 오른 내 이름을 뉴스로 마주했다. 친구들은 징역을 살았고 나는 3년여를 수배자로 도망 다니는 신세가 됐다.

- 경계해야 할 건 망각

1991년 분신정국을 두고 일부 호사가들은 패배한 투쟁이라고 한다. 87년 6월항쟁 승리의 역사와 대비된 평가다. 그러나 동의하기 힘든 주장이다. 87년 6월항쟁이 오롯이 성공한 투쟁이라면 노태우 군부독재의 광폭한 공안탄압도 없었을 것이고, 강경대가 곤봉에 맞아 죽는 일도, 많은 청춘이 제 몸 불살라 정권의 공안탄압에 맞서는 일도 없었을 것이다.

해서 87년 6월항쟁은 승리의 역사, 91년 투쟁은 패배한 투쟁이라는 도식은 옳지 않다. 또 죽음들이 여전히 분신 배후, 어둠의 세력, 죽음의 굿판으로 매도되어 기록된 역사는 다시 조명해야 할 과제이지, 패배의 기억으로 남겨 둘 일도 아니다.

유서 대필의 누명을 쓴 강기훈은 24년 만에 무죄판결을 받았다. 그러나 사건의 조작 책임이 있는 김기춘, 강신욱, 곽상도 등 공안 검사들은 처벌받은 적도 사과한 적도 없다. 영균이 죽음에 분신 배후를 만들려는 음모와 '반미애국학생회'라는 이적단체 조작사건은 세상에 별로 알려진 적도 없다.

1991년 11명의 죽음으로 만들어진 대척점과 민주주의의 명제는 여전히 유효하다. 그때 나쁜 짓 했던 사람들이 아직 권력자로 행세하는 세상. 분신 정국을 기억하는 사람들이 아직 역사의 광장에서 민주주의를 외쳐야 하는 이유는 자명하다. 죽어가면서 외쳤던 세상은 아직 미완성으로 남아 있기 때문이다.

경계해야 할 건 패배의 곱씹음이 아니라 망각이다. 91년이 단지 패배한 투쟁이었다면, 세월호 진실 규명 앞에서, 2017년 겨울 광화문에서 딸아이를 앞세워 적폐청산을 외치는 힘과 용기는 얻지 못했을 것이다. 영균이가 섰던 자리. 30년을 넘어 내가 그 자리에 다시 설 수 있는 건, 91년 우리의 삶이 누구보다 치열했고 정당하다고 여기기 때문이다.

* 이 글을 쓴 안호덕은 1991년 당시 안동대 인문대 학생회장으로 활동하면서 김영균 열사의 투쟁과 죽음을 곁에서 지켜보았다.

"우리는 무엇을 했습니까?"
끝까지 구호 외친 '경원대 횃불'

천세용 열사, 1991년 5월 3일

– 1971년 5월 서울 출생
– 1990년 서울 동북고 졸업
경원대학교 전산과(2부) 입학
– 1990년 3월 경원대학교 민족사 연구회 '한얼'에서 활동
– 1991년 5월 3일 오후 3시경 '강경대 학우 폭력 살인 자행한 노태우 정권 타도를 위한 결의대회' 도중 분신 후 투신하여 운명

천세용 열사는 어려운 집안 사정으로 낮에는 일용직 건설노동자, 세차장 등의 아르바이트를 해 등록금과 생활비를 마련하고 밤에는 야간강좌를 들으면서도 누구보다 적극적인 활동을 했다. 당시 열사는 강경대 치사사건과 박승희, 김영균 열사의 분신으로 전국적으로 규탄집회가 잇따르는 가운데서도 경원대 학생들이 축제와 체전 분위기에 들떠 집회에 참석하는 수가 점차 줄어가는 것을 안타깝게 여겼다. 열사는 이같이 어려운 학교 상황에서 학생들을 깨우쳐 일으킬 수 있는 방법들을 고민하게 되었고 자신이 할 수 있는 마지막 결론을 내렸다.

1991년 5월 3일, 열사는 '노태우 정권 퇴진을 위한 4만 학도 결의대회'가 시작되자 국기 게양대 난간에서 시너를 뿌리고 몸에 라이터를 갖다 댄 뒤 "6천 경원대 단결 투쟁 노태우 정권 타도하자"고 외치며 6m 아래 바닥으로 뛰어내렸고, 끝없는 민중 사랑을 온몸으로 보여주며 산화해갔다.

어린 시절 환히 웃는 모습이 참 아름답다. 맨 왼쪽이 천세용 열사

✶

1991년 5월 3일 저녁, 한강성심병원을 나와 급하게 달려온 구급차가 세브란스병원에 도달할 즘, 택시에서 내린 나이 든 남자가 구급차를 세우고 올라탔다. 박종철 열사의 아버지인 고 박정기 선생(당시 전국민족민주유가족협의회 회장)이었다.

박정기 선생은 4월 29일 분신한 전남대 박승희가 입원한 전남대병원을 찾은 뒤, 5월 1일 분신한 안동대 김영균의 마지막 모습을 경북대병원에서 보고, 다시 서울로 올라오는 길에 경원대 천세용의 분신 소식을 들었다. 한강성심병원에 도착했지만 방금 전 세브란스병원으로 이송됐다는 이야기에 곧바로 택시를 잡아타고 구급차를 따라잡은 것이다.

구급차 안에는 천세용이 꺼져 가는 생명줄을 붙잡고 있었다. 박정기 선생의 회고에 따르면 천세용은 극심한 고통 속에서도 계속 구호를 외쳤다고 한다. "공안통치 분쇄하자!", "노태우 정권 타도하자!"

마지막 순간까지 온몸으로 항거했던 천세용. 그는 스무 번째 생일을 이틀 앞둔 5월 3일 밤 10시 14분, 자신을 키워준 외할머니와 동생이 지켜보는 가운데 숨을 거두었다.

- 민족사연구회·현대사연구회 동아리 활동

천세용 열사가 동북고 3학년 재학 시절, 전국교직원노동조합(전교조) 가입을 이유로 여러 선생님이 교단을 떠나야 했다. 열사는 동료 학생들과 전교조 선생님들을 지지하는 활동을 적극 벌여나갔다. 이를 통해 열사는 우리 사회의 모순을 인식했고, 이러한 비판의식과 역사의식은 대학에 와서도 이어졌다. 열사가 학생운동에 적극 참여한 데에는 고3 때의 경험이 큰 작용을 했다.

열사는 부모님의 이혼으로 외할머니 밑에서 동생과 함께 자랐다. 가정 형편이 좋지 않아 낮에는 건설 노동일과 세차장 알바를 하며 학비를 벌었고, 야간강좌에서 수업을 들었다. 어려운 형편에 일찍부터 사회를 경험해서인지 열사는 우리 사회의 구조적 문제에 대해 관심이 높았고, 늘 고민과 생각이 많았다.

1990년 경원대학교(현 가천대학교) 전자계산학과에 입학한 열사는 동아리 활동에 적극 참여했다. 민족사연구회 '한얼'에서 역사에 대한 올바른 관점을 공부했고, 현대사연구회 '열린마당' 활동은 우리나라의 근현대사를 비판적으로 인식할 수 있는 계기가 됐다.

이런 동아리 활동을 통해 열사는 양심적인 지식인을 넘어 사회변혁 운동가로서의 삶을 자신의 기본가치로 삼았으며, 민중 승리에 대한 확신과 희망을 품게 됐다. 열사는 운동대오 내의 정치 노선에 대해서도 고민을 많이 했지만 바른 성격과 속 깊은 인간관계로 모든 친구와 잘 어울렸다.

열사는 어려운 경제 사정으로 학교에서 생활하다시피 했다. 낮에는 투쟁과 아르바이트를 병행했고, 밤에는 수업과 학습을 병행했다. 그런 열사에게는 자신의 몸을 편히 누일 변변한 자취방도 없었다. 당시 경원대는 동아리실 대부분이 진리관(C동) 지하에 있었는데, 열사는 주로 여기서 먹고 자며 생활도 하고 공부도 했다.

열악한 환경 때문에 종종 피부병에 걸리는 일도 있었다. 그런 가운데서도 신입생 후배들을 잘 챙겼고, 그래서 유난히 따르는 후배들이 많았다. 한마디로 말보다는 실천으로 묵묵히 헌신하던 청년학도였다.

- 투쟁의 선봉 '횃불대' 대원이 되다

열사는 사회모순에 대한 방관자가 아니라 적극적인 해결의 주체로 참여하고자 했다. 1학년임에도 불구하고 1990년 5월 메이데이 집회와 6월 10일 전대협 방북 대표 임수경 학생의 공판 투쟁에 참여했다가 서초경찰서로 연행되기도 했다. 또한 11월 11일 노동자대회와 11월 25일 노태우 정권 퇴진을 위한 민중대회에도 참여하는 등 모든 집회와 시위를 빼놓지 않았던 실천가였다.

특히 열사는 1학년 때부터 경원대학교 총학생회 산하 '횃불대'의 대원으로 활동했다. 횃불대는 전남대의 오월대, 조선대의 녹두대처럼 당시 대학마다 꾸려졌던 투쟁선봉대였다. 집회를 준비하고, 집회 현장에서는 최선두에서 경찰에 맞서 싸우는 역할을 담당한 조직이었다.

열사는 농활과 아르바이트를 통해 일하는 사람들이 겪어야 하는 사회적 불평등을 실감하면서 노동자, 농민들과의 연대투쟁에도 적극 참여했다. 노동자, 농민, 도시 빈민 등 민중 스스로의 힘과 노력만이 진정한 민주주의 사회를 구현할 수 있다는 믿음 속에 이를 적극 실천하기 위해 경원대 민주주의학생연맹에도 가입했다.

이 과정에서 군사정권에 편승해 뇌물과 특혜로 성장한 독점자본에 대한 철저한 비판과 사회화를 주장했고, 민중 생존을 위협하고 민주주의를 압살하는 노태우 정권에 대한 비타협적인 투쟁을 강조했다.

"나의 사랑 횃불대! 통일과 단결로, 비타협적인 투쟁으로 끝끝내 파쇼의 무리들을 죽음으로 내몰고 역사의 새 주인 노동자와 민중 형제들이 사람답게 살 수 있는 세상을 건설합시다. 역사는 여러분과 함께 전진할 것입니다. 5월 3일, 세용"

(분신 당시 횃불대 대원들에게 남긴 글 전문)

- 학보사 컷 기자 활동하며 민중연대에 적극 나서

천세용 열사는 평소 그림과 만화 그리기를 좋아했다. 1991년 2학년이 되면서 경원대 학보사(경원신문사)의 컷 기자로 활동했다. 열사는 시대상을 풍자와 비유로 그린 컷 만화를 신문에 게재했다. 열사의 만화는 표현과 묘사가 훌륭했고, 사건과 본질을 포착하는 데 남다른 재능이 있었다.

당시 이승재 대학신문사 편집장은 "세용이의 한 컷 만평은 다른 대학 학보사 기자들에게서도 평가가 좋았고, 시위 현장에 있던 일본의 언론 기자가 감탄을 하고 학교 편집실에 직접 찾아온 적도 있었다. 그 기자로부터 하나의 컷에 메시지를 함축해 담아내는 능력이 뛰어나다고 칭찬받았던 일화도 있었다"라고 기억했다.

열사가 2학년이 된 1991년 3월 16일 '수서비리 은폐 정권 규탄 국민대회'가 열렸다. 이를 계기로 경원대에서는 '노태우 정권 완전 타도와 전투적 민중연대를 위한 경원 청년학생 특별위원회'가 구성됐는데, 열사는 여기에 가입해 적극 활동했다.

그러던 중 명지대 강경대 학우의 죽음을 보면서 열사는 충격과 분노에 휩싸였고, 야만적인 폭력진압에 대해 많은 생각을 가졌다. 평소에도 후배들을 아끼고 배려하던 열사였기에 91학번 강경대의 죽음은 더더욱 남의 일로 여겨지지 않았다. 하지만 당시 경원대는 축제와 교내 체전 일정으로 다른 대학처럼 적극적인 투쟁이 일어나지 못했다.

1991년 5월 3일 오후 3시 15분경이었다. '강경대 학우 폭력 살인 자행한 노태우 정권 타도를 위한 애국 경원 2차 결의대회'가 열리고 있던 때였다. 열사는 공대 건물 희망관(F동) 2층 난간에서 시너를 뿌리고 분신했다. "살인정권 폭력정권 노태우 정권 타도하자"를 외치고는 6미터 아래 1

층으로 떨어졌다. 당시 시위를 취재하러 온 기자들의 사진을 통해 열사의 분신 광경은 지울 수 없는 역사의 기록으로 남았다.

- "우리는 과연 무엇을 했습니까?"

열사는 외할머니를 따라 성공회 성당을 다녔고, 고등학교 때 '요한'이라는 이름으로 세례를 받았던 성공회 신자였다. 당시 열사의 장례를 두고 성공회에서는 고심이 많았다. 대한성공회 공도문에는 '자결한 자에 대한 예식사용 불가' 조항이 있었기 때문이다.

보수적인 기독교에서는 열사들의 분신에 대해 '자살은 죄'라며 비판하기도 했다. 하지만 성공회 사제들은 세 차례에 걸친 토론 끝에 "그의 죽음은 단순한 자결이 아니라 폭력사태와 비민주적 상황에 의한 타살"이라는 데 뜻을 모으고 열사의 장례미사를 집전하기로 했다.

열사의 장례는 5월 9일 문익환 목사님을 장례위원장으로 하고 민주국민장으로 열렸다. 이날 오전에는 서울의 성공회 대성당에서 영결미사가 엄숙히 거행됐다. 오후에는 경원대 대운동장에서 민주국민장을 치른 뒤 장례 대열이 성남시청으로 행진을 했다. 그리고 마석 모란공원 민족민주열사묘역에 영원한 안식처를 찾았다. (현재는 이천 민주화운동기념공원에 열사의 묘역이 있다.)

열사는 1994년 2월 명예 졸업장을 받았고, 2007년에는 졸업생과 재학생, 유가협과 성남지역 시민사회단체들이 힘을 모아 교정에 추모비를 건립했다.

천세용 열사는 노동자, 농민, 도시 빈민 등 일하는 사람들이 진정한 사회의 주인이 되는 세상을 꿈꾸었다. 이를 위해 노학연대, 민중연대에 누구보다 적극적으로 나섰다. 열사는 치열한 변혁의식과 활동으로 당시 노태우 정권이나 보수야당에 청원하는 방식이 아닌 민중 스스로의 힘으로 민주주의, 노동해방, 인간해방을 이룬 '민중의 나라'를 열망했다. 이러한 열사의 열망은 그가 남긴 유서의 구절구절마다 담겨 있다.

"학우들이여, 이제는 봅시다.
우리와 같은 학우들이 쇠파이프에 맞아 죽고 꽃다운 청춘을 불사르는 동안 우리는 과연 무엇을 했습니까? 노태우 정권과 독점자본가들이 1천만 노동자와 4천만 민중형제들을 착취, 수탈하고 저항이 있는 곳마다 광폭한 탄압을 휘두르는 동안 과연 우리는 무엇을 했습니까?

1991년 5월 9일 경원대에서 열린 천세용 열사 민주국민장에 참석한 시민과 학생들

떨쳐 일어납시다. 슬픔과 분노를 그 자체로 끝낼 것이 아니라 현 정치권력에 맞서 정면 투쟁, 정면 돌파해 나갑시다. 많은 할 일들이 남아 있지만 제 몫까지 여러분이 투쟁하여 준다면 편안히 눈을 감을 수 있을 것입니다. 오직 민중의 힘으로, 민중의 손으로 노태우 살인정권을 타도하고, 새로운 민중의 나라를 건설하는 날까지 힘차게 투쟁합시다.
재벌에겐 특혜분양, 민중에겐 물가고통 노태우 정권 타도!"

(5월 3일 천세용 열사가 남긴 유서 전문)

* 이 글을 쓴 심우기는 1991년 열사투쟁 30주년 기념사업회 공동대표, 송광영·천세용열사기념사업회 회장을 맡고 있다.

영안실 벽에 구멍 뚫은 경찰, 그의 시신을 강탈했다

박창수 열사, 1991년 5월 6일

– 1958년 7월 28일 부산 출생
– 1979년 2월 부산 기계공고 졸업
– 1981년 7월 대한조선공사(현 한진중공업) 배관공으로 입사
– 1990년 7월 한진중공업 노조위원장 당선, 부총연 부의장
– 1991년 2월 구속, 서울구치소 수감
– 1991년 5월 4일 의문의 상처를 입고 안양병원에 입원
– 1991년 5월 6일 의문의 죽음을 당함

박창수 열사는 1981년 8월 한진중공업의 전신인 대한조선공사 배관공으로 입사한 후 1986년 8월부터 어용노조 퇴진 및 위원장 직선제 쟁취를 위해 노조개혁과 열악한 노동조건 개선을 위한 파업에 주도적으로 참여하였다. 이후 열사는 1990년 7월 노조위원장 선거에 당선되었고, 부산노련 부의장 겸 전노협 중앙위원으로도 활동하였다. 1991년 2월 10일 제3자 개입금지위반으로 구속되었고, 수감 중 부상을 입고 안양병원에서 치료를 받던 5월 6일 새벽 4시 45

분 안양병원 1층에서 숨진 채 발견되었다. 의문사진상규명위원회 조사과정에서는 사망 직전 옥상에 함께 올라간 동행자의 신원을 확인하지 못하였다. 열사와 한진중공업 노조 간부들을 대상으로 한 전노협, 대기업연대회의 탈퇴 및 와해 활동이 안기부 차원에서 조직적으로 이루어졌음이 조사과정에서 밝혀졌으나, 국정원의 자료공개 비협조와 은폐로 아직 진상규명이 되지 못하고 있다.

✷

아침 일찍 기상한 창수는 평소와 같이 부산 영도 봉래산 자락 바닷가에 위치한 대한조선공사(현 한진중공업)로 출근하기 위해 문현동 산동네를 내려와 통근버스를 기다리고 있었다. 잠시 후 통근버스가 도착했다. 통근버스는 항상 창수가 승차하는 곳부터는 자리가 없다. 통근버스에 오르면 항상 먼저 타고 오는 동료들이 피로에 지쳐 자고 있었다.

당시 한진중공업은 부산에서 가장 큰 기업으로 통근버스를 30대나 운행하고 있었다. 통근버스에서 내린 노동자들이 회사 정문으로 걸어 들어가는 모습은 역동적인 노동현장의 시작을 알리는 광경이었다. 4000여 명의 노동자가 물밀 듯이 공장 안으로 들어갔다. 창수도 출근길 대열에 끼여 정문에 설치된 타각기에 타각을 하고 배관공장 위 생활관으로 가서 작업복으로 갈아 있었다.

- 민주노조 건설의 불씨가 된 도시락 거부 투쟁

공장 분위기가 심상치 않았다. 뭔가 터질 것만 같은 분위기였다. 며칠 전부터 현장 내 화장실에 '식당을 지어 달라', '노동자도 인간이다 인간답게 살아보자!', '임금인상 쟁취하여 가족에게 사랑받자'라는 글들이 적혀 있었다. 회사 측에서는 누가 이런 짓을 했는지 찾는다고 혈안이었다.

당시 한진중공업은 쥐가 우글거리는 관물대에 옷을 넣고, 식어 빠진 양은 도시락을 점심식사로 제공했다. 점심시간이 다가오면 서무들이 주전자에 보리차를 받기 위해 줄을 선다. 식은 양은 도시락을 조금이나마 따뜻하게 먹기 위해서였다. 추운 겨울은 보리차 없이는 도저히 밥을 먹을 수가 없었다. 밥을 먹고 나면 조선소 노동자들은 그 자리에서 잠시 눈을 붙였다.

이날은 달랐다. 누군가가 양은 도시락을 내동댕이쳤다. 이를 보고 있던 노동자들은 너나 할 것 없이 곧바로 도시락을 던졌다. 각 생활관별로 던져진 도시락이 산더미 같았다. 한진중공업 노동자들은 이 싸움을 '도시락 거부 투쟁'이라고 불렀다.

현장 조합원들은 도시락을 거부하고 굶은 채로 작업장으로 내려가 버렸다. 회사는 밥을 먹지 않은 노동자들에게 일을 시킬 수가 없었다. 결국 회사는 '식당을 지어주겠다'는 약속을 하고 문제를 해결했다. 노동자들이 뭉치면 이길 수 있다는 것을 한눈에 보여준 투쟁이었다. 이 투쟁으로 한진중공업 노동자들도 민주노조가 무엇인지를 알게 됐고, 노동자들의 권리 찾기에 적극적으로 나서게 됐다.

- 풍물패 '햇새벽'으로 현장 활동 시작

창수는 부산 문현동 산동네 슬레이트집 단칸방에서 부인, 아들, 딸네 식구가 살았다. 어려운 삶에도 함께했던 동료들의 아픔을 먼저 생각했고, 노동자들의 진정한 일터 문화를 만들어나가기 위해 현장 내 풍물패 '햇새벽'의 회원이 되었다.

한진중공업 햇새벽 풍물패는 1989년 최초로 민주노조가 세워지면서 만들어졌다. 발족 당시 풍물패원은 50여 명이었다. 동아대학교 벙커에서 학생들의 지도를 받으며 풍물 가락을 익혔다. 풍물을 친 지 일주일 만에 조선소 내 지신밟기를 했다. 영도조선소 8만 평과 다대포 공장 6만 평을 돌면서 지신을 밟았다.

배운 지 겨우 일주일이었지만 선생이 치는 대로 따라치고 선생이 내는 소리를 따라 했다. 7시간 동안 북, 장구를 메고 풍물 울림을 하는 것이 쉬운 일은 아니었다. 단원들은 초주검이 되었다. 그러나 노동자들의 호응은 대단했다. 지신밟기 수입도 좋아서 덕분에 북과 장구를 구입하고 선생님 보너스까지 줄 수 있었다.

한번은 동지들과 함께 남천병원 간호사들의 파업 현장에 문화공연을 나간 적이 있었다. 햇새벽 패원들은 퇴근하면 연습실에 모여 노래와 풍물로 혼합된 단막극을 준비했다. 용접쟁이, 기름쟁이들로 구성돼 유연성이라고는 어디에서 찾아볼 수 없었지만 열정 하나는 대단했다.

드디어 파업 중인 간호사들 앞에서 선을 보이는 날이 왔다. 당시 풍물패 단원들 나이는 20대 후반부터 30대 초반이었다. 20대 초반의 간호사들 앞이라 다들 긴장을 했던 모양이다. 북채를 놓치는 일이 허다했고, 대사를 까먹는 해프닝도 속출했다. 하지만 오히려 박수는 더 많이 받았다.

창수는 북도 치고 기타도 치며 파업 현장의 분위기를 사로잡았다.

창수는 노동조합 활동에서도 모범적이었다. 위원장으로 출마하기 전까지 현장 활동가의 역할을 충실히 실천했고 노동자다운 삶의 철학을 갖고 있었다. 노동조합 감사 자리는 그러한 철학을 요구하는 자리였다. 그 자리에 충분한 자격을 갖춘 동지가 바로 창수였다.

조합비 사용에 대한 원칙도 명확했다. 조합비는 개인이 소득을 올리는 밑천으로 사용되면 안 된다는 것과 조합원들과 함께하는 운동을 강조하며 그에 알맞은 사업배치를 요구하도록 주문했다. 또 사업배치에 따른 사업비는 아낌없이 지출해야 한다는 회계의 원칙을 요구했다.

- 94% 압도적 지지로 노조위원장 당선

한진중공업은 1987년 7월 25일 어용노조 25년의 왜곡된 역사를 깨고 조합원들의 주체적인 힘으로 민주노조 깃발을 당당하게 세워 냈다. 민주노조를 세우면서 그동안 대의원 간선으로 뽑았던 위원장을 직선제로 선출했다.

하지만 제대로 준비되지 않은 직선제 위원장은 얼마 못 가 회사 측의 회유, 협박, 공작으로 개량주의로 변해갔다. 그러자 조합원들 내에서는 민주노조를 제대로 책임질 위원장을 다시 뽑아야 한다는 소리가 높아졌다. 당시 현장 활동가 조직으로는 '백두회'가 있었다. 백두회 회원들은 새로운 지도부 구성을 위해 용두산공원 인근에 모여 위원장 후보 만들기에 들어갔다.

당시 민주노조 위원장의 자리는 목숨을 걸어야 할 정도로 국가와 자본의 탄압이 심했다. 이 때문에 활동가들도 쉽사리 위원장에 나서려고 하지 않았다. 박창수 또한 마찬가지였다. 그러나 조직이 요구하고 있었기에 피해 갈 수가 없었다. 마침내 박창수가 민주 후보로 확정됐고, 최종 결과는 조합원 94%의 압도적 지지율로 당선됐다.

박창수 집행부는 1990년 9월부터 임기가 시작됐다. 임기 시작과 함께 전노협, '연대를 위한 대기업 연대회의'(이하 대기업연대회의)에 가입해 부산 지역 민주노조의 중심적 역할을 했다. 그리고 현장 조합원들의 의식을 높여내기 위해 전체 조합원 교육을 시작하고, 위원장이 직접 교육을 진행해 나갔다.

그러나 당시 노태우 정권과 한진중공업 자본은 이를 용납하지 않았다. 박창수가 위원장에 당선되자 정권과 자본은 강성노조로 낙인찍고 홍상태 안기부 부산지부 요원을 한진중공업으로 잠입시켜 노조 간부는 물론 노조 활동 전반을 감시토록 했다.

당시 대우조선이 골리앗 크레인을 점거하고 파업을 진행하고 있었다. 대기업연대회의 간부들은 이를 어떤 방식으로 지원할 것인지 논의하기

1990년 7월 28일 노조위원장 선거에서 당선된 박창수 열사(가운데 꽃다발을 든 이)가 동료들의 축하를 받고 있다.

위해 1991년 2월 10일 경기도 의정부 다락원 캠프에서 수련회를 가졌다. 공동선전물 제작 배포와 투쟁기금 지원을 결의하고 다시 수련회장을 나오던 중 참가자들은 기다리고 있던 경찰들에게 연행됐다.

경찰은 72시간의 법적 구금 시간을 넘기면서까지 조사를 진행했다. 홍영표 대기업연대회의 간사를 포함한 위원장급 8명은 대공분실로 끌려가 조사를 받았다. 이때 박창수도 구속됐다. 위원장이 구속되자 한진중공업 노동조합의 일상적 활동은 마비되다시피 했다. 조합원들은 면회 조를 짜고 부산에서 서울구치소까지 면회를 다녀야 했다.

- 안양병원에서 의문의 죽음

1991년 5월 4일 강경대 학생 죽음 규탄 및 공안탄압 분쇄 전국 동시다발 집회가 있었다. 부산에서도 부산역에서 집회가 열렸다. 집회를 마치고 서면까지 행진하는 도중에 서울구치소에 수감 중이었던 박창수 위원장이 운동시간에 의문의 부상을 입고 안양병원으로 후송됐다는 소식을 접했다. 한진중공업 노조 간부들과 박창수 위원장 부인이 안양병원으로 급하게 올라갔다.

후송된 박창수는 이마를 수술하고 중환자실에 입원해 있었다. 의사 말에 의하면 이마 부상이 심해 34바늘을 꿰맸고 결과는 5월 6일경에 나온다는 것이었다. 재소자 신분이었기에 중환자실 앞에는 교도관들이 지키며 면회자를 통제하고 있었다. 가족들조차 잠깐 얼굴 보는 정도였지 환자 옆에 있을 수 없었다.

이러한 통제 속에 있던 박창수는 5월 6일 새벽 5시경 안양병원 건물 뒤쪽 어린이 놀이터 시멘트 바닥에서 의문사한 상태로 발견됐다. 의사와 간호사가 박창수를 소생시켜 보려고 노력했으나 끝내 살려내지 못했다.

의사가 자리를 떠나자 곧바로 경찰 병력이 시신을 가지고 가겠다며 몰려왔다. 이에 가족과 노조 간부들은 시신을 빼앗기지 않기 위해 주변 구조물로 바리케이드를 설치하고 변호사와 의사가 도착할 때까지 버텼다. 잠시 후 소식을 접한 전노협 조합원을 비롯해 서울, 안양 지역 동지들이 안양병원으로 오기 시작했다. 이 사이에 전노협 간부들과 재야인사들(백기완, 민주당 국회의원, 민주 변호사)로 대책위를 구성하고 경찰 측에 교섭을 요청했다.

같은 시각 부산의 한진중공업 조합원들은 위원장의 비보를 듣고 자발적으로 일손을 놓았다. 조합원들은 바로 안양으로 출발했다. 안양 지역 시민단체, 노동단체에서도 긴급하게 박창수 위원장 주검을 사수하기 위해 안양병원으로 모여들었다.

이렇게 되자 경찰도 쉽게 시신을 손대지 못했다. 노조 측 변호사와 의사가 도착해 정부 측 관계자와 협상 자리가 만들어졌다. 협상 결과 우선 시신을 놀이터에서 영안실까지 이동해 안치하는 것으로 했다.

- 백골단, 영안실 벽 뚫고 시신 탈취

박창수 위원장 주검이 영안실에 안치되면서 영안실 주변은 경찰과 사수대 간의 대치 전선이 형성됐다. 말 그대로 전쟁터가 따로 없었다. 부산에서 출발했던 한진중공업 조합원들이 저녁부터 안양병원 영안실로 도착하기 시작했다.

저녁 내내 경찰과 사수대는 난투극을 벌였다. 경찰은 시신을 빼앗기 위해 영안실 입구로 최루탄을 난사하며 진입을 시도했다. 하지만 사수대는 물러서지 않았다. 한 학생은 동맥을 그어 경찰에 저항했다. 경찰이 입구를 뚫지 못하자 이번에는 지하 영안실 벽을 부수기 시작했다.

2시간이 지나자 영안실 벽에 구멍이 났다. 백골단이 구멍으로 밀려 들어오자 좁은 영안실은 아수라장이 되었다. 실신하는 학생들이 속출했다. 결국 시신은 강제 탈취되고 말았다. 정권은 도저히 상상할 수 없는 만행을 저질렀다. 경찰은 강제로 부검을 하고 시신을 다시 가족에게 넘겨주었다.

이날부터 박창수 위원장 옥중살인 진상규명 투쟁이 안양에서부터 본격적으로 시작됐다. 부산 영도조선소는 무기한 파업에 돌입했고, 전체 조합원들이 상경해 서울 곳곳을 다니면서 호소했다. 대학교에서 집회가 있

백골단에 짓밟힌 영안실 7일 오후 백골단이 콘크리트벽을 뚫고 안양병원 영안실에 난입하자,고 박창수씨의 유족들이 격렬히 제지하고 있다. 〈안양=변재성 기자〉

1991년 5월 8일 자 한겨레신문 기사. 백골단은 병원에 안치된 박창수 열사의 시신을 탈취했다.

으면 어디라도 달려가 투쟁 경과보고를 했다.

안양 시내는 매일 저녁 경찰과 시위대 간의 난투전이 벌어졌다. 경찰은 최루탄으로, 시위대는 짱돌로 맞섰다. 수많은 활동가들이 연행되고 다쳤다. 정권과 자본의 벽을 넘기란 역부족이었다. 결국 진상규명을 다 하지 못하고 장례를 치러야만 했다. 이후 투쟁을 주도했던 이들은 구속, 수배, 해고되어 한진중공업 내 현장 활동가 조직은 심대한 타격을 입었다. 이 과정에서 조합원들도 패배감에 빠지게 되었다.

박창수 열사의 죽음은 노태우 정권의 공안탄압이 만들어 낸 타살이다. 국가는 더 이상 죽음에 대한 진실을 은폐해서는 안 된다. 박창수 위원장은 당시 '제3자 개입금지'로 구속됐다. 3자 개입 금지법은 이미 시대에 역행하는 법으로 폐기된 지 오래다.

그렇다면, 그로 인해 구속됐고 그 법을 가지고 노동조합을 탄압했다면 제자리로 원상회복시키는 것이 마땅하다. 열사를 죽음으로 내몬 노동탄압 행위에 대해 국가가 분명한 책임을 져야 하며 사건 관련 자료들을 일체 공개하고 이를 재조사를 진행 중인 진실화해위원회에 제출해야 한다.

특히 당시 정권과 공안기관은 한진중공업 노조 간부들과 조합원들에게 "전노협만 탈퇴하면 박창수는 풀려날 수 있다", "대기업연대회의에 한진중공업 노조가 앞장서지 않도록 박창수를 설득하라"며 회유했던 것이 드러났는데 이에 대해서도 명확히 진상을 밝혀야 할 것이다.

아들과 아버지를 잃고 긴 세월을 힘들게 살았던 열사 가족들에게도 국가는 최소한의 책임을 져야 한다. 그리고 열사 명예회복에 나서야 한다. 당시 노태우 정권은 열사가 노동운동에 대한 회의감으로 자살했다고 발표했는데, 말도 안 되는 소리다.

우리는 열사가 당시 얼마나 헌신적으로 노동운동을 했는지, 또 구속된 뒤에도 승리와 낙관으로 동료들에게 당당한 모습을 보여줬는지 똑똑히 잘 알고 있다. 만약 현 정권마저 예전 정권처럼 죽음에 대한 사실관계를 은폐하려 한다면 우리는 진실을 밝힐 때까지 그 누구와도 당당히 투쟁으로 맞설 것이다.

* 이 글을 쓴 박성호는 1991년 한진중공업 노조 교육선전부장을 지냈고, 현재는 추모연대 과거사청산특별위원장을 맡고 있다.

"기설아 왜 죽겠다는 거야?"
죽음마저 왜곡시킨 유서대필 조작사건

김기설 열사, 1991년 5월 8일

– 1965년 경기도 파주 출생
– 1983년 인천 수도전기통신고 중퇴
– 1984년 대입 검정고시 합격
– 1988년 성남 민주화청년운동연합 가입
– 1989년 성남 노동자의 집에서 상담간사로 활동
– 1991년 전국민족민주운동연합 본부 사회부장으로 활동
– 1991년 5월 8일 서강대 본관 옥상에서 "폭력살인 만행 노태우 정권 타도하자"고 외치며 분신한 후 투신하여 운명

김기설 열사가 사회운동을 처음 접하게 된 것은 1988년 9월 성남 민청련 창립대회에서 김근태 씨의 강연을 듣고서부터이다. 1991년 1월부터 전민련에서 사회부장으로 일하게 된 열사는 궂은일, 드러나지 않는 일을 도맡아 했다. 속초 동우전문대 사건이 터지자 누구보다 먼저 현장에 달려가 외롭게 투쟁하던 학생들에게 큰 힘이 되어주었다. 또한 노동자에 대한 남다른 애정과 신뢰를 갖고 있던 열사는 원진레이온 노동자들의 곁에서 그들의 아픔을 자신의 일처럼 생각

하며 헌신적으로 그 일에 뛰어들어 원진레이온 사태가 사회 쟁점화되는 데 커다란 역할을 하였다. 이 과정에서 노태우 정권의 반민주적, 반민중적, 반민족적 폭압을 새삼 인식하였다. 열사는 강경대의 죽음 이후 범국민 대책회의에 참가하여 밤낮을 가리지 않고 뛰던 중 분신을 결행하였다.

✶

얼마나 걸었을까? 발걸음이 바뀔 때마다 마음도 흔들렸다. 새벽까지 함께 술을 마신 동지들의 목소리가 귓가에 맴돌았다.

“제발 살아서 투쟁하자.”

“열사들의 한을 우리가 같이 풀어줘야지.”

조금 전 통화한 여자 친구의 목소리도 가슴을 찔렀다.

“목소리가 왜 그래? 아무 일 없는 거지? 그렇지?”

아무 일 없으니 걱정하지 말라며 급히 전화를 끊었다. 그게 마지막 통화라고 생각하니 눈물이 흘렀다.

- 불길에 휩싸여 떨어진 스물여섯 살 청년

날이 훤히 밝았다. 동쪽 하늘에는 오월의 태양이 떠올랐다. 서울로 올라온 지 넉 달. 이제 신촌 거리는 눈에 익숙했다. 연세대 방향으로 올라가려다 방향을 바꾸었다. 연세대에서는 왠지 아는 얼굴을 만날 것 같았다. 길을 건너 신수동 방향으로 올라갔다. 손에는 가방이 하나 들려 있었다.

군대 시절 김기설 열사의 생전 모습(맨 우측)

어느새 서강대 정문에 다다랐다. 아직 학교는 고요했다. 연일 계속된 시위 때문인지 교정에는 최루탄 냄새가 가시질 않았다. 청년광장을 가로질러 건너편 큰 건물을 향했다. 서강대 본관이었다.

현관을 지나 계단을 한 발 한 발 올라갔다. 여러 얼굴들이 떠올랐다. 성남 민청련의 선배들, 강경대의 죽음 이후 꾸려진 범국민대책위 상황실의 동지들 그리고 뒤늦게 운동권이 된 아들을 이해하지 못했던 부모님….

전민련 사회부장을 맡아 뛰어다니던 일들도 떠올랐다. 특히 원진레이온의 산재 노동자들과 속초 동우전문대 학생들이 생각났다.

본관 4층 계단을 올라 옥상 입구에 도착했다. 문을 밀고 들어갔다. 난간에서 한참을 내려다봤다. 입고 있던 재킷을 벗었다. 재킷 안주머니에 있던 유서를 꺼내 다시 읽어봤다. 한 장은 동지들께 그리고 또 한 장은 부모님께 남긴 글이었다.

유서를 다시 안주머니에 넣었다. 호흡을 가다듬었다. 그리고 가방에서

통을 꺼냈다. 거기에는 시너가 담겨 있었다.

잠시 후 "노태우 정권 퇴진하라! 민자당은 해체하라!"는 외침과 함께 불길에 휩싸인 그가 지상으로 떨어졌다. 1991년 5월 8일 오전 8시, 그의 이름은 김기설, 스물여섯의 나이였다.

- "기설아, 도대체 왜 죽겠다는 거야?"

5월 7일 오후였어요. 무영이 형(당시 전민련 간부였던 임무영 씨)이 상황실(당시 강경대 치사 사건에 맞서 재야단체에서는 범국민대책위원회를 꾸리고 연세대 학생회관에 상황실을 두고 있었다)에서 급히 나를 찾더니 이렇게 말하는 거예요.

"기설이가 좀 이상하다는데 빨리 찾아봐라."

당시 나하고 기설이하고 장준호라고 전청대협 조직사업 담당하던 후배, 이렇게 셋이서 북가좌동에서 자취를 했어요. 3층 옥탑방이었죠. 다들 바빠서 같이 자는 경우는 잘 없었지만요.

몇 사람이 흩어져서 기설이가 있을 만한 곳을 찾아다녔어요. 나는 일단 자취방으로 찾아갔어요. 아무도 없더군요. 혹시나 싶어 방을 뒤져봤죠. 그런데 방 한쪽에서 제가 갖다 놓은 리포트 용지에 뭐라고 적힌 게 있더라고요. 기설이 글씨였어요.

읽어보니 이상했어요. 유서 같은 느낌이 확 들었죠. 아, 이놈이 진짜 뭐가 있구나 싶었어요. 일단 그 종이를 호주머니에 넣었어요. 어디 가서 기설이를 찾나 고심하는데, 기설이가 쓱 들어오는 거예요.

모른 척하고 집 밖으로 데리고 나왔습니다. 버스정류장 앞 포장마차에 같이 들어갔어요. 어둑어둑해졌을 때니 일곱 시가 넘었을 겁니다. 내 머릿속에는 기설이 이놈을 혼자 두면 안 되겠다는 생각뿐이었어요. 그렇다고 바로 유서를 꺼내놓고 추궁할 수도 없었어요. 일단 이 얘기 저 얘기 늘어놓으며 대화를 이어갔죠.

그러는데 내가 기설이 하고 같이 있다는 소식을 듣고 두 사람이 더 찾아왔어요. 기설이하고 성남에서부터 알고 지내던 도레(이도레 씨)도 왔죠. 네 사람이 성균관대 쪽으로 자리를 옮겼어요. 유림회관 근처 술집에서 다시 술을 마셨죠.

그때 제가 기설이한테 말했어요. “기설아, 왜 그래? 도대체 왜 죽겠다는 거야?” 기설이가 처음에는 “무슨 소리냐”고 되물었어요. 그래서 제가 주머니에서 종이를 꺼내 보여줬죠. “이거 네가 쓴 거 맞지? 살아서 싸워야지 왜 죽겠다는 생각을 해?” 이렇게 셋이서 따지기도 하고 달래기도 하면서 기설이를 설득했어요.

기설이는 한참을 듣고 있더군요. 그렇게 새벽까지 술을 마셨을 거예요. 나중에는 기설이도 우리한테 걱정하지 말라고, 자기 안 죽는다고 하더군요. 그래서 기설이 스스로 그 종이를 찢어버리도록 했어요. 또 다 같이 독재정권에 맞서 끝까지 싸우자 다짐도 하고 그랬어요. 기설이 표정이 처음보다 밝아지고 웃기도 해서 우리도 안심했죠.

강경대가 쓰러지고, 박승희, 김영균, 천세용이 분신하면서 상황실에서 장례 준비에 정신없던 우리도 불쑥불쑥 눈물이 나고 그랬어요. 기설이는 성격도 여린 편인 데다가 문학적 감수성도 풍부했어요. 그런 기설이다 보니 더욱 걱정되었던 거죠. 그래도 마지막에는 분위기도 좋아지고 해서 안심했거든요.

그러다 기설이가 잠깐 전화 좀 하고 오겠다며 일어섰어요. 그때 따라갔어야 하는 건데…. 아마 6시쯤 됐을 거예요. 밤을 새웠으니 다들 피곤했고, 연일 집회 준비하느라 지치기도 했어요. 공중전화는 버스정류장 옆에 있었어요. 술집에서 얼마 안 떨어졌죠.

그런데 한참이 지나도 기설이가 안 오는 거예요. 아차 싶더군요. 그 일대를 찾아다녔는데 안 보였어요. 연세대로 갔나 싶어서 서둘러 왔죠. 상황실에는 오지 않았어요. 학생회관 주위의 건물마다 다 찾아보고 수위아저씨한테 말해 옥상까지도 뒤져봤죠.

하지만 기설이는 어디에도 없었어요. 그런데 아침에 뉴스에 나오더군요. 서강대에서 누가 분신해서 투신했다고. 하늘이 노래졌어요. 그 길로 서강대로 쫓아갔어요. 하지만 이미 기설이는….

당시 범국민대책위 상황실에서 김기설 열사와 함께 활동했던 임근재(당시 전국청년단체대표자협의회 연대사업 담당)씨의 증언이다.

- 성남 민청련과 전민련 사회부장

김기설 열사는 1965년 경기도 파주시 광탄면 영장리에서 태어났다. 1982년 인천 수도전기통신고에 입학했지만, 이듬해 중퇴하고 검정고시로 고등학교 과정을 마쳤다.

김기설 열사가 사회문제에 관심을 갖게 된 것은 제대 직후인 1988년 9월 성남 민주화운동청년연합(민청련) 창립대회에서 김근태 당시 민청련

의장의 강연을 듣고 나서부터다. 이를 계기로 성남 민청련에 가입한 열사는 성남노동자의집 상담간사로 일했고, 1991년 1월부터 전국민족민주운동연합(전민련) 사회부장으로 활동했다.

"기설이는 내가 1988년 성남 민청련을 창립할 때 자진해서 성남 민청련 회원이 된 후배였습니다. 조직의 막내로 성남 민청련 일을 도왔죠. 특히 나를 잘 따랐습니다. 기설이는 분신하기 1주일 전쯤 우리 집에 와서 우리 큰아이와 한참 놀다가 갔어요. 그리고 자취하면서 생긴 옷가지를 가지고 내 아내에게 세탁을 맡겼죠. 끝내 그 옷가지들은 찾아가지 못했네요."

성남 민청련 의장 시절 김기설 열사와 인연을 맺었던 최경환 전 의원의 기억이다. 최 전 의원과 성남 민청련 회원들은 2021년 5월 9일 이천 민주화기념공원에서 30주기 추도모임을 열었다.

김기설 열사를 알던 사람들은 마음이 여리지만 순수했고, 늘 궂은일이나 드러나지 않는 일을 도맡아 했던 이로 기억한다. 성남에서 사무실을 함께 사용했던 정해랑 씨(현재 주권자전국회의 공동대표)의 회고다.

"기설이는 조용하고 말이 없었어요. 늘 양은 찬합에 도시락을 싸 와 점심때 절반을 먹고, 저녁때 나머지 절반을 먹던 기억이 나네요. 검소하고 부드러움 속에 열정을 지닌 친구였죠."

김기설 열사는 전민련 사회부장을 맡은 직후인 1991년 3월, 속초 동우전문대 사건(학교 측이 지역의 깡패들과 결탁해 운동권 학생들을 탄압했는데, 이 과정에서 김용갑 1990년 총학생회장이 의문의 교통사고로 숨지고, 진상을 밝히기 위해 투쟁하던 정연석 1991년 동아리연합회장이 분신하기도 했다)이 터지자 속초로 달려와 외롭게 투쟁하던 학생들에게 큰 힘이 되어 주었다. 당시 동우대 학생이었던 고상만(현재 군사망사고진상규명위원회 사무국장) 씨의 기억이다.

"기설이 형이 속초에 내려왔을 때, 제가 '아무도 우리에게는 관심이 없다'며 도와달라고 울면서 호소한 적이 있었죠. 형은 제 이야기를 들으며 참 마음 아파했고, 공감해줬죠. 형의 분신 소식을 듣고 그때 형한테 큰 짐을 안겨준 것만 같아 괴로웠어요."

열사는 노동자들에게 남다른 애정을 품고 있었다. 특히 원진레이온 산재 노동자들이 제대로 된 보상도 못 받고 힘겹게 투병하다 스스로 세상을 등진 소식을 듣고 원진레이온 사태를 알리기 위해 헌신적으로 뛰어다녔다.

이때 노태우 정권의 반민중성과 노동자에 대한 폭압성을 확인하면서 열사는 많이 힘들어 했다고 한다. 이런 과정을 겪으면서 열사는 자신이 무엇을 할 것인가 고민하고 결심했다.

> "단순하게 변혁운동의 도화선이 되고자 함이 아닙니다. 역사의 이정표가 되고자 함은 더욱더 아닙니다. 아름답고 밝은 현실과는 다르게 슬프게 아프게 살아가는 이 땅의 민중을 위해 무엇을 해야 할까 하는 고민 속에 얻은 결론이겠지요."
>
> (김기설 열사의 유서 중에서)

- 강기훈 유서대필 조작사건

공안 당국은 열사의 죽음을 엉뚱한 방향으로 몰고 갔다. 누군가 죽음을 부추긴 세력이 있다는 것이었다. 5월 5일 김지하 시인이 〈조선일보〉에 '죽음의 굿판 당장 걷어치워라'는 칼럼을 쓰면서 논란을 만들었고, 김기설 열사가 분신한 5월 8일 기자회견을 자청한 서강대 박홍 총장은 "죽음을 선동하는 어둠의 세력이 있다"며 분신 배후를 언급하기도 했다.

이를 기화로 공안 당국은 분신 배후세력을 찾아 나섰다. 임근재 씨를 비롯해 5월 8일 새벽까지 열사와 술을 마신 사람들은 물론이고 전민련과 범국민대책위 간부들 모두 수사대상에 올랐다.

하지만 분신 배후로 덮어씌우기 위해서는 뭔가 필요했다. 이렇게 해서 튀어나온 것이 바로 한국판 드레퓌스 사건이라 불리는 '강기훈 유서대필 조작사건'이었다.

전민련 총무부장인 강기훈이 김기설의 유서를 대필해줬고, 분신하도록 부추겼다는 공안 당국의 주장은 운동권의 도덕성에 치명타를 가했다. 제비뽑기해서 분신할 순번을 정했다더라, 벌써 분신할 사람이 수십 명 대기하고 있다더라, 이런 식의 밑도 끝도 없는 이야기가 퍼져나갔다. 여기에는 공안기관의 치밀한 공작과 언론의 호응이 절대적 역할을 했다.

결국 김기설의 친구 강기훈은 자살방조 혐의로 구속돼 3년의 감옥살이를 했다. 누가 봐도 김기설과 강기훈의 필체는 달랐다. 하지만 법원은 동일 필체로 보인다는 국립과학수사연구소 문서분석실장 김형영의 일방적인 감정 외에 다른 것은 인정하지 않았다. 철저하게 짜 맞춘 수사였고 재판 결과였다.

2015년에 와서야 강기훈 씨는 재심을 통해 대법원에서 무죄를 선고받았다. 24년 만에 억울한 누명에서 벗어난 것이다. 강기훈 씨는 현재 말기 암으로 오랜 기간 투병 중이다. 공안 당국이 그를 이렇게 만든 것이다.

그래도 남는 문제가 있다. 대법원의 판결은 강기훈 씨가 유서를 대신 쓰지 않았다는 것일 뿐, 누군가 유서를 대필했다는 의심을 거둔 것은 아니었다.

검찰은 초기부터 “(유서 내용이) 고등학교도 제대로 못 나온 사람이 쓸 수 있는 글이 아니”라면서 열사를 모욕하고 분신 배후를 들먹였다. 이렇게 사건을 조작한 자들을 처벌하지 않고서는 유서대필 조작사건의 진실은 여전히 밝혀지지 못한 상태로 남을 수밖에 없다.

명동성당에서 농성을 마치고 경찰에 출두하는 강기훈 씨. 그는 2014년, 23년 만에 김기설 열사의 유서대필 혐의에 대해 무죄 판결을 받았다.

당시 법무부 장관은 박근혜 정권 시절 청와대 비서실장이었던 김기춘이었고, 부장검사였던 강신욱은 대법관까지 지냈으며, 수사검사였던 곽상도는 청와대 민정수석을 거쳐 재선 국회의원이다.

* 이 글을 쓴 안영민은 1991년 경북대 총학생회장으로 활동했고, 1991년 열사투쟁 30주년 기념사업회 집행위원장과 (사)평화의길 사무처장을 맡고 있다.

반쯤 불타버린 종이에 남긴 글
"우리는 끝까지 싸우리라"

윤용하 열사, 1991년 5월 10일

- 1969년 4월 19일 전남 순천 출생
- 1981년 순천 중앙초등학교 5년 중퇴
- 1983년 노동일 시작
- 1989년 성남피혁 근무, 민주화운동 직장 청년연합 회원으로 활동
- 1991년 5월 10일 "노태우 정권 타도"를 외치며 전남대에서 분신
- 1991년 5월 12일 운명

윤용하 열사는 어려운 가정환경으로 어려서부터 중국집 배달원, 가방공장 노동자 등의 노동일을 하였다. 1989년 초 대학출신 현장 활동가를 만나면서 열악한 노동 현실에 대해 인식하게 된 열사는 서울 민주화직장청년연합의 풍물강습반에 등록해 활동하기에 이른다. 열사는 평소에 망월동 참배를 원했으며, 1991년 5월에는 5월 9일 국민대회에 맞춰 광주로 갔고, 5월 9일 분신해서 투병 중이던 박승희 열사에게 문병을 가기도 했다. 1991년 5월 10일 열사는 "노태우 정권 타도"를 외치며 한 점 불꽃으로 산화하였다. 분신 이틀 후인

12일, 열사는 "노동해방을 위해 분신을 생각했다"라는 말을 마지막으로 남기고 운명하였다.

✶

1991년 5월 10일 오후 6시 30분경 전남대 대강당 화장실에서 펑 하는 소리가 나더니 온몸에 불이 붙은 청년이 대강당 앞으로 뛰쳐나왔다. 그는 고통 속에서도 '노태우 정권 타도'와 '노동해방'을 외쳤고 이내 쓰러졌다. 주위에 있던 대학생들이 달려들어 소화기로 불을 끄고 급히 그를 전남대병원으로 옮겼다. 도착할 당시 청년은 전신에 화상을 입은 참혹한 모습이었다.

청년이 누구인지는 한참 있다 경찰에 의해 밝혀졌다. 밤늦게 그의 가족과 연락이 됐고, 다음날 새벽 아버지와 형이 병원으로 찾아왔다. 하지만 그는 끝내 회복하지 못하고 5월 12일 0시 1분, 형이 눈물로 지켜보는 가운데 눈을 감고 말았다. 이름은 윤용하, 스물두 살의 작고 왜소한 청년이었다.

2021년 5월 12일 광주 망월동 민족민주열사묘역에 있는 윤용하 열사의 묘소 앞에서 노동자와 청년단체 회원들이 참가한 가운데 30주기 추모제가 열렸다.

- 열네 살 때부터 노동을 했던 가난한 농민의 아들

윤용하 열사는 1969년 전남 순천에서 농민의 아들로 태어났다. 그는 어려운 가정환경으로 초등학교를 5학년 때 그만두어야만 했다. 그리고 1983년부터 중국집 배달을 시작했다.

이후 열사는 여러 곳에서 노동일을 하다 1989년부터 '성남피혁'이란 회사에서 노동자 생활을 했다. 이때 대학 출신의 활동가를 만나 사회 현실과 노동자의 참된 삶을 고민하기 시작한 그는 1990년 봄에 '민주직장인청년연합'(민직청) 회원으로 가입했다.

민직청은 직장인을 대상으로 청년운동을 벌여나가던 단체였다. 회원 수는 150여 명으로 대학을 졸업하고 직장인이 된 학생운동 출신들이 많았다. 당시 민직청은 회원이 되려면 정회원 교육을 이수해야 했다. 열사도 정회원 교육을 마치고 문화분과 소속인 풍물패에 가입해 활동을 시작했다.

민직청 시절 사람들은 그가 모임에도 적극적이었고, 뭐든지 열심히 배우려는 모습이 인상적이었다고 기억한다. 당시 풍물패 반장이었던 박영주 씨의 기억이다.

"가장 먼저 떠오르는 건 내게 장구를 배우는 용하의 모습입니다. 빨리 배우지는 못했어요. 몇 번을 알려줘야 했고 그마저도 자주 까먹었죠. 하지만 배우려는 의지는 대단했어요. 이 기억만큼은 또렷이 나네요."

민직청 회원 중 열사와 친분이 두터웠던 우상수 씨는 그의 모습을 이렇게 회고한다.

"풍물패를 하면서 시사분과의 시사토론모임에도 가입해 활동했죠. 사회문제나 정치 현실에 대해서도 관심이 많았어요. 수련회에도 빠지지 않았고, 집회가 있으면 열심히 참석했던 모습이 기억납니다."

실제로 열사는 1990년 8월 범민족대회와 남북학생회담 촉구 시위에 참여했다가 대학로에서 경찰에 맞아 온몸에 상처를 입고 고려대 부속병원에서 입원 치료를 받은 적이 있을 만큼 실천 투쟁에 적극적이었다.

하지만 1990년 11월경 대전에 사시던 아버지가 척추협착증으로 하반신을 제대로 못 쓸 만큼 건강이 악화돼 고민이 많았다. 그때 우상수 씨는 열사에게 "지금 너한테 중요한 일은 아버지를 돌보는 일"이라고 강조하고 대전으로 내려갈 것을 권했다. 결국 열사는 민직청 활동을 정리하고 대전으로 내려가 거동이 불편한 아버지를 돌보며 검정고시를 준비했다.

- 분신 전날 장미꽃 들고 박승희에게 문병 와

열사의 가슴을 다시 뛰게 만든 것은 강경대 학생의 죽음이었을 것이다. 뒤이어 노태우 정권 타도를 외치며 학생들의 분신과 죽음이 잇따르자 열사는 슬퍼하고 분노할 수밖에 없었다. 특히 김기설 열사의 죽음에 대해 분신 배후조종 운운하며 책임을 운동권에게 돌리는 정권에 대해 열사는 참을 수가 없었을 것이다. 이러한 심정은 그가 남긴, 반쯤 불타버린 유서에서도 고스란히 확인할 수 있다.

> "현 정부는 김기설 열사 분신의 책임을 이른바 운동권 세력에게 돌리려 한다. 누가 분신을 배후조종한단 말인가. 하나밖에 없는 생명을 그 누가 버리라고 한단 말인가. 그렇다. 바로 살인을 만행하는 현 정부 노태우, 젊은이들을 죽음으로 총칼 휘둘러 온 현 정부뿐이다. 민주화를 외쳐대

는 우리 청년학우여, 우리는 그렇게 당했다. 대학생, 노동자, 농민 아니 우리의 4천만 아니 7천만 겨레를 죽였다. 우리는 자본가들에게 끝까지 싸우리라. 노태우는 국민 앞에 사과하고 퇴진하라. 강경대를 살려내라."

(윤용하 열사의 유서 중에서)

5월 8일 열사는 대전을 떠나 범국민 규탄대회에 맞춰 광주에 왔다. 5월 9일에는 분신한 박승희가 투병 중인 전남대병원에 문병을 왔지만 만나지 못하고 돌아갔다. 배은심 어머니(이한열 열사 어머니)의 기억에 따르면 "저녁에 웬 청년이 승희가 입원해 있는 병실 앞에 장미꽃을 들고 왔다가 면회가 안 된다는 이야기를 듣고 한참을 서 있다 돌아갔다"고 한다.

윤용하 열사의 장례는 5월 16일 거행됐다. 장례 주체는 전국청년단체협의회(전청대협)과 광주지역노동자협의회(광노협)이 맡았고, 장례 명칭은 '민주청년 고 윤용하 열사 민주노동자장'으로 정했다. 청년노동자였던 열사의 짧은 생애가 담긴 명칭이었다. 장례위원장은 오종렬 광주전남대책회의 공동의장이, 집행위원장은 이철우 목사가 맡았다.

5월 16일 오후 1시 30분 발인과 영결식을 마치고 도청 앞 노제를 지내기 위해 전남대병원을 출발한 운구행렬은 지금의 동구청 앞에서 더 이상 나갈 수 없었다. 경찰이 다연발 최루탄을 소나기처럼 쏟아내며 도청 앞 노제를 원천 봉쇄했기 때문이다. 최루탄과 돌멩이가 맞서며 대치와 공방을 거듭했다.

결국 장례위원회는 노동청 앞에서 노제를 지낸 후, 열사가 분신한 전남대를 거쳐 망월동 민족민주열사묘역에 열사를 안장했다. 이때가 17일 새벽, 1박 2일의 기나긴 장례였다. 평소 열사는 망월동 묘역을 꼭 참배하고 싶어 했다. 장례식에 참가한 열사의 형이 말한 것처럼 '그토록 오고 싶어 하던 망월동에 끝내 넋으로 오고만' 것이다.

장례가 끝난 뒤 열사의 형인 윤용범 씨는 동생을 추모하며 다음과 같은 글을 남겼다.

> "저는 이제 더 이상 슬픔에 젖어 나약하지 않으렵니다. 좌절에 빠져 눈물을 보이지 않으렵니다. 한 치의 흔들림도 없이, 동생이 그토록 염원했던 노동해방 세상을 열어가는 투쟁의 한길에 우뚝 서겠습니다. 그리하여 동생을 죽음으로 내몰고도 한마디의 사과는커녕 불순 배후세력을 운운하면서 또 다른 죽음을 부르는 저 간악한 사악의 화신, 독재의 무리에게 오늘의 이 아픔과 고통, 슬픔과 분노까지 모두 모아 남김없이 되돌려 주렵니다. 그것만이 사랑하는 동생의 죽음을 조국의 영원한 아들로 다시 부활시키는 길이라 굳게 믿습니다."

윤용하 열사의 노제를 진행하기 위해 전남도청으로 가는 장례 행렬이 경찰의 저지에 막혀 있다

- 불우한 환경을 집요하게 캐묻던 기자들

윤용하 열사가 사경을 헤매던 때는 병실 앞에, 그리고 숨을 거둔 뒤에는 영안실 앞에 기자들이 진을 쳤다. 그들은 열사의 형과 대책위 관계자들에게 열사의 가족관계, 가난하고 불우한 환경을 집요하게 캐물으며 분신한 이유를 다른 곳에서 찾으려고 했다. 경찰 쪽에서 열사가 어린 시절 소아마비를 앓았다는 정보를 입수하고는 이를 형에게 확인하는 일도 있었다.

그들의 목적은 뻔했다. 열사의 분신이 정권을 규탄하고 민주주의와 노동해방을 염원하는 투쟁이 아니라 불우한 처지를 비관해 벌인 행동으로 몰아가기 위해서였다. 열사의 유서와 숨을 거두기 직전 남겼던 "노동해방을 위해 분신을 생각했다"는 말은 취재대상도 관심 사항도 아니었다. 공안 당국의 '분신 배후'와 '불우한 처지 비관'이라는 주장을 거들고 짜 맞추기에 급급했던 언론의 실상을 명백히 드러내 주는 모습이었다.

우리가 윤용하 열사를 비롯해 김기설, 이정순, 정상순 열사 등 노동자, 민중 열사들에게서 제대로 기억해야 하는 것은 그들이 투쟁과 삶에서 보여준 헌신성이다. 그들은 어려운 환경 속에서도 확고한 민중성을 지녔다. 사회에 대한 인식은 학생운동 출신들보다 더욱 구체적이고 생생했다. 그들이 남긴 유서의 구절들은 우리가 무엇을 위해, 왜 투쟁해야 하는지 30년이 지난 지금까지도 또렷이 보여주고 있다.

민직청 시절 윤용하 열사의 풍물패 선배였던 박영주 씨에 따르면, 열사는 〈가야 하네〉라는 민중가요를 즐겨 불렀다. 민직청 동료들도 망월동 묘역에 올 때면 열사의 영전에 담배 한 개비를 올리고 이 노래를 함께 불렀다.

가야 하네 우리 함께 어깨 걸고
억압과 착취 모두 깨부수러
투쟁으로 우리 하나 되어
사랑 가득한 평등의 세상으로
어둠에서 어둠으로 끝없는 노동으로
절망하고 짓밟히고 쓰러져도 다시 일어나
손에 손잡고 벅찬 새날 위하여
물결이 되고 성난 파도 되어
투쟁으로 우리 하나 되어
사랑 가득한 평등의 세상으로

30년 전 '사랑 가득한 평등의 세상'을 열망했던 청년노동자 윤용하. 그의 외침은 '절망하고 짓밟히고 쓰러져도 다시 일어나' 우리 곁에 영원히 살아있다.

* 이 글을 쓴 안영민은 1991년 경북대 총학생회장으로 활동했고, 1991년 열사투쟁 30주년 기념사업회 집행위원장과 (사)평화의길 사무처장을 맡고 있다.

불길 속 고교생의 외침
"왜 로보트 교육 받아야 하나"

김철수 열사, 1991년 5월 18일

- 1973년 3월 전남 보성 출생
- 1989년 3월 보성고 입학
- 1991년 5월 18일 보성고 운동장에서 "노태우 정권 퇴진"을 외치며 분신
- 1991년 6월 2일 전남대병원에서 운명

김철수 열사는 3남 3녀 중 차남으로 태어났다. 열사는 주관이 뚜렷하고 의사표시가 분명하며 성취 의욕이 강하고 매사에 적극적이어서 교내 수학경시대회, 영어경시대회 등에서 1등을 하고 한글을 모르던 친구에게 한글을 가르치는 등 많은 학생에게 모범과 신망이 되었던 학생이었다.

열사는 교내 동아리인 풍물패 '솔개'와 '인터렉트' 활동을 통해 사회의 부조리를 깨닫고 자신의 삶을 자주적으로 추구하고자 하였다. 그리고 그것을 학교에서 찾을 수 없는 것을 깨달았으며 또한 그것이 독재 권력이 물러나지 않고는 해결되지 않을 것을 온몸으로 느꼈다.

1991년, 5월 항쟁 11주년 기념일이자 강경대 열사의 장례 행렬이 망월동으로 향할 때 보성고 학생회 주최로 열린 5·18 기념행사를 치르던 도중 열사는 운동장에서 온몸에 불을 붙이고 행사장으로 달려가며 "참교육 실현", "노태우 정권 퇴진"을 외치며 쓰러졌다.

병원으로 옮기는 도중에는 '우리의 소원'을 친구들에게 불러 달라고 했으며 병상에서 "저는 여러분을 믿습니다."라는 육성 유언을 남기고 분신 2주 만인 6월 2일 운명하였다.

✶

30년 전인 1991년 5월 18일. 5·18 영령을 추모하고 학생들의 주체적 권리를 확인하는 행사를 전라남도 보성군에 있는 보성고등학교에서 학생회가 주도하여 열고 있었다. 공식적인 학교 행사인지라 단상에는 교장 선생님도 추모하는 검은 것을 달고 앉아 있었다. 마지막 행사로 참여한 학생과 교사들이 운동장에 둥그렇게 모여서 학생회가 써 온 '우리의 결의'를 읽는 시간이었다.

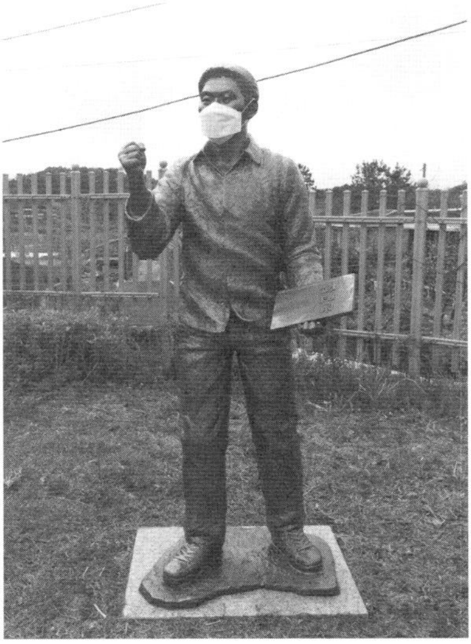
보성고 교정에 세워진 김철수 열사의 동상. 동상은 친구들과 후원자들의 성금, 또 전교조, 보성교육지원청, 보성고등학교 교장과 학생들의 지원과 참여로 2017년 10월 28일에 세워졌다.

그때 학교 건물 동편을 지나 누군가 강렬한 불길을 일으키며 뛰어오고 있는 것이 아닌가? 기겁하고 학생들이 물러나며 통로를 내자 어떤 학생이 원 안쪽으로 들어와서 똑바로 선 채로 호령하고 있었다.

"너희들 이렇게 잘못된 교육 계속 받을래?"

나는 입고 있던 양복 상의를 벗어서 불을 꺼 보려고 했으나 바람만 일으키는 듯하여 물통을 가져오라고 소리쳤다. 나중에 확인한 바로는 교실에 남아 있었던 학생들이 던진 바께쓰 등으로 불을 끌 수 있었다. 옷가지들이 다 타버리고 팬티 일부만 남은 상태로 두 주먹을 똑바로 쥔 채로 서 있는 학생은 3학년 김철수였다! 더 기가 막힌 것은 그 와중에도 "선생님 죄송합니다"라고 말하는 것이었다.

- "여러분, 여러분, 저는 여러분을 확실히 믿습니다"

동료 교사의 차에 태워서 가까운 보성아산병원으로 후송하는데 어떤 학생이 나에게 쪽지 한 장을 전해주었다. 연습장을 찢어 쓴 듯한 그 쪽지에는 다음과 같이 쓰여 있었다.

'통일의 노래를 불러 달라'

철수가 차를 타기 전에 했던 말을 적어서 내게 전달한 것이었다. 이 충격적인 장면을 본 학생들은 땅바닥을 뒹굴며 울부짖고 있었다. 나는 그때서야 무엇을 해야 할지 정신이 돌아왔다. 마이크도 꺼져 있는 단상으로 올라가서 있는 힘껏 '우리의 소원'을 불렀다. 학생들도 이내 정신을 차리는지 이 노래를 따라 부르며 일어서기 시작했다.

그러더니 어깨를 걸고 거리로 진출하기 위해 나아가는 것이 아닌가? 나는 이러다 학생들이 다칠까 염려가 되어 달려가서 맨 앞을 가로막고 학생들을 제지해보려 했다. 가당치도 않은 행동이었지만….

한동안 출동한 경찰과 대치하였다. 그리고 보성아산병원에 가보았더니 응급조치를 하고 광주로 이송하기 위해 철수를 구급차에 태우고 있었다. 그 상황에서도 철수의 침착하고 맑은 눈을 잊을 수가 없다.

철수가 이런 결심을 하는 데는 명지대 강경대 열사가 백골단의 쇠파이프에 맞아 사망하고, 이에 분노하여 죽음으로 항거한 전남대 박승희 열사의 분신이 영향을 준 것으로 보인다. 광주에 있는 전남대병원 중환자실에 입원해 있으면서도 시종 꿋꿋한 모습을 보이더니 다음과 같은 유언을 녹음하고 6월 2일 오전에 운명하여 열사가 되었다.

1991년 6월 8일 옛 전남도청 앞에서 '애국 고등학생 고 김철수 열사 민주국민장'이 거행됐다

"우리가 여러분께 하고 싶은 말은 여러분은 잘 알 것입니다. 현 시국이 어떤 사회로 흘러가고 있는지 여러분은 잘 알 것입니다. 학교에서는 자기만을 위한 사회를 만들기만을 강요하고 있습니다. 학생들을 로보트로 만들고 있습니다. 저는 엄연한 학생입니다. 제가 왜 그런 로보트 교육을 받아야 합니까? 저는 더 이상 그런 취급을 받느니 지금의 교육을 회피하는 게 현명한 방법이라 생각합니다.

앞으로 여러분, 무엇이 진실한 삶인지 하나에서 열까지 생각해주면 고맙겠습니다. 앞으로 여러분, 하는 일마다 정의가 커져 넘치는 그런 사회가 되어 주시기 바랍니다. 제게 힘이 없습니다. 3주일 동안 밥 한술도 못 먹고 하루에 물 한 컵만 먹고 지금까지 여러분에게 용기를 주기 위해 지금까지 힘차게 살았습니다.

여러분, 여러분, 저는 여러분을 확실히 믿습니다. 다음에 살아서 더욱 힘차게 만납시다. 그럼 안녕히 계십시오."

(김철수 열사가 사망 사흘 전 녹음한 육성 유언)

'여러분'을 힘차면서도 다감한 어투로 두 차례 반복한 후에 "저는 여러분을 확실히 믿습니다"라고 한 말이 더욱 가슴에 절절히 남아 있다.

- 약한 친구 도와주던 의리 넘치던 친구

분신 이후에 한동안 트라우마에 시달리던 친구들이 정신을 가다듬고 전해준 이야기는 그의 인간적 면모와 신념 등이 녹아 있어 더욱 숙연해진다.

보성 동국민학교에 다닐 때부터 공부를 잘해서 그 학교의 전통으로 흑염소를 장학금으로 받았다고 한다. 그 흑염소를 잘 키워서 새끼를 낳으면 학교에 한 마리 들여놓아 후배들이 장학금으로 또 흑염소를 받는 식이었다.

고등학교에 들어와서는 한 친구가 자전거 하이킹을 제안해서 가게 되었다. 철수가 "우리 라면이라도 끓여 먹자"라고 제안했고, 비포장길인 보성에서 회천 가는 고갯길 마루인 봇재에 들러 라면을 끓여 먹었고, 철수는 "아~ 좋다!" 하면서 뒤로 고개를 젖히고 사진을 찍었다.

체구가 작은 짝꿍을 친구들이 놀리고 무시하자, 철수는 "야! 친구들과 사이좋게 지내야지 놀리면 되냐?"라고 말했고, 어눌하여 친구들에게 무시당한 친구를 보호하고 공부도 도와주었던 의리가 넘치는 친구였다. 그때 철수에게 보호를 받았던 친구가 분신 이후 병상에 찾아와 '얼른 일어나 백 원짜리 라면 끓여 먹자'는 편지를 남겨서 보는 이들의 눈시울을 적시기도 했다.

1학년 때 동아리에 들어오기 위해 선배들이 면접을 보는데 '가난이 우리 부모님만의 문제가 아니다, 가난한 농촌 현실을 바꿔야 한다'고 하여 같이 면접을 보러 대기하던 친구가 너무나도 인상이 깊어서 자신의 일기장에 써놓기도 했다고 한다.

그와 나의 인연은 고등학교 1학년 때로 거슬러 올라간다. 그는 교내 봉사동아리인 '인터랙트' 회원으로 들어왔고 나는 지도교사였다.

여름에 보성군 율어면 자모리에 있는 보성강변으로 캠핑을 갔다. 캠핑을 가면 꼭 하곤 했던 캠프파이어를 하기 위해서 나무를 구하는데 그 나무가 강 건너편에 있었다. 물살도 세지 않고 물길도 깊지 않아서 건너편에 쌓인 나무들을 옮겨오기로 했는데 철수가 웃통을 벗고 제일 앞장서서 나아갔던 모습이 눈에 선하다.

철수가 공부를 열심히 한 이유는 변호사가 되어 사회적 약자를 도와주고 싶다는 꿈이 있었기 때문이었다고 가까운 친구들이 증언해주었다. 또 철수의 공부 방법은 특이했다. 사회과목 중 평등의 원칙, 국민의 4대 의무 등을 배울 때 책의 뒤쪽에 나와 있는 헌법 조문을 외우는 방식이었다. 친구가 "왜 그렇게 공부하냐?"고 묻자, "그래야 기억이 오랫동안 지속된다"고 했다.

이러한 학구열이 표현된 일화로 고등학교 2~3학년 때 새벽 2~3시 빈 교실에 가서 공부하기도 했다고 한다. 공부가 잘된다고 하면서. 그런데 어느 날부터 수위아저씨에게 열쇠를 달라고 하니까 귀찮아져서 열쇠 보관함을 가르쳐주기도 했다.

산비탈 위에서 사는 친구 집에 연탄을 나르면서도 힘들다는 말을 한마디도 하지 않고, 끝나고 나서 친구 어머니에게 "라면 하나 끓여주세요" 살갑게 말해서 어른들이 더 좋아했다.

- 공책에 쓴 '어떻게 살 것인가? 무엇이 될 것인가?'

고등학교 2학년 때는 5·18행사를 학생회가 학교 측과 협의해서 하는데, 1시간만 하게 하였다고 해서 학생주임에게 '너무 한다'고 불만을 토로하였다. 행사가 끝나고 교실에 들어간 후에 도저히 참지 못하여 몇몇 학생들을 규합하여 어깨를 걸고 시위를 하러 나오다가 학생주임에게 제지당한 일도 있었다.

같은 해 노동현장을 보고 오겠다는 결심으로 부산에 있는 고무신 공장에 가서 며칠 일하고 오기도 했다. 하지만 그 이유를 말하지 않아서 무단결석을 했다고 하여 담임교사에게 체벌을 당하기도 하였다.

김철수 열사를 생각하는 친구들에 따르면 철수는 마음이 여리지만, 아니다 싶은 것은 돌려서 말하지 않는 진솔하고도 강직한 성격이었다. 강한 사람에게는 강하고, 약한 사람에게는 한없이 약한 학생이었던 것이다. 붙임성이 좋아서 어른들에게도 살가웠고, 자기감정에 충실하고도 정직하였다.

무엇보다도 정의로운 세상을 만들기 위해 많은 고민을 하기도 했다. 친구와 함께 공책에다가 '어떻게 살 것인가? 무엇이 될 것인가?'를 쓴 후에 마지막 부분에 혈서를 쓰기도 했는데, 분신 후에 자취방에 가보니 그 공책이 어디론지 사라져버렸다고 친한 친구는 안타까워하였다.

이런 김철수 열사의 정신이 지금 우리에게 무엇을 남겼는가? 그것은 정의로운 공동체성을 회복하는 것이라고 생각한다. 아리스토텔레스는 우리가 정의를 말하는 이유는 정의가 있어야 공동체가 유대하고 연대할 수 있기 때문이라고 했다. 다시 말해서 건강한 공동체를 만들기 위해서 정의가 필요하다는 것이다.

그런데 지금 세대들에게 정의는 공정을 의미하는 것이고, 각자도생할 테니 기회의 공정을 보장하라고 주장한다. 즉, 내 몫을 누구에게도 빼앗기지 않게 적어도 기회는 공정해야 정의로운 사회라고 생각하는 듯하다.

이러한 생각 자체가 좋다, 나쁘다를 떠나서 이런 생각에 집착할 수밖에 없게 만드는 우리 사회의 풍토가 문제이다. 가장 순수할 뿐만 아니라 학습 능력이 우수하고, 일생을 좌우할 가치관을 길러야 할 시기에 무한 경쟁만 가르치는 학교 교육이 가장 큰 문제이다.

물론 그 학교 교육의 폐단을 조장하는 것은 학연에 의해 많은 것이 좌우되는 우리 사회의 병폐와 그것을 떠받들고 있는 입시정책이다. 그래서 학생의 개성과 소질을 존중하는 교육이 아닌, 무한한 학력 경쟁에 학생을 종속시키고 대상화하는 교육이다. 김철수 학생은 한 세대 전에 이런 처참한 교육 현실에 정면으로 대항하여 열사가 된 것이다.

* 이 글을 쓴 정경호는 1991년 당시 보성고 교사를 지내는 등 36년 동안의 교사 생활을 마감하고 지금은 퇴임했다. 현재는 김철수 열사의 염원 가운데 하나를 실현하기 위해 통일 강사로 활동 중이다.

남긴 것도, 갖고 싶은 것도 하나 없이 정의와 평화를 기도하다

이정순 열사, 1991년 5월 18일

– 1952년 3월 19일 전남 순천 출생

– 1964년 2월 순천 남국민학교 졸업

– 1991년 5월 18일 연세대 정문 앞 철교 위에서 분신 후 투신하여 운명

이정순 열사는 전남 순천에서 태어나 순천 남국민학교를 졸업했다. 중학교에 가고 싶었지만 가정형편이 어려운 집안에 7남매의 장녀인 열사에게는 허락되지 않았다. 열사는 버스 안내양, 가발공장 노동자 등으로 일하다 부평 작전동 한독산업에서 노동자 생활을 하면서 가정 살림과 동생들 학비를 뒷바라지 해주었다. 열사는 평소에 많은 글과 시를 썼는데 분신 뒤 열사의 방에서 3권의 노트에서 글들이 발견되었다. 성당에 열심히 다닌 열사는 독실한 신앙생활 속에서 예수의 희생정신에 대해 깊이 감화받아 다른 사람을 위해 자신이 할 수 있는 일이 무엇일까 고민하였다. 그리고 마침내 1991년 5월 18일 오전 11시 30분경 강경대 열사의 장례 행렬이 지나가는 연세대 정문 앞 철교에서 온몸에 신나를 뿌리고 "공안통치 종식, 노태우 퇴진"을 외치며 불덩어리가 되어 투신하였다.

이정순 열사는 어려운 가정형편으로 초등학교를 졸업하고 노동자 생활을 시작했다.
사진은 동료 노동자들과 함께 찍은 것이다(뒷줄 맨 오른쪽).

✷

집에서 광화문으로 향하는 버스는 늘 연세대 정문 맞은편 굴다리를 지나간다. 지하철을 이용해도 되지만 광화문을 향할 때면 홀로 굴다리 위에서 여인의 몸으로 두려움과 외로움으로 분투하였을 39세의 어머니를 생각하며 버스를 이용한다.

나는 어머니의 뜻을 헤아리고자 굴다리 철길 위에 20대, 30대, 40대의 내가 어머니의 모습으로 서 보기를 수없이 반복하였다. 굴다리가 가까워져 올수록 심장이 조여 오고 두려움과 슬픔이 몰려온다. 나이가 들수록, 엄마라는 자리를 지켜내며 하루하루를 분투할수록 그 아픔도 깊이를 더한다.

신념

신념은 모든 미망을 지워준다
기름진 대지에 뿌려진 신념은
한 톨의 씨앗에 비할 수 있다
한 톨의 씨앗은 성장하여
꽃을 피우고 열매를 맺는다
한 톨의 씨앗은
몇만 톨의 같은 씨앗이 되는 것이다
신념은 연거푸 새로운 신념을 낳는다
신념에는 미망이 끼어들 틈이 없다
신념이 미망을 지워 버리는 것이다

- 연세대 정문 맞은편 굴다리 위 철길에서 몸을 던진 여성

1991년 5월 18일, 신군부 정권의 폭력으로 숨진 강경대 열사의 노제 행렬이 광주 북구 망월동 5·18묘역을 향해 연세대 정문을 나서던 순간, 정문 맞은편 굴다리 위 철길에서 짧은 구호 소리가 들렸고, 한 여인이 불이 붙은 채 8m 아래 도로에 떨어졌다.

그녀는 바로 옆 세브란스병원 응급실로 옮겨졌으나 도착하자마자 숨을 거뒀다. 철길 옆 풀밭에 남겨진 체크 무늬 여행 가방 속에서 유서와 가톨릭 기도문이 발견되었다. 그녀의 이름은 나의 어머니, 이정순이었다.

그 당시 나는 14세 중학교 1학년이었다. 학교 수업 중에 어머니가 돌아가셨다는 선생님의 말씀을 전해 듣고 나를 데리러 오신 신부님을 따라 광주 5·18묘역에 묻혀 계신 어머니를 뵈었다.

형편상 어머니와 떨어져 지냈지만 때때로 4남매를 찾아오셔서 맛있는 음식을 해주시고, 예쁜 옷도 사서 보내주시고, 자녀들 담임선생님께 편지도 보내셨다. 가까이서 자녀를 챙기지 못한 어머니께서 그 당시 자녀를 위해 하실 수 있는 최선이셨을 것이다.

분신하시기 몇 주 전 목욕탕에서 자녀들의 묵은 때를 밀어주시던 어머니의 갑작스러운 부고 소식. 친가를 위해 서울에서 같이 살자던 어머니의 제안을 거부했던 나로 인해 돌아가신 것 같았다. 그런 죄책감과 동시에 사랑했던 만큼 밀려오는 어머니 대한 배신감과 분노의 감정이 겹치면서 나는 표현할 수 없는 어두운 감정에 억눌린 사춘기와 청년기를 보내야 했다.

내 인생의 허허벌판에

내 인생의 허허벌판에
홀로 웅크리고 있노니
낮에는 햇볕이 지겹도록 쪼이고
밤은 무섭도록 길고
내 영혼 무엇과 있노라 말인가
하얀 백지에 무얼 그리려고

이천시 민주화운동기념공원에 있는 이정순 열사의 묘역

- 독립운동가 아버지, 여순사건 연루자 외할머니

이모 이옥자의 증언에 따르면 어머니와 형제들은 어릴 적부터 젊은 시절 독립운동을 하셨던 아버지로부터 "나라가 없는 민족은 자식도 없다. 나라 없는 민족은 공부를 해도 남의 종이 되는 공부만 한다. 우리나라는 통일국가가 되어야 외세의 침입을 막을 수 있다. 미국과 일본은 언제나 한편이고, 일본은 절대 우리나라를 포기하지 않는다"라는 밥상머리 교육을 받으셨다고 한다.

또 리어카를 끄시는 없는 살림에도 "콩 한 쪽도 열 사람과 나누어 먹고, 남은 것을 물에 던지면 퐁당 소리가 난다"며 "나라가 살려면 내일 굶더라도 나누어 먹고 함께 살아야 한다"라는 아버지의 나눔을 보고 자라셨다.

"나랏일을 하는 분이 우리 집에 오셨을 때 가진 것을 다 주고 멀리 도망가도록 해야 하고, 만약 경찰에 잡혀가 고문을 당하더라도 어차피 말해도 죽고 말 안 해도 죽으니 그냥 모른다고 하고 죽으라"라는 당부를 듣고 자란 어머니는 준비된 여전사였다.

외할머니도 외할아버지 지인 부탁으로 방 한 칸을 비워줬다가 여순사건에 연루되어 경찰서에 끌려가 이 4개와 양쪽 갈비뼈가 부러지고 엉덩이가 비틀어지는 모진 고문도 받았다.

내 나라 안위를 걱정하라

이런 생각에 잠겼나이다
내 나라가 통일하면
어느 자들도
침략에 대한 핑계를
일삼지 않을 것이라는
뜻과 글을 모아 보았나이다
작은 보석이 신기하듯이
내 나라 앞서는 나라
신기한 나라
슬기와 지혜의 국민이 되고
힘이 있는 국민이 되어야 하나이다
이 나라는 자유의 충령님들이
지키고 일으켜 줄 것입니다

어머니는 외할아버지께 시 작문하는 법을 배웠다. 외할아버지는 "시는 가슴에 있는 그대로 것을 표현하는 것"이라 가르치시면서 어린 자녀들에게 시를 지어 와서 낭송하게 하셨다고 한다.

그래서일까 어머니께서 자녀를 부르는 이름도 남달랐다. 어릴 적 호적 이름으로 부르지 않으시고 애칭을 부르셨는데, 나의 어릴 적 이름은 '달래'였다. 어머니의 마음을 달래주는 아이라고 해서 '달래'라고 지으셨다고 어머니께서 내게 말씀하셨다. 애칭으로 불리는 경험은 내게 어머니의 특별한 사랑의 기억이고 가슴에 새겨진 유산이다. 막내의 어릴 적 이름은 '샛별'이다.

나무야 나무야

너는 언제 남들처럼
잎사귀 피나 하였더니,
'나는야 나는야
한 발짝 더 가까이
아주 가까이 다가옴이니
더 크고 더 많이 피고파 늦으오니
잊지 말고 날 보아주소서
그때 나의 멋을 알으소서' 하더라

나무야 나무야 너는 아직도
잎사귀 피지 않니 하였더니,
'나는야 나는야
깊고 깊은 마음이길래

늦게 피어

넓은 그늘 만들어

늦게 지려 하오' 하더라

1995년 당시 새 세상을 여는 천주교여성공동체 윤순녀 회장은 4주기 추모 전례 추모자료집에 실린 '이정순(카타리나) 님의 뜻을 기리며'라는 제목의 글에서 어머니와의 만남을 이렇게 회상했다. 길지만 당시의 상황이 잘 정리돼 있어서 인용해본다.

- 핸드백에서 발견된 묵주, "가톨릭 단체나 신자 나오세요"

지난 5월 18일 이정순(카타리나) 님의 네 번째 기일이었다. 나는 아무도 기억해 주지 않는 이 여인을 위해 기도하고, 남아 있는 그 유가족들의 아픔을 주님께서 위로해 주시기를 기도하면서 하루를 보냈다.

나와 이정순 님의 만남은 1991년 5월 18일, 강경대 열사의 장례식 날로부터 시작되었다. 낮 11시쯤, 너무 많은 인파 속에 장례 행렬을 따라 연세대 정문 옆에 서 있는데 갑자기 웅성거리는 소리가 들리고 길 건너 철길 아래서 시커먼 연기가 치솟았다. 직감적으로 또 무슨 일이 일어났다는 불안한 생각이 들었다.

곧이어서 들리는 소리는 또 누가 분신을 해서 연세대로 실려 갔다는 슬픈 소식이었다. '하느님, 이 무슨 일입니까? 꽃다운 젊은 학생의 제물 하나만으로 부족하셔서 상여 나가는 이 자리에서 또 한 사람의 의로운 제물을 부르

십니까!' 나는 흐르는 눈물을 주체할 수 없어 먼 산만 바라보며 울었다.

그리고 오후 1시쯤 장례 행렬이 신촌 로터리에 운집하여 전경과 대치해 있는데 저 멀리 마이크에서 "가톨릭 단체나 신자 나오세요" 하는 소리가 들렸다. 무슨 일인가 하고 나가보니 아까 분신한 사람이 여자인데 가톨릭 신자라는 것이었다.

그래서 급히 몇 사람과 함께 연세대 영안실로 갔더니 학생들이 삼엄하게 영안실을 지키고 있고, 강경대 학생이 누워 있던 자리에 이름 없는 여인 한 사람이 들어가 있었다.

이기우 신부님과 돌아가신 분을 위해 기도드리고 나서 이 여자가 누구인지를 찾기 시작했다. 분신할 때 가지고 있던 핸드백에서 묵주와 의료보험카드 등을 발견하고 가락동 신자임을 알았다. 가락동행 택시를 탔다.

그날이 마침 토요일 오후라 시내를 빠져나가는데, 시간이 걸렸고 진땀을 흘리면서 성당에 도착하니 형사들이 먼저 다녀간 뒤였고, 교회 분위기는 냉랭했다. 성당 사무장이 얼마나 불친절한지 한다는 소리가 "그 여자 정신병자인데 왜들 이렇게 찾아와서 시끄럽게 물어보는지 모르겠다"는 것이었다.

본당신부를 만나보니 아는 분이었는데 이정순 씨는 몇 번 만난 신자였고 성령운동에 열심이었으며 때로는 신부들을 야단치기도 해 좀 거북한 소리도 들었다고 했다. 아무튼 가락동 신자라는 사실을 확인하고, 다시 연세대로 돌아와서 빈소를 차렸다.

그날 밤 9시 TV 뉴스를 본 가족들이 새벽에 빈소에 도착하여 울음바다가 되면서 우리는 이 여인의 삶이 어떠했는지를 하나둘씩 알게 되었다.

이제 남은 문제는 장례식이었다. 교회에서는 자살한 사람을 위해서는 미사를 할 수 없게 되어 있는 교회법 때문에 여러 가지 어려움에 부딪혔으나, 그래도 다행히 함세웅 신부님과 정의구현사제단의 젊은 사제 10여 명이 가락동 성당에서 장례미사를 집전하여 가시는 분의 넋을 위로해 주셨다.

이정순 님의 고향 순천에 도착하니 밤 9시경, 가랑비가 내리는 가운데 순천대 학생들이 횃불을 들고 마중 나와 있었다. 순천 조곡동 성당까지 2km를 걸어서 학생들이 운구했다.

성당에 도착하니 성당 안쪽으로 불을 밝히고 천여 명이 넘는 신자들이 기도하면서 기다리고 있었다. 광주에서 5·18 유가족들도 이미 와 계셨고 망월동 묘지로 꼭 모셔야 한다는 그분들의 의견에 순천에서 준비한 장지는 광주로 바뀌었다.

조곡동 성당, 예수님 십자가 밑에 놓인 시신은 드라이아이스로 처리하여 신자들의 철야 기도 속에 하루를 보내고 다음 날 아침 광주 망월동으로 출발, 민족의 열사들이 누워 있는 영원한 안식처에 이정순 님의 피곤한 육신이 함께 묻혔다.

정신병자로 취급되기도 하고 비관 자살했다고 신문에 보도되었던 이 여인이 고향에 돌아와서 뜨거운 환영을 받았고 지금 망월에 묻혀 있다.

그리움

나는 세상에
남긴 것도 아무것도 없나이다
나는 이 세상에
갖고 싶은 것도 어느 것도 없나이다
다만 소원이 있다면

이 세상을 말하고 싶어요
그리움이 있다면
다만 통일이라오

- 방안 가득 채운 책들과 남긴 시작 노트

이모 이옥자는 언니의 분신 소식을 듣고 서울로 급히 올라갔다. 오월의 열사들을 모시고 하늘로 올라가겠다는 언니 이정순의 알 수 없는 수많은 말과 행동들의 의미가 한꺼번에 퍼즐이 맞춰지는 순간이었다.

며칠 전, 서울 살던 언니 이정순이 불현듯 고향 순천을 찾았었다. 언니는 강경대 죽음에 항의하며 분신한 뒤 병상에 누워 있던 전남대 박승희를 보고 오는 길이라고 했다. 그리고 순천 동천이 보이는 죽도봉의 나무 아래에서 언니는 동생 옥자에게 너무 많은 젊은이의 희생을 안타까워하며 이렇게 말했다.

"박승희의 세례명도 아가다고, 너도 아가다야. 네가 박승희고, 박승희가 너다."

그때 이모는 아무리 그래도 분신한 박승희를 이해할 수 없다고 언니 이정순에게 답했다. 그런데 언니가 몸에 불을 붙였다니, 믿을 수 없는 소식이었다.

그렇지 않아도 정신없는 상경길, 잠시 들른 휴게소 화장실에서 누군가 이모부에게 접근했다. 그는 다짜고짜 "정신이 좀 문제가 있다던데, 어때요?"라고 물었다. 이모부는 그런 일 없다고 화를 내고는 이모에게 이 일을 전했다.

이모 이옥자는 질문한 이가 형사였을 것이라고 추측했다. 실제로 이후 '운동권 학생도 노동운동을 하던 사람도 아니었는데 분신을 하다니 온전한 정신이 아니었을 것'이라는 유언비어가 여러 시민단체에서도 흘러나왔다.

어머니가 죽기 전 성당 사무장에게 맡긴 부시 미국 대통령, 소련 고르바쵸프, 정치인은 들으시오, 박찬종 등 4통의 편지와 집에서 발견된 일기장과 시 쓴 노트 서너 권 정도를 안기부 직원들이 가져갔다.

여성이고 학력이 짧다는 이유만으로 열사의 거룩한 뜻이 폄하되는 현실에 한명숙, 이우정 씨가 속한 여성단체에서 열사의 집을 직접 찾아가 보니 방에는 책들이 가득 차 있고, 바닥에는 이미 안기부가 방문해서 뒤진 흔적들과 시 쓰는 초안들이 여기저기 널브러져 있었다고 한다.

시 초안에는 나라를 걱정하고 생각하는 애틋한 내용들이 줄을 이었다. 이 초안들을 모아 단체의 도움으로 2011년 열사 추모집 〈내 빛은 어느 빛이련가〉를 출간하게 된다.

이 간절한 기도를 들어주소서

하늘과 땅을 다스리시는
하느님 아버지시여
굽어 살피소서
이 땅을 구하사
우리를 구원하소서
이 땅에 무례한 이들이 없게 하소서
이 땅에 아버지의 뜻을 어기는 자가

그리도 많사옵니까
용서하여 주소서
하늘나라 아버지시어
기도소리 들어주소서
간절히 청하옵니다
아버지 들어주소서
이 땅에 사랑과 광명의 빛을 내려 주소서
분노와 환난을 멈추게 하소서
화해의 길로 인도하소서
이 땅을 한마음 한뜻으로 이루어
뜻을 펼치게 하옵소서, 아멘

통일로 가는 나라3

내 눈은 광명의 뜻으로 이남에 두고
내 가슴은 사랑의 뜻으로 이북에 두고
정의와 평화의 날개를 달고
날 사랑하는 곳에 묻히리라

어머니 이정순의 세례명은 '카타리나'였다. 맑음으로 정화를 이룬다는 뜻의 이름이었다. 일곱 남매 중 장녀였던 어머니는 순천남국민학교를 졸업하고 버스안내양, 가발공장 노동자 등으로 일했다.

이혼 후 어머니는 다시 성당에 다니게 되면서 독실한 가톨릭 신자가 되었고, 노동하면서도 시 쓰기를 놓지 않았던 고귀한 마음의 소유자였다. 1991년 당시에는 서울 가락동에서 요리사 일을 했었는데, 어머니 방에 놓여있던 노트 서너 권에는 기도문과 시들이 빼곡했다.

현재 어머니는 2014년 4월 26일에 경기도 이천 민주화운동기념공원 민주묘역에 이장되어 잠들어 계신다.

1995년 새 세상을 여는 천주교여성공동체 윤순녀 회장의 4주기 추모 전례 추모자료집 '이정순(카타리나) 님의 뜻을 기리며' 글 일부를 인용하며 글을 마치고자 한다.

> 나는 이정순 님의 장례실행위원장으로 일하면서 예수님의 장례를 준비했던 '이름 없는 여인'을 수없이 묵상했다. 참으로 세상 사람들은 이해할 수 없는 일을 이 이름 없는 여인들이 오늘도 하고 있다. 예수께서는 말씀하신다. "나는 분명히 말한다. 온 세상 어디든지 복음이 전해지는 곳마다 이 여자가 한 일도 알려져서 사람들이 기억하게 될 것이다."
>
> (마르코 14,9 : 마태오 26,13 : 요한 12,7)

* 이 글을 쓴 공문정은 이정순 열사의 큰딸이고, 어머니를 추모하는 일을 하면서 작가로도 활동 중이다.

"아버지, 승리의 그날까지 도와주십시오" 열사가 남긴 마지막 말

정상순 열사, 1991년 5월 22일

- 1966년 11월 1일 전라남도 보성군 겸백면 사곡리 초암에서 정해남·오징기의 아들로 출생
- 1979년 2월 보성 겸백 남초등학교 졸업
- 1982년 2월 보성 겸백중학교 졸업
- 1985년 2월 순천공업고등학교 졸업
- 1989년 7월 군 제대, 건설노동자로 여러 직종에 종사, 청년회 활동
- 1991년 5월 22일 오후 7시 25분경 전남대병원 영안실 위에서 "노태우 물러가라"며 분신 후 투신
- 1991년 5월 29일 전남대병원에서 운명
- 1991년 6월 5일 "애국청년 고 정상순 열사 민주국민장"으로 장례 거행, 망월동 민족민주열사묘역에 안장

사회운동에 남다른 관심과 참여를 했던 정상순 열사는 건설노동자로서 여러 직종에 종사하였으며 보성과 벌교 지역에서 청년회 활동도 열심히 수행하였다.

1991년 계속되는 분신에 괴로워하던 중 같은 고향인 김철수가 분신하여 전남대학교 병원에서 투병하자 병원을 찾아와 두 번씩 울고 갔다.

민주 세상에 대한 염원과 평등한 세상을 위해 열사는 5월 22일 오후 7시 25분경 전남대병원 영안실 옥상에서 "전사들을 위해서 자신을 태우렵니다. 왜 젊은 학도들이 가야합니까? 우리 젊은 기성세대는 … 부끄럽습니다. 목이 메입니다. 노동자여 투쟁하라. 시민들이여 함께 호흡하고 함께 외치고 투쟁하자"는 유서를 남기고 분신 후 투신하여 5월 29일 밤 8시 45분 전남대병원에서 운명하였다.

✶

"어머니 불효를 용서하십시오."

그는 어머니께 마지막 전화를 드리고, 연거푸 심호흡하였다. 그리고 떨리는 손으로 수첩에 마지막 글을 적어 나갔다.

'하나님의 부르심입니까? 광주시민의 부르심입니까?'

1991년 5월 22일 오후 7시 정상순 열사는 그 소명에 응답하여 '노태우 정권 퇴진'을 외치며 불덩이가 되어 투신하였다. 당시 25살 청년의 삶을 그의 사후 30년에 돌아본다.

- '남에게 봉사할 수 있는 사람이 되자'

정 열사의 고향은 전남 보성군 초암산 아래에 있다. 초암산에는 일본과의 7년 전쟁 의병장인 최대성 장군의 묘가 있다. 또 일제강점기 독립운동을 한 박문용 선생의 고향이기도 하다. 마을 뒤와 사방은 산으로 둘러싸여 있고, 앞에는 작은 저수지가 있다. 평온하기 그지없는 농산촌 마을이다.

어려서부터 부모님의 관심과 사랑도 컸다. 아버지는 늘 자녀들에게 "남에게 지탄받는 사람이 되지 말라"고 하셨고, 4남매가 함께 티 없이 자란 좋은 가정이었다. 형제들과도 매우 원만하였다. 그의 첫째 여동생의 회고에서도 알 수 있다. 존재 자체만으로도 좋은 오빠였고, 어떤 일을 결정할 때마다 "오빠였다면 어떻게 이 일을 헤쳐나갔을까?" 생각하면서 말없이 그리워한다고 했다.

열사는 스스로 '남에게 봉사할 수 있는 사람이 되자'는 생활신조를 만들고 책임감을 갖고 살았다고 한다. 독서를 좋아해 묵묵히 한 권의 책을 다 읽고서야 자리에서 일어서는 사람이었다. 맡은 일은 밤을 꼬박 새워서라도 끝내고야 마는 책임감을 가졌다. 대인관계에서도 모나지 않았다. 마을 사람들은 그가 누구와도 다툼이나 언쟁을 하는 걸 본 일이 없다고 했다. 이런 열사가 어떻게 그런 엄청난 결심을 할 수 있었을까.

1982년 순천공업고등학교 토목과에 입학한 그는 1985년 졸업하기까지 학생으로서 멋진 꿈을 갖고 살았다. 그는 취미생활도 남달랐다. 기네스북에 기록된 자료들을 모으는 집념이 있었고, 자신도 기네스 기록을 갖는 꿈을 품었다고 한다. 또 국내외의 정치나 사회변화에 대한 신문기사들을 검토하고 수집하였다. 학생으로서 큰 안목을 기르고 성장해 나가는 바람직한 모습이었다. 실습의 비중이 큰 공업고등학교를 다녔지만 대학 진학의 목표를 세우고 대학입시 준비에도 매진하였다.

하지만 밤늦게까지 공부를 하고 귀가하는 중에 불의의 사고로 병원 생활을 질 수밖에 없었다. 공부에 매진해야 할 중요한 시기에 당한 사고라서 실망이 컸을 것이다. 결국 대학 진학을 포기하고 말았다. 학교는 그의 성실성과 능력을 인정해 광양제철 측량 기사로 추천하였다. 첫 노동자 생활이었다.

이때도 그는 직장생활을 하면서 받은 급여 전부를 저금해 달라고 아버지에게 맡기는 성실함이 있었다. 직장생활 틈틈이 공부해 토목기사 국가기술자격, 토목재료시험 기술사 2급 국가기술자격을 따는 등 미래에 대한 준비도 착실히 해나갔다.

- 제대 후 사업하면서 농민회와 사회단체 적극 후원

열사는 1986년 들떴던 아시안 게임이 끝난 10월에 국군에 입대해 경기도 남양주에서 군생활을 하고 1989년 봄에 제대했다. 군대 시절은 나약한 삶을 한 단계 더 굳건하게 했으며, 자신감을 갖게 했다. 마음은 성숙해져 세상을 보는 눈도 가질 수 있었다.

틈틈이 보고 들은 국가 정치 현안들은 혼돈이었다. 1980년 광주민중항쟁 이후 계속된 정치의 혼미와 민주화운동에 대한 탄압, 급격히 일기 시작한 부동산 투기와 소값 파동은 실망이었다.

특히 중학교 2학년 때의 광주민중항쟁에 대한 청문회의 실망스러운 모습과 노태우 정권의 공안정국은 열사의 작은 가슴을 충동질했다. “나는 군대 생활과 그 이후에 속고, 속임만을 당하고 살아왔다. 도저히 현 정권을 이대로 보고 있을 수 없다”는 말을 되뇌고 있었다.

제대한 후에는 그동안 모아둔 저금을 찾아 덤프트럭을 구입하고 택시 사업을 시작했다. 사업을 하는 틈틈이 민주화운동에도 관심을 가졌다. 지역의 농민회와 사회단체에 적극 후원을 하고, 참여할 일이 있으면 함께 했다.

아들이 사업을 시작할 때 얼마의 돈을 지원해주었던 부친도 "아들이 번 돈을 민주화를 위한 자금으로 정말 값지게 사용했다"고 당시를 기억했다.

1991년 4월에서 5월로 넘어가면서 우리 현대사에서는 일찍이 볼 수 없었던 엄청난 분신정국이 이어지고 있었다. 강경대 열사가 타살당한 후, 박승희, 천세용, 김영균, 김기설, 윤용하 열사의 잇따른 분신이 있었다. 거기다 5월 18일 고향 후배인 김철수 열사의 분신 소식은 열사의 가슴을 추스를 수 없도록 만들었다.

1991년 봄, 열사는 하던 사업을 정리하고 여러 지역의 민주화운동을 지켜보는 여행을 했다. 서울, 부산, 광주를 오가면서 시위를 지켜보고 응원하였다. 그가 남긴 수첩의 메모에서도 이를 알 수 있다.

> "부산 서면과 부산상고 집회에 참석한 시민들이여! 함께 호흡하고, 함께 외치고, 함께 투쟁하자. 그리하여 승리하자."
>
> (5월 19일 부산에서 민주화 시위에 참여한 날 쓴 글)

> "21일 순천 노제, 망월동 안장, 아 슬프다."
>
> (5월 21일 순천에서 이정순 열사의 장례를 지켜보며 쓴 글)

정 열사는 분신을 결행하기 1주일 전 시위에 참여했다가 오른손에 큰 부상을 입었다. 부어오른 손의 통증을 참으면서 그가 말했다.

"이 정권에 대해 도저히 참을 수가 없습니다."

어머니는 그 말에 불안했다.

"왼손으로 밥을 먹으면서 그 말을 할 때, 한마디 충고라도 해야 했는데…."

그때 그 말이 한으로 남는다고 어머니는 울었다.

- "상순아 마지막으로 남길 말 없냐?"라고 묻자…

아들의 유서를 보면서도 기가 막혔다고 한다.

'내가 죽으면 화장을 시켜서 도로에 뿌려 참다운 민주화를 부르짖는 수많은 노동자와 젊은 학도들, 그리고 광주시민이 밟아 가면서까지 투쟁하라.'

분신으로 병상에 누워 고통에 몸부림치는 것도 안쓰러워 도저히 눈을 뜨고 볼 수 없는데, 유서로 남긴 글에 더더욱 목이 메었다고 어머니는 통곡했다. 하지만 어머니는 절망하지 않았다. 고통을 털고 일어나 자식이 못다 이룬 꿈을 해내야 한다는 다짐이 생겼다.

열사의 아버지 역시 깡마른 얼굴이지만 인자함이 새겨져 있었다. 나오는 울음눈물을 참으면서 병상의 아들과 대화를 이어갔다. 진한 부자의 정으로 아픔을 삼키고, 시들어가는 아들과 이 세상에서 마지막이 될 대화를 나누었다.

"상순아, 남길 말이 없나?"

열사는 혼신의 힘을 다해 숨을 몰아쉬면서 말을 이었다.

"아버지, 민주화를 위해 끝까지 투쟁하면서 승리의 그 날까지 여러 가지로 도와주십시오."

그 대화가 마지막이었다. 아버지는 알았다고 했을 뿐 붕대를 감은 그 손목을 한 번도 잡아주지 못했다. 이 안타까움이 한으로 물결을 일으킨다고 심정을 말했다. 아버지에게는 인생의 생채기가 멍울져 있었다. 당신의 형님이 해방 이후 난세에 죽었던 것이다.

“5월이 되면 또 다른 분노와 비애를 가슴에 담고 먼저 가신 형님과 분신한 아들을 함께 생각하겠다.”

아버지는 피울음을 삼키면서 하늘을 향해 고개를 들었다.

- 어찌 막으리오, 그대 뻗는 팔을

열사는 1991년 5월 22일 오후 7시 25분 병원 영안실 옥상에 올라 스스로를 불태웠다. 그 급박한 상황을 광주전남지역 문학생협의회와 전남대 용봉문학회는 이렇게 전한다.

박승희 열사가 누워 있는
병원 영안실 지붕에서 ‘퍽’하고 떨어진 불덩이
무엇인가?
신문지 뭉치가 타는 줄 알았네
코를 찌르는 살타는 노린내
분신이다, 분신!
넋 나간 사람처럼 손등이 그을리는지도 모른 채
잠바를 벗어 불을 끈다
꺼지는 듯 꺼지지 않는 화염
사람이 불타고 있다
불길아 꺼져라, 이제 그만…

제발 멈춰다오, 제발…

그대 굳어버린 주먹을 내며 외치는 소리

노태우는 물러가라!

어찌 막으리오, 그대 뻗는 팔을

(정상순 열사 추모 시 중에서)

열사는 중태였다. 온몸에 3도 화상을 입었다. 호흡을 위해서 기도 절개 수술을 하고 중환자실로 옮겨졌다. 중환자실에는 이미 박승희, 김철수 열사가 생사를 다투고 있었다.

나는 병원 측에서 열사의 가족을 찾는다고 하여 지인으로 신청을 하였다. 의사의 안내를 받아 병실로 들어선 나는 심장이 멎을 뻔했다. 병실은 참혹했다. 열사는 이미 온몸에 바셀린을 바르고 붕대로 몇 겹을 둘러 몸을 감싸 놓았다. 침대 네 귀퉁이에는 수액이 주렁주렁 달려 있고, 두두둑 이어져 떨어지고 있었다.

열사는 물을 찾았다. 미치도록 물을 찾았다. 수액이 그렇게 많이 떨어지고 있어도, 온몸의 통증보다 갈증의 고통이 더 심했다. 나는 무엇 하나 해줄 수 없는 무능함만을 탓하며 병실을 나와야 했다.

다음날 나는 병실을 찾아 조금 진정이 된 그의 곁에서 함께 노래를 불렀다. '내게 강 같은 평화~'를 부르며, 간절한 평화를 기도했다. 뒤늦게 연락을 받고 달려온 부모님과 가족들의 안타까운 모습에 몸서리칠 수밖에 없었다.

5월 27일, 호흡이 가빠지면서 열사는 "부모님이 보고 싶다, 할 말이 있다"고 했다. 그는 부모님께 "불효해서 미안합니다"는 말을 전하면서 민주투쟁을 부탁했다. 같은 시각, 열사의 고향 보성에서는 '민주학생 김철수 군과 애국청년 정상순 정신 계승 및 노태우 정권 규탄 보성군민 결의대회'가 500여 명의 군민들이 모인 가운데 보성역 광장에서 열렸다.

열사는 병상 투혼 내내 자신의 신념을 바꾸거나 흔들리지 않았다. 아버지를 비롯하여 가족들에게도 의연하게 투쟁을 부탁하였다. 틈틈이 투쟁가를 불러 달라고 하면서 함께 노래를 불렀다. 하지만 5월 29일 오후 8시 45분, 7일간의 긴 고통의 시간이 끝나고 가족들과 대책위원회 관계자들이 지켜보는 가운데 고요히 이 땅의 소풍을 끝냈다. 당시 나는 그의 마지막 모습을 그리며 이렇게 썼다.

"아버지를 떠올리고
어머니를 못 잊으면서
형과 동생들 친구들을 그리워하면서
이 나라의 자유와 평등 평화를 갈망하여
그대 한 몸 불태워
이 나라의 민주 제단에
고귀한 제물이 되었구나."

- 강경대·박승희·윤용하·이정순 열사 잠든 망월동 묘역으로

정상순 열사의 장례식은 6월 3일 열렸다. 오전 12시 입관식과 발인식이 있었다. 장례집행위원장 김병균 목사의 피 끓는 설교와 이형일 농민회장의 추모사는 시민들의 눈물샘을 터뜨리고, 가슴을 치게 했다. 발인 후 열사가 광주로 왔던 길을 되돌아 화순을 거쳐 벌교와 보성으로 향했다. 열사가 자란 고향에서 하룻밤을 지냈다.

광주 망월동 민족민주열사묘역에 있는 정상순 열사의 묘소

6월 4일 보성역전에서 '애국청년 고 정상순 열사 민주국민장'이 기독교 예식으로 진행되었다. 친구들이 그의 이력과 병상 돌봄을 전했다. 식을 마친 긴 행렬은 비통하고 무거운 발걸음으로 그가 아끼고 몸을 태웠던 혁명의 도시 빛고을 광주를 향했다.

능주와 남평을 거치는 연도마다 애끊는 마음들을 만났다. 백운동 교차로에 이른 행렬은 거기서 노제를 지내고, 모인 시민들과 도보로 도청을 향했다. 질서 정연하고 엄숙한 행렬이었다. 그가 재가 되어서 이루고자 했던 소망의 길이었다. 그의 유언대로 '시민들이 밟아 민주화 투쟁에 나서기를 바랐던 길'이었다.

백운광장, 금남로를 거쳐 민주의 성단 분수대 앞에서 노제가 진행되었다. 놀이패 신명의 박강의 님의 살풀이춤은 고인의 아픔을 모두 치유하고 시민들의 상처까지 보듬는 행위예술이었다.

밤 11시가 넘어 어둠을 뚫고 행렬은 5·18 피의 격전지 시가지를 지나 광주민중항쟁과 민주화운동에 헌신한 열사들, 그리고 1991년 봄의 강경대, 박승희, 윤용하, 이정순 열사가 먼저 잠들어 있는 망월동 묘역에 이르렀다.

1992년 1주기를 맞아서 기독교 목사들과 보성군 농민회, 전교조 보성군지회 등 여러 단체가 중심이 돼 결성한 '애국청년 고 정상순 열사와 고 김철수 열사 추모사업준비위원회'는 추모사에서 "일제강점기 보성 제주사건의 박남현, 의병장 안규홍, 대종교 나철, 애국청년 정상순 열사, 애국고등학생 김철수 열사로 이어지는 보성의 인물들을 찾아 바로 세워가며 자랑스러운 애향인 보성인이 되자"는 다짐을 했다.

최진호 〈빛고을신문〉 실무창간위원도 '못다 핀 두 젊음 딛고 다시 일어

광주 망월동 민족민주열사묘역에 있는 정상순 열사의 묘소

서는 보성'이란 글에서 "역사적으로 나라가 어려울 때마다 의인들을 배출해서 나라를 구하는 데 앞장서 왔던 의향 보성이, 공안세력들의 민주세력에 대한 극심한 탄압으로 민주주의가 압살될 위기에 처해 있는 지금, 또다시 두 젊은이를 민주의 제단에 바쳐서 온 국민을 각성시키고 단결시켜 참교육과 민주주의를 위한 투쟁의 대열로 나아가도록 부추기고 있다"고 그날을 기록했다.

* 이 글을 쓴 이동균 목사는 현재 광주 혜성교회에 재직 중이다. 정상순 열사의 마지막 길을 함께 했고, 현재까지 열사의 추모사업을 진행하고 있다.

불의와 타협하지 않은 스물여섯 해 삶과 꿈

김귀정 열사, 1991년 5월 25일

- 1966년 8월 11일 서울 출생
- 1985년 한국외국어대학교 용인캠퍼스에 입학하였으나 집안 사정으로 중퇴
- 1988년 3월 성균관대학교 불어불문학과 입학, 심산연구회 가입 활동
- 1989년 심산연구회 회장 역임
- 1990년 동아리연합회 총무부장 역임, 11월 동아리연합회 부회장 출마
- 1991년 5월 25일 '공안통치 민생파탄 노태우 정권 퇴진을 위한 제3차 범국민대회'에 참가하여 시위 도중 대한극장 부근에서 백골단의 토끼몰이식 진압에 의해 운명

김귀정 열사는 대학 입학 후 '심산연구회' 활동을 통해 조국과 민중을 고민하는 책임 있는 운동가로 삶을 실천하던 중 백골단의 무자비한 진압으로 운명하였다.

1991년 5월 25일 '공안통치 민생파탄 노태우 정권 퇴진을 위한 제3차 범국민대회'에 참여하기 위한 시민 학생 등이 대한극장 주변에 약 1만여 명이 집결하였다. 이후 시위대는 3만여 명으로 늘어났고 5시 20분경 전경과 백골단이 페퍼포그를 앞세우고 엄청난 양의 최루탄을 쏘며 시위대를 세 방향에서 포위공격을 하였다. 이날 동원된 경찰은 15개 중대 1800여 명이었고, 이때 10분 동안 경찰이 사용한 최루탄의 양은 다연발 160발, 사과탄 114발, KP탄 672발 등 모두 946발이었다.

✴

1966년 8월, 김귀정은 아버지 김복배 씨와 어머니 김종분 씨 사이에서 둘째 딸로 태어났다. 위로는 언니 김귀임과 아래로는 동생 김종수가 있다.

김귀정에게 가족이 유복했던 기억은 없다. 월급쟁이보다는 개인사업을 하고 싶었던 아버지의 도전은 번번이 실패했고, 집안의 생계는 어머니의 몫이 되었다. 어쩔 수 없이 노점 행상에 나선 어머니 김종분 씨가 하루도 빠지지 않고 길 위에서 보낸 시간이 가족의 버팀목이 되었다.

- 반짝반짝 빛나던 아이

하루하루 힘겹게 이어갔던 나날들. 그러나 김귀정에게서 가난의 그림자를 찾을 수는 없었다. 생업 때문에 바쁜 부모님과 함께 보내는 시간은 적었지만 해야 할 일은 스스로 해내는 법을 일찌감치 터득했다. 그리고 특유의 밝고 명랑한 성격으로 친구들과도 잘 지내면서 자아를 채워 갔다.

어린 시절 김귀정이 살았던 곳은 소위 '달동네'라고 불리던 곳이다. 학교에서 가장 가난한 학생들이 살았던 동네. 친구들도 김귀정과 다를 바 없는 형편의 아이들이었을 것이다. 훗날 알게 된 사실이지만 김귀정과 함께 어울려 놀고 공부했던 친구들은 대부분 모범생으로 성장해 대학에 진학하고 지금은 사회에서 제 몫을 다하며 살고 있다고 한다. 가난했지만 성실했고 적극적이었던 친구들과 보냈던 소중한 시간. 김귀정이 삶 속에서 보여 준 끈기와 강단은 그 시절부터 다져진 것이 아니었을까?

그러나 미래의 꿈을 향해서만 달려가기에는 쉽지 않은 삶이 계속되면서 김귀정의 성격도 조금씩 변하기 시작했다. 사춘기가 되면서 소꿉친구가 아닌 다른 친구들은 집에 데리고 오지도 않았던 김귀정은 어느새 남에게 지기 싫어하는 욕심 많은 여고생으로 성장했다.

김귀정은 그 무렵부터 어머니에게 노점 일을 그만두라고 자주 권했다고 한다. 하지만 삶이 나아질 다른 방편이 없다는 것도 모르지 않았을 것이다. 눈을 뜨면 높은 현실의 벽을 마주해야 했지만 결코 벗어날 수 없음을 받아들이고 맞서야 했다.

무학여고 시절 교실에서 친구들과 함께(사진 왼쪽이 김귀정 열사)

1985년 고등학교를 졸업한 뒤에는 한국외국어대학교 용인캠퍼스 불문과에 입학했다. 그러나 어머니는 여전히 거리의 좌판에서 가족을 책임지고 있었고, 언니도 대학을 포기하고 사회생활을 하고 있던 상황 속에서 자기 욕심만 고집할 수는 없었다. 결국 김귀정은 학교에 다닐 수 없다고 판단하고 중퇴했다.

학교를 그만둔 뒤에는 누구보다 열심히 살았다. 자동차 정비소에 사무직으로 취직해 낮에는 직장생활을, 밤에는 또 다른 아르바이트를 하면서 부모님을 도왔다. 악착같이 일했고, 악착같이 공부했던 시절, 바쁜 하루를 보내면서도 대학의 꿈을 버리지 않았던 김귀정은 3년 뒤인 1988년에 성균관대학교 불문과에 입학하게 되었다.

다시 대학생이 되었다고 상황이 나아진 것은 아니었다. 여전히 돈을 벌어야 했고, 전공 공부까지 해야 했기에 여유와 낭만을 찾기는 어려울 것 같았다. 그런 김귀정이 선택한 것은 동아리 활동이었다. 통일연구동아리인 '심산연구회'에서 새로 시작한 대학 생활의 첫걸음을 내디뎠다.

아마도 김귀정이 동아리 활동, 심지어 운동권 동아리 활동을 잘할 거라고 생각한 이들은 많지 않았을 것이다. 그도 그럴 것이 동기들보다 두세 살 많은 나이, 등록금을 벌기 위해 빠질 수 없었던 아르바이트는 아무래도 제약이 될 수밖에 없었기 때문이다. 그럼에도 불구하고 김귀정은 누구보다 열심히 동아리 활동을 이어 갔다.

- 내가 걷는 길

동아리 활동을 시작한 지 얼마 지나지 않았을 때의 일이다. 총학생회에서 '영구분단 전쟁교육 전방입소 거부투쟁'을 하며 대학본부 점거농성에 돌입했다. 대학본부에서 밤을 보내는 선배와 동기들에게 김귀정은 매일 아침 직접 싼 도시락을 갖다 주었다.

김귀정의 정성은 동아리 엠티(MT)에서도 빛을 발했다. 집에서 반찬을 바리바리 싸 온 김귀정 덕에 동기와 선후배들은 매 끼니 풍족한 식사를 할 수 있었다. 심지어 아르바이트 때문에 엠티에 참여하지 못할 때도 먹을거리를 잔뜩 챙겨서 청량리역으로 배웅하러 갈 정도로 주변을 잘 챙겼다. 김귀정은 전공 수업에 아르바이트까지 병행하면서도 누구보다 열심히 동아리 생활을 했다.

아무리 동기라고는 하지만 나이가 세 살이나 많은 김귀정은 동기들에게 언니였고, 누나였다. 실제로 1학년 초에는 동기들이 '언니', '누나'라고 부르며 따랐다고 한다. 힘든 일이 있으면 동기들은 김귀정을 찾았고, 김귀정은 가족처럼 그들과 함께 고민을 나누었다. 그러던 중 2학기에 새로 들어온 나이 어린 동기 한 명이 '귀정아'라고 불렀을 때도 싫어하지 않았다. 그렇게 자연스럽게 동기들 사이에서 '귀정이'가 되었고 그만큼 더 가까워졌다.

김귀정에게 호칭은 중요하지 않았다. 그저 함께 마음을 나누고 가치관을 나누는 동지임이 더 중요했다.

많은 이들이 독재정권과 맞섰던 시절, 가정형편 때문에 대학을 포기하고 생업 전선에 뛰어들어야 했던 김귀정은 어느새 극렬 운동권이 되어버린 고등학교 친구를 보면서 '어떻게 사람이 저렇게 변할 수 있을까?' 생각하기도 했다. 감상적인 운동권 대학생들은 노동자의 생존권을 이야기하지만 '나는 내가 먹고살아야 한다'고.

김귀정이 다시 대학생이 되고 심산연구회 활동을 하면서 운동적 삶을 고민하는 동안, 그 고등학교 친구는 수배자가 되었다. 대학생이 되어 공부하고 토론하며 한국 사회의 모순과 가려진 진실을 머릿속으로 인식하고 있는 동안 그 친구는 가슴으로 움직이며 발로 뛰는 진정한 청년 지식인이 되어 있었다.

친구를 통해서 들여다본 자신의 모습이 부끄럽다고 고백하며 지금의 생활에 만족한 채 주저앉을 수만은 없을 것 같다고 다짐한 김귀정은 그 후 사회의 진보를 위해 투쟁하는 청년 운동가의 길을 걷기로 결심한다.

- 불안과 다짐 사이

대학생으로, 바쁜 생활인으로 살아가면서 동아리 활동을 통해 사회의 모순과 개혁에 관심을 갖게 된 1학년 시기를 지나 2학년이 되면서, 삶에 대한 김귀정의 고민도 깊어졌던 것으로 보인다.

대부분의 남자 동기들은 군대에 가고 여자 동기들도 학생회로 자리를 옮기면서 김귀정은 심산연구회 회장이 되어 동아리방을 지켰다. 더 많은 것을 책임져야 하는 자리를 맡으면서 김귀정은 동아리 활동을 넘어 실천하는 운동가로서의 삶을 고민하기 시작했다. 여전히 혹독한 삶 속에서도 물러서지 않고 동기와 선후배, 그리고 조직을 챙기며 논리로서의 운동이 아니라 '변하지 않는 신념'을 지닌 운동가로 살아가기 위해 내면을 단단하게 다져 나갔다.

심산연구회 회장을 할 때 김귀정의 아버지가 갑자기 돌아가셨다. 늘 주변 사람들을 챙겨 왔던 김귀정이었지만, 정작 그의 아버지가 돌아가셨다는 소식을 주변 사람들은 나중에야 들을 수 있었다고 한다. 동료들의 크고 작은 일에 기꺼이 발 벗고 나섰던 김귀정은, 자신의 아픔으로 부담을 주고 싶지 않았던 것 같다.

아버지가 돌아가시면서 집안 사정은 더욱 어려워졌지만 김귀정은 흔들림이 없었다. 여전히 잘 나서는 성격은 아니었으나 소리 없이 주변을 챙겼고, 궂은일을 마다하지 않았으며, 동아리연합회 활동까지 하면서 자신을 강하게 단련시켰다. 김귀정은 여전히 우리 주변 어디에나 있었고, 무엇이든 하고 있었다.

깊고 조용한 눈동자, 반듯한 이목구비, 옅은 미소. 단아한 표정으로 정면을 바라보며 동아리연합회 부회장 선거 출마를 위해 찍은 사진이 불과 반년 뒤 자신의 영정 사진이 될 거라고 상상이나 했을까?

당시 학생회 간부가 된다는 것은 많은 것을 포기해야 함을 의미했다. 수배와 구속의 위협 속에서 자신을 버려야 하는 일이기도 했다. 이 모든 부담을 감수하고 선거에 출마했으나 아쉽게 낙선한 뒤 김귀정은 자신이 어떤 길을 걸어야 할지 본격적으로 고민하기 시작했다.

동기들보다 3년이나 늦게 들어온 학교에서 4학년을 앞두고 있던 김귀정에게도 현실적인 문제들이 찾아온 것이다. '이제 나는 뭘 하고, 뭘 먹고 살아야 할까.' 여전히 가난했던 형편 속에서 사회로 나가는 출구 앞에 선 김귀정은 미래를 향한 불안 속에서도 끝까지 변함없는 운동적 삶을 살아가기로 결심했다.

실제로 김귀정은 열악해진 심산연구회로 돌아가 처음부터 다시 시작하려는 의지를 보였으며, 1991년 4월에는 '조국의 평화와 자주적 통일을 위한 성균관대학교 학생추진위원회'의 정책 담당을 맡아 활동했다.

- 잔인했던 1991년 봄의 마지막 희생자

1991년 4월 26일 명지대학교 1학년 강경대가 죽었다. 등록금 인상 반대투쟁을 벌이다가 구속된 명지대학교 총학생회장의 석방을 요구하는 시위 도중, 대학생이 된 지 두 달이 채 안 된 신입생이 백골단의 집단구타로 사망한 것이다. '보통 사람의 시대'라고 했지만, 더 잔인했던 노태우 정권에 분노한 학생과 시민, 노동자, 재야인사 등이 참여한 대규모 시위가 전국적으로 이어졌다.

1991년 5월 25일. 그 전날 김귀정은 심산연구회 방에서 후배들과 밤새 토론했다고 한다. 당시 성균관대학교 학생추진위원회가 5월 대동제 기간에 대중적 행사로 기획한 '통일방안 심포지엄'에 제출할 통일정책 초안을 작성하기 위한 토론이었다. 떠오르는 해를 보면서 집으로 간 김귀정은 잠시 눈을 붙였다.

어머니 김종분 씨는 그날을 이렇게 회고했다.

"밤새 뭘 하고 들어왔는지 오자마자 자빠져 자드라고. 오후 2시에 깨워달라고 하면서 말이여. 너무 피곤하게 자길래 깨울까 말까 하다 깨웠더니 지지배가 부시시 일어나더니 목욕탕에 가서 샤워를 하더라고…. 그러곤 잘 안 입던 치마를 입고 나가더니만 금세 들어와서 청바지에 티셔츠로 갈아입고 나갔어. 또 데모하러 나가는가 싶었제. 그럴 줄 알았으면 더 자빠져 자게 내버려 두는 건데…."

김귀정이 치마를 입고 나갔다가 돌아와서 청바지로 갈아입었던 그 날은 전국적으로 '공안통치 민생파탄 노태우 정권 퇴진을 위한 제3차 범국민대회'가 열린 날이다.

비가 내리는 가운데 퇴계로에서 5시경 시작된 시위. 수만 명의 시위대와 이들을 진압하기 위해 동원된 수천 명의 전투경찰이 뒤섞인 퇴계로 일대는 그야말로 아수라장이었다. 경찰은 시위대를 양쪽에서 압박하면서 진입했고, 꼼짝없이 포위된 시위대는 대한극장 맞은편의 좁은 골목길로 달아날 수밖에 없었다.

경찰은 골목의 입구를 막은 채 최루탄과 사과탄을 시위대의 머리 위로 터뜨리며 방패와 곤봉으로 무자비하게 구타했고, 시위대는 골목길에 주차된 자동차와 짐 더미들 사이에서 도망가지도 못한 채 하나둘 쓰러져 갔다. 전경과 백골단의 토끼몰이식 폭력진압 속에 쓰러진 김귀정은 다시 일어나지 못했다.

잔인했던 1991년 봄의 마지막 희생자, 김귀정의 나이는 스물여섯이었다.

'어떻게 살아갈 것인가?'

김귀정의 20대를 관통하는 삶의 질문은 어쩌면 이것이 아니었을까?

1991년 6월 12일 김귀정 열사의 영결식에서 성균관대 학생들이 행진하고 있다.

남 앞에 잘 나서지는 않았지만 그렇다고 뒤로 물러서지도 않았고, 말이 많지는 않았지만 무심하지도 않았던 김귀정은 대학 생활과 동아리 활동을 통해 사회의 방관자에서 현실의 참여자로 변화해 갔다.

누구보다 치열하게 살면서 끊임없이 성찰하고 자신의 고민과 신념에 대해 끊임없이 되물으며 답을 찾고자 노력했던 김귀정. 어떤 문제가 있더라도 흔들림 없이 헤쳐나가겠다는 의지를 담아 운동가로서의 실천적 삶을 살겠다고 다짐했던 김귀정. 그렇게 김귀정은 내가 아닌 남을, 우리를 위해 살아야겠다고 스스로 약속하며 자신의 길을 걸어갔다.

미래에 대한 불안 속에서도 '나의 일신만을 위해 호의호식하며 살지만은 않을 것'이라며 10년 후 자신의 모습을 그렸던 김귀정이 세상을 떠난 지 30년. 자신을 향해 꾹꾹 눌러 썼던 그의 다짐은 어쩌면 살아남은 우리의 숙제가 아닐까?

* 이 글을 쓴 '귀정2021 준비위원회'는 김귀정 열사 30주년을 맞아 결성되었으며, 추모제와 추모 콘서트, 추모 다큐멘터리 상영 등 다양한 추모 행사를 진행하고 있다.

남과 북이 하나 되는 날, 작은 민들레로 태어나고 싶다

손석용 열사, 1991년 8월 18일

– 1970년 6월 26일 경북 영덕 출생
– 1989년 3월 대구대 사범대 초등특수교육과 입학, '우리뿌리' 시동인 활동, '우리마당' 문화패 활동
– 1990년 12월 '해방터' 사범대 동아리 창립 1기 회원
– 1991년 3월 군 입대
8월 18일 밤 11시 40분경 대구대 대명동 캠퍼스 야간강좌 옥상에서 분신 후 투신
8월 19일 새벽 5시경 대구 동산병원에서 운명

특수교육학과 학도로서 장애인들과 함께할 꿈을 소중히 키워 왔던 손석용 열사는 민족민주운동에도 뜻을 같이 하다가 3학년 초에 군에 입대하였다. 평소 미제와 미제의 용병 역할을 하는 군을 혐오해 왔던 열사는 군에서도 동료들을 향해 총을 겨누고 있는 자신의 행위에 대해 죄책감을 느껴 고민하였다. 열사는 범민족대회가 열리던 기간인 8월 14일 첫 휴가를 나와서 8월 18일 장문의 유서를 남기고 모교인 대구대학교 대명동 캠퍼스 야간강좌 옥상에서 분신한 후 투

신하여 끝내 마지막 길을 택했다. 그 후 동료 학생들과 수위에 의해 발견되었고, 19일 새벽 5시 운명하였다. 운명 직후 대경총련 산하의 학생들과 지역 민주인사들이 영안실에 집결하여 대책 마련을 위해 노력하였으나, 12시 15분경 국군 기무사의 지휘를 받는 백골단과 전경 2개 중대의 침탈에 의해 시신을 탈취당하여 국군통합병원으로 옮겨졌다. 당국은 사건이 확대된 것을 막기 위해 유가족을 회유하여 화장하게 하였다. 열사의 유골은 구미에 있는 비산 나루터에 뿌려졌다.

✷

여기, 예속과 분단의 땅에서 한 젊은이가 또 죽었다.
참으로 뜨거운 불덩이 몸에 끼얹어 조국통일 제단에 불꽃으로 피어올랐다.
손석용.
동해바닷가 영덕에서 태어나 조국의 청람빛 바다 가로막는 철조망에 갇혀서도 또렷한 눈망울을 굴리던 청년 손석용,
이 땅 강점한 미제국주의자들 그 고통 아래 신음하는 민중의 아픔, 자기 살 저미는 고통으로 맞바꾸려 셀 수 없는 밤을 지새우다 양키 용병으로 순결한 조국 강토 더럽힐 수 없어
손석용은,
뜨거운 여름날 자신이 다니던 대구대학교 대명동 캠퍼스 야간강좌(현 대명동 강의동) 전용관 옥상에서 온몸에 시너를 끼얹고 분신 후 4층 아래 화단으로 투신했다.
1991년 8월 18일 밤 11시 40분경이었다.

(2020년 대구경북 열사 희생자 추모(기념)단체 연대회의 추모글 '그대, 희망되어 우리 곁에…' 중에서)

1991년 뜨거웠던 봄이 지나갔다. 4월 26일 강경대 열사의 타살 이후 5월 한 달 동안 11명의 청년, 학생, 노동자가 '민주정부 수립', '노태우 정권 타도'를 외치며 산화해갔다.

강경대, 박승희, 김영균, 천세용, 김기설, 윤용하, 이정순, 김철수, 정상순, 김귀정….

이들의 죽음에 대한 슬픔과 분노가 채 가시기도 전에 1991년 8월 대구대학교 야간강좌 건물에서 또 한 청년이 스스로 8월 하늘의 별이 되었다. 청년의 이름은 손석용.

손석용 열사가 분신 후 투신한 대구대학교 대명동 캠퍼스 야간강좌 건물 앞에 세워진 열사의 흉상

- 장애인에 대한 사랑이 남달랐던 문학청년

손석용은 1970년 6월 26일 경북 영덕군 강구읍에서 태어났다. 수협에 근무하는 아버지와 할머니는 영덕 본가에 살았고, 석용은 어머니와 형, 여동생과 함께 초등학교 때부터 대구로 전학 와서 살았다.

속 썩이는 일 없이 늘 모범생이었던 석용은 어머니를 도와드리는 정 많고 속 깊은 아들이었다.

"착한 거는 이루 말로 다 할 수 없다. 한 가지를 판다고 하면 딱 부러지게 그것만 파는 고집이 있었다."

아버지와는 떨어져 살았고, 늘 고생하는 어머니를 보살펴 드리는 효자 아들이었다고 아버지는 기억하고 있다.

1989년 3월, 평소 장애인에 대한 사랑과 관심이 남달랐던 석용은 대구대학교 초등특수교육과에 입학한다. 그리고 특유의 감수성과 문학적 정열을 바탕으로 많은 문화패 활동을 시작하게 된다. '우리뿌리'라는 글패에서 김남주와 김지하를 읽으며 민중이 주인 되는 세상, 억압받는 자가 당당한 주인이 되는 세상에 대한 문학적 갈망을 표현하며 수십 편의 시를 써나갔다.

민들레(1)

오욕의 땅 굴욕의 땅
찢긴 상처 그 위에로 곱게 피어오른
그대 이름 없는 전사의 꽃
의미 잃어 시들어간 여느 꽃이 아닌
전사가 묻힌 곳이라면
어디서나 나지막이 해방 향기 날리는
앉은뱅이 민들레

나 죽어 통일이면
소주 한잔 마시자던
그러나,
나 죽은 뒤에도 아직 통일 세상 바란다며
두 주먹 움켜쥐고

이름 없는 전사로 싸우라던
그대 이름뿐인 전사가 아닌
진정
이름 없는 조국의 전사여

(열사가 남긴 유고 시 '민들레1')

- 특수교육 선생님의 꿈 대신 서러운 별이 되다

또한 '우리마당'이라는 탈패 활동을 통해 민중의 애환과 숨결이 담긴 춤, 풍물, 역사, 철학에 대한 교양을 쌓았고, 사범대 동아리 '해방터' 등에서 활동을 하였다.

특히 과 동아리 '우리뿌리'에서는 장애인의 현실과 장애운동을 고민하였고, 1990년에는 전국 특수교육과 학생연합회 실무위원으로 '기생적 소비계층'으로 매도되고 소외당하는 장애인의 존엄과 평등을 실현하기 위해서는 '민중을 착취하는 사회구조를 바꾸어야 한다'라고 목소리를 높여 투쟁하였다. 이러한 활동을 통해 특수교육 선생님으로서 가져야 할 소양을 키워갔다. 석용의 일기에는 그가 그렇게 되고 싶어 하던 선생님에 대한 이야기가 절절히 쓰여 있다.

11월 22일 나무

어디 가서 처박혀 있던 내 일기장을 오늘 만났다.

무척 좋다.
근데, 앞장에 앞으로 내가 쓰기로 한 '아름다운 세상 만들기'를
써 놓았다.
(너냐 지금 떠나면 언제 다시 이 자리에서 일기를 또 쓸 수 있을지…)
비록 지금 강원도 설악산으로 가는 길이지만,
내려갔다. 올라갔다, 또 내려갔다, 올라갔다.
수십 수백 번 하다 보면 '대청봉'에 오를 수 있을 거다.
그리고 어느 때인가 동해 바다를 보며 다시 대구로 오고 있겠지.
잠시 전에 끝난 '특교인의 밤' 너무 고맙다. 동지들이…
특히, 후배들

사랑!
너무 낯설어진 단어인데, 오늘따라 녀석들을 사랑(?)해 주고 싶다.
'좋은, 아름다운 세상'을 만들려고 최선을 다하는 너희들이 부럽기도 하고, 존경스럽기도 하고, 이쁘기도 하고, 질투도 난다. 우리는 이담에 선생님이 되자꾸나.
그냥 잊혀 버렸던 그런 수많은 교사가 아닌, 누군가의 가슴속에 가만히 숨쉬는,
그리고 막연하게나마 멀리서 어루만져 줄 수 있는 진정한 선생님이…
사람이 살아가면서 무척이나 많이 쓰러진다는 것들도 아마 기댈 사람이 없어서가 아닐까 싶다.
너희들이 그리고 내가 이담에 서로 부딪히며, 가르치며, 또 배울 아동(사람들은 그들을 장애 아동이라 부르겠지만), 아이들에게 서로 사랑(?)할 수 있는, 또 서로 그리워할 수 있는 마음을 가지게 하는 좋은 선생

님이 되길 하느님께 기도드린다.

(열사가 남긴 일기 중에서)

1991년 3월, 석용은 육군에 입대한다. 군대에서 뜨거웠던 91년 5월투쟁을 지켜보며 어찌할 수 없는 자신의 처지를 한탄하며 울분을 삼켰을 것이다.

8월 14일 청원 휴가를 나와 20일 귀대 예정이었던 그는 많은 이의 희생과 투쟁에도 풀리지 않는 정국을 뒤로 한 채 자대로 복귀해야 하는 현실을 답답해하며 깊은 고민에 빠졌다. 겉으로는 평온했지만 내면은 이미 최후의 선택을 결심했던 것으로 보인다.

8월 18일 아침, 아무 일도 없는 듯이 친구와 함께 있었으며 친구 아버지 생신 선물을 사기 위해 쇼핑을 한 것으로 알려졌다. 친구와 헤어진 석용은 과 후배 자취방을 찾아가 라면을 끓여 먹은 뒤 형 석호 씨의 자취방에 들러 옷을 갈아입고 부모님 앞으로 보내는 유서를 남기고 대구대학교 대명동 캠퍼스에 들어왔다. 분신하기 전 친구들에게도 자필 유서를 남긴 뒤 조국 하늘의 서러운 별이 되고 말았다.

양키 용병을 거부하며 장렬하게 죽어갔던 어느 선배 열사의 다짐이 나를 부끄럽게 했으며, 양키 용병에 응했던 나 자신이 미웠습니다. 더 이상 민족과 겨레의 가슴에 총부리를 겨눌 수 없기에 이 길을 택합니다.

(열사의 유서 중에서)

- 반미자주 조국통일을 위한 나의 다짐

손석용 열사는 분신 직후 학생들과 학교 경비원들에 의해 발견되어 즉시 동산병원으로 이송되었다. 하지만 다음날 새벽 5시 25분경 '민족해방, 조국통일'이라는 마지막 말을 남기고 숨을 거두었다. 열사의 시신을 지키기 위해 수십 명의 학생이 있었으나, 들이닥친 전경들에 의해 열사의 유해는 탈취당해 국군통합병원으로 옮겨졌다. 이후 지속적인 규탄 투쟁을 전개하였지만 군 당국은 열사가 군인의 신분이라는 점을 이용하여 강제 부검을 자행하였다.

열사의 죽음이 불러올 파장을 두려워한 정부 당국은 안기부, 기무사를 동원해 언론에 보도지침을 내려 열사의 죽음을 왜곡했다. 언론도 이에 발맞추어 '손석용 이병은 장염으로 비관 자살' '애인과의 관계 문제 있는 듯' 등의 왜곡 보도를 앵무새처럼 반복했다.

특히 지역의 영남일보와 매일신문은 비굴하게도 분신의 배후가 있는 것처럼 늦게 발견된 유서를 문제 삼아 제2의 유서대필 조작사건으로 몰아가려고 했다. 국립과학수사연구소에서 유서가 자필임을 인정하자 언론보도를 통제하며 슬그머니 열사의 죽음을 축소, 은폐하는 쪽으로 방향을 틀었다. 분신대책위를 중심으로 한 학우들의 투쟁이 열사의 죽음에 대한 왜곡과 조작을 막을 수 있었다.

열사의 유해는 가족들의 뜻에 따라 낙동강 비산나루터에 뿌려졌다. 열사를 추모하고, 그 정신을 계승하는 손석용열사추모사업회가 중심이 돼 2001년에는 열사가 분신한 대구대학교 대명동캠퍼스 야간강좌 건물 앞에 흉상을 건립하였고 매년 추모제를 진행하고 있다. 2002년에는 명예

졸업장을 수여 받았으며, 2014년 이천 민주화운동기념공원에 가묘가 조성되었다.

나의 다짐

나는 식민지 반도 남녘 청년학도로서
독재의 억압과 착취를 분쇄하고
미제의 시퍼런 침략의 총칼을 뚫고
조국의 자주, 민주, 통일의 그 날까지
민족해방 전선의 투사로 살아갈 것을
7천만 민중 앞에 엄숙히 다짐합니다.

열사는 진정 하루도 거르지 않고 다짐을 하였다. 손석용이라는 이름보다 '민자주'라는 별명을 더 좋아했던 손석용. 조국의 자주와 통일을 누구보다 소리 높여 외쳤던 손석용. 참 특수교육, 인간해방, 참민주, 참교육, 반미자주, 조국통일이라는 말을 뜨겁게 사랑했던 손석용. 인간해방이 장애해방이라는 실천적 사고를 놓지 않았던 손석용 열사의 다짐이다.

분단 76년, 열사가 분신으로 항거한 지 30년이 되는 2021년, 아직도 미군은 이 땅에 점령군으로 남아 있고, 남과 북은 서로의 가슴에 총부리를 겨누고 있다. 8월의 뜨거운 여름밤, 열사가 온몸으로 외쳤던 '민족해방, 조국통일'은 열사가 그토록 살고 싶었던 내일을 살아가는 우리가 반드시 이루어야 할 과제로 남아 있다.

나의 사랑하는 친구들

이젠 더 이상의 죄악은 싫다.
이젠 삶에 대한 애착도 없다.
그러나, 죽는 순간까지 조국을 생각하고 있고,
죽어서도 조국의 통일과 해방을 염원할 뿐이다.
사람이 사람답게 사는 그날
이 땅 갈라진 남과 북이 하나 되는 그날을 위해
나의 모든 친구들이 일어나길 바랄 뿐….
이젠 더 이상 이곳이 싫다.
다시 태어나고 싶진 않지만, 그렇게 된다면 작은 민들레로 태어나고 싶다.
앉은뱅이 민들레로…
백두에서 한라까지 하나 되는 그날
장애인과 더불어 참 자유, 평등, 평화가 이루어지는 그 날

그날을 위해서

진정 참 특수교육은 우리의 철학이어야 합니다.

* 이 글을 쓴 손석용 열사 추모사업회는 지난 30년 동안 열사를 추모하고 열사의 정신을 계승하는 사업들을 꾸준히 진행해 오고 있다.

국제관광지 '하와이'가 아닌 삶의 터전 '제주'를 지키다

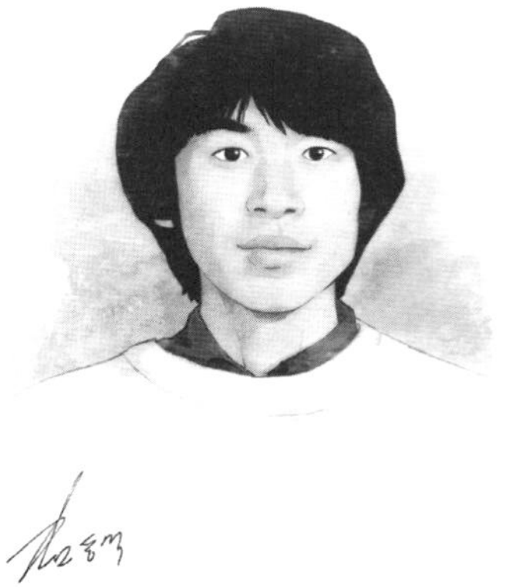

양용찬 열사, 1991년 11월 7일

- 1966년 제주도 남제주군 출생
- 1982년 2월 서귀포고등학교 졸업
- 1985년 3월 제주대 인문대 사학과 입학
- 1987년 군 입대로 휴학, 제대 후 복학하지 않고 자진 중퇴함
- 1989년 서귀포 나라사랑 청년회 가입
- 1990년 UR 반대와 제주도 개발 특별법 반대투쟁
- 1991년 11월 7일 서귀포 나라사랑 청년회 옥상에서 "제주도 개발 특별법 저지" 등의 유서를 남기고 분신, 투신하여 운명

제주도를 끔찍이 사랑했던 양용찬 열사는 1989년 서귀포 나라사랑 청년회에 가입하여 낮에는 타일공으로 일하면서 청년회 내의 '농민사랑' 모임의 구성원으로 활동을 하였고, 그 후 농민사랑 대표로서 활동하였다.

열사는 '서귀포지역 문제 대책위원회'에 참가하여 서귀포 지역 개발 문제, 우루과이 라운드와 제주도 개발 특별법, 농수산물 수입개방 및 지역 감귤 문제 등에 지대한 관심을 가지고 적극적으로 활동하였다.

1991년 제주도개발특별법 반대를 외치며 분신한 양용찬 열사의 추모대회 광경

열사는 "세계의 관광지 제2의 하와이보다는 우리의 삶의 터전으로서 생활의 보금자리로서 제주도를 원한다"는 유서를 남기고 "특별법 저지", "민자당 타도"를 외치며 분신하였다.

✷

제주도개발특별법이 제정된 지 30년이 지났다. 제주국제자유도시가 출범한 지도 20년이 지났다. 그 세월 동안 '특별자치도' 제주는 놀랄 만큼 변했다. 하지만 그 변화가 과연 제주도민이 바라던 변화였을까. 개발, 성장, 관광, 국제화라는 미명 아래 과잉 관광과 난개발, 부동산 투기로 몸살을 앓고 있다. 제주도민의 행복과는 거리가 먼 세월이었다.

오늘의 제주도를 보면서 우리는 잊지 말아야 할 것이다. 30년 전 제주도개발특별법 제정을 반대하며 분신했던 양용찬 열사. 30년 전 열사는 마치 30년 후 오늘의 제주도 모습을 예측이라도 한 듯 “지금 우리가 일어서지 않으면 제주도는, 우리의 평화는 산산조각이 날 것”이라고 말했다. 제주도가 세계적인 관광지, 제2의 하와이가 아닌 4.3의 아픔을 딛고 평화를 추구해온 제주도민들의 행복한 보금자리이길 원했던 열사는 끝내 자신의 한 몸을 제주도에 바쳤다.

- 불의와 싸우고 정의를 사랑하는 사도가 되리라!

양용찬은 가난한 가정에서 자랐지만 친구들과 어울리길 좋아하던 농촌의 평범한 아이였다. 그가 태어난 고향인 서귀포시 남원읍 신례리는 예로부터 예의 바르고 양순한 사람들이 모여 산다고 해서 ‘예촌’이라 불린 중산간 마을이다. 이곳에서 자란 어린 양용찬은 장차 권력을 남용하고 민중을 수탈하는 양반, 돈 많은 상인을 골탕 먹이는 ‘봉이 김선달’과 같은 정의로운 사람이 되겠다고 희망했다. 고등학생 양용찬은 조선 팔도를 돌아다녔던 김선달처럼 친구들과 한라산을 자주 오르내리며 인간과 자연을 돌아보곤 했다.

> 우리의 앞을 가로막을 것이 그 무엇이든 저 파도처럼 인내를 가지고 모든 일에 부딪히리라.
> 이 세상에 필요한 인재가 되지 못할지언정 인간 기생충이 되어서는 안 된다.
> 앞으로 남은 인생 보람 있게 지내리라.

앞으로 닥칠 험난함을 끈기 하나로 이겨내리라.

불의와 싸우고 정의를 사랑하는 정의의 사도가 되리라.

모든 일에 최선을 다하리라.

(1983년 12월 3일 양용찬 열사의 일기 중에서)

고등학생 양용찬은 '불의와 싸우고 정의를 사랑하는 정의의 사도'로 살겠다고 다짐한다. 정의와 불의를 깨달은 양용찬은 1985년 제주대학교 사학과에 입학했다. 대학생 양용찬은 학생운동에 적극 참여했고, 1985~86년 민주화와 민주헌법 쟁취를 가슴에 새겼다. 특히 양용찬은 고향 친구들에게 민주화와 민주헌법 쟁취의 중요성을 이야기하면서 민주화를 위해 자신이 할 수 있는 일을 마다하지 않았다.

- "실천하지 않는 지성은 휴지통에 버려라"

1987년 군 입대를 위해 휴학을 한 양용찬은 제대 후 복학하지 않고 현장의 노동, 작은 것부터 실천하는 민중운동을 고민하기 시작했다. 최루탄이 교내에 진동하고, 대학에서 진리가 무너질 때 양용찬은 민중이 배척되는 현실을 목도했다. 특히 양용찬은 "이 사회의, 이 역사의 주역이 되어야 할 이들이 자기들이 낸 세금으로 지내는 사람들에 의해 철저히 배척되고 있다"고 한탄하며, 자신의 현재 모습을 돌아보았다.

"실천하지 않는 지성은 휴지통에 버려라"는 자신의 신조처럼 양용찬은 진리와 지성이 아니라, 실천하는 민중으로 자신의 미래를 세웠다. 타일공

노동자로 새롭게 태어나기로 결심한 것이다. 이때의 각오와 다짐을 양용찬은 선배에게 이렇게 말하고 있다.

> "선배, 난 엘리트가 아닌 민중 속으로 들어가젠 헴수다. 노동 속에서 노동자의 삶을 살젠 헴수다. 난 그게 맞아마씸. 대학에 복학을 하지 않는 게 아니라 복학을 거부허쿠다."(선배, 난 엘리트가 아닌 민중 속으로 들어가려고 합니다. 노동 속에서 노동자의 삶을 살려고 합니다. 나는 그렇게 하는 게 옳다고 생각합니다. 대학에 복학하지 않는 게 아니라 복학을 거부합니다.)

타일공 생활을 하면서 1989년 서귀포 나라사랑청년회에 가입한 양용찬은 실천적인 노동자의 삶을 살았다. 특히 우루과이 라운드 협상이 몇 년간 진행되는 동안 양용찬은 청년회 동료들과 함께 제주도 민중들의 삶을 지탱하는 감귤을 지키기 위해 대책위를 구성하고 적극적인 실천에 나섰다. 이 시절의 청년 양용찬은 수입농수축산물 문제와 감귤 문제가 제주도 민중들의 생존권 문제의 핵심이라고 생각하고 함께 고민하고 실천하고자 했다. 당시의 양용찬에게는 농수축산물 수입에 맞서 싸우는 일이 바로 노태우 독재정권에 맞서는 투쟁이었다.

- 제주도에 몰아쳐 온 두 개의 태풍

당시 정부와 지자체, 기관 등에서 수입농수축산물 문제에 대해 얼마나 무심한 것인지는 농민을 위한 조직이라는 농협에서 버젓이 오렌지를 판매하는 것에서도 쉽게 확인할 수 있었다. 그들에게는 농민들의 생존권보다는 값싸고 이윤이 많은 ‘상품’이 우선이었다.

이에 맞서 양용찬은 일용직 노동자의 몸으로 제주 전역을 돌며 수입 오렌지 상품 판매 현황을 조사했다. 또 농수산물 수입 저지와 농민 생존권 지키기를 위한 광고비 모금을 위해 뛰어다녔다. 이렇게 모금을 해 1990년 9월 3일 ‘우리는 농수산물 수입개방을 결사반대한다!’는 내용으로 〈제민일보〉에 광고를 내고 수입농수축산물 문제의 심각성을 알려냈다.

농수축산물 수입 문제에 더해 당시 제주도를 향한 태풍은 하나가 더 있었다. 1990년 노태우 정권과 민자당이 밀어붙이기 시작한 ‘제주도개발특별법’ 제정이 바로 그것이었다. 이 특별법은 한마디로 제주도를 하와이와 같은 국제관광지로 개발하겠다는 것이었다. 이미 제주는 제1차 제주도종합개발계획에 근거한 각종 관광개발 사업으로 몸살을 앓고 있었다. 그런데 여기에 더해 민자당과 노태우 정권은 제주도를 제2의 하와이로 개발하고자 했다. 제2차 제주도종합개발계획이 수립되는 시점에 개발자본에 엄청난 자유를 허용하겠다는 제주도개발특별법 초안이 공개되자 제주도 민중들은 두려움에 휩싸였다. 조상 대대로 물려받아 온 토지가 힘없이 빼앗길 수 있다는 불안감이 휘몰아쳤기 때문이다.

- 제주도 지킴이, 타일공 양용찬의 마지막 선택

양용찬은 보이지 않는 곳에서 묵묵히 실천했다. 친구들과 만나 “지금 우리가 일어서지 않으면 제주도는, 우리의 평화는 산산조각이 날 것"이라며 제주도개발특별법 제정 반대에 함께 해주기를 요청했다. 제주도개발특별법 제정을 저지하기 위해 밤늦도록 신문 사이에 유인물을 삽입하는 일, 이 마을 저 마을을 돌아다니며 유인물을 배포하고 소식지를 부착하는 일, 특별법 반대 범도민 궐기대회에 참석하는 일, 특별법 반대 서명운동을 위해 가두에서 유인물을 배포하고 서귀포 시민들로부터 서명을 받는 일…. 양용찬은 타일공으로 일하면서도 이 모든 실천 활동과 투쟁에 참여했다.

양용찬은 방에 커다란 제주도 지도를 벽에 걸어 놓고, 놀러 온 친구들에게 제주의 오름과 마을 올레길의 모습을 설명하곤 했다. 휴일이면 아침 일찍 한라산을 올라 자연의 생명력을 느끼고 내려오던 양용찬에게 제주도는 삶의 터전이었다. '국제적인 관광지 하와이'가 아니라 '제주다운 제주'이기를 바랐던 양용찬. 하지만 자본과 성장에 매몰된 개발주의자들은 제주도민의 염원을 묵살했다. 끝내 제주도에 마구잡이 개발의 길을 터놓은 그들 앞에서 열사는 마지막 선택을 할 수밖에 없었다.

우리는 결코 세계적인 제주를 원하지 않습니다.
제주인에 의한 제주인을 위한
제주다운 제주를 원할 뿐

('아버님 전상서' 중)

핵과 군홧발이 이 강토 이 산하를 윤간하고 있습니다.
종합개발은 우리를 거리로 내쫓고 있습니다.
공권력이라는 이름의 폭력이 우리의 목소리를 억누르고 있습니다.
그러나, 또한 저기 저 한라산의 철쭉은 우리의 시퍼런 한을 품고 피어나고 있습니다.

('어머님 전상서' 중)

나는 우리의 살과 뼈를 갉아 먹으며 노리개로 만드는
세계적 관광지 제2의 하와이보다는 우리의 삶의 터전으로써
생활의 보금자리로서의 제주도를 원하기에
특별법저지, 1차 종합개발계획 폐기를 외치며
또한 이를 추진하는 민자당 타도를 위치며 이 길을 간다.

(양용찬 열사의 유서 중)

양용찬 열사가 남긴 유서와 아버님 전상서, 어머님 전상서가 쓰인 노트에는 100장의 백지가 남아 있었다. 이제 그 백지에는 삶의 '보금자리'를 지키며, '제주다운 제주'를 만들어가는 우리의 모습들이 기록되어야 할 것이다. 열사의 외침처럼 지금 우리가 일어서지 않으면 제주도는, 우리의 평화는 산산조각이 날 것이기에.

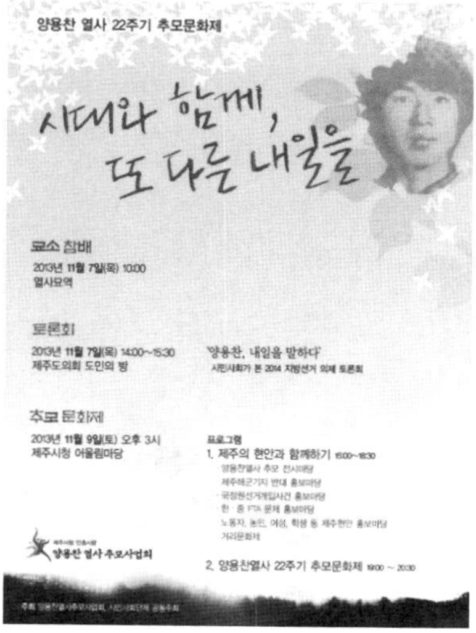

제주 지역에서는 양용찬 열사의 정신을 계승하기 위한 추모사업을 지속적으로 진행해왔다.

* 이 글을 쓴 김평선은 양용찬 열사 추모사업회 사무국장으로 활동 중이다.
1991년 당시 열사의 고향인 남원읍 소재 중학교 학생이었으며 현재 열사를 알리고 열사가 원했던 제주도를 만들기 위해 지역에서 사회단체와 연대사업에 참여하고 있다.

제3부

1991년 열사투쟁에 대한 기억과 소회

1991년 5월 피와 눈물의 시간, 분노와 미안함에 가슴 아렸다

이원영*

계절의 여왕 5월은 신록이 우거지고 온갖 꽃들이 만개하면서 자연은 고운 자태를 뽐내기 시작한다. 그러나 우리가 살아가고 있는 이 땅, 한반도의 역사에서 5월은 필자와 같은 세대들에게는 또 다른 사회적 의미를 갖는 계절이다.

1980년을 대학 입시의 중압감 속에서 보냈던 필자는 1981년 대학에 입학했다. 어렴풋이 소문으로 알고 있었던 1년 전 1980년 광주. 대학 1학년 때 대략적인 광주의 진상을 알게 되면서부터 필자에게 5월은 자연의 계절적 시간이 아니라 역사적, 사회적 시간으로 다가오게 되었다.

이때부터 5월은 늘 투쟁의 시간이었다. 시간이 지나면서 김세진과 조성만, 조정식 등 함께 같은 공간에서 청춘 시절을 보냈던 후배들의 죽음이 5월의 시간에 더해졌다. 그로부터 40년의 세월이 흐른 지금까지도 필

* 이원영 민주화운동기념사업회 상임이사는 1981년 대학에 입학해 학생운동을 시작했고, 졸업 후에는 청년운동에 뛰어들었다. 1991년 5월에는 애국크리스찬청년연합 의장과 전국청년단체대표자협의회(전청대협) 중앙상임위원으로 활동하면서 투쟁에 동참했다.

자에게 5월이란 광주항쟁, 한반도 평화와 같은 주제를 안고 열사들의 삶과 죽음을 되돌아봐야 하는 시간이었다.

민주화의 격랑 속에서 보냈던 청년 시절, 5월은 억압하는 자들에 대한 분노와 앞서간 이들에 대한 미안함, 부채 의식과 죄책감이 뒤섞인 복잡하면서도 가슴 아린 그런 의미를 담은 시간이었다.

- '유서대필 조작사건'과 김기춘, 강신욱, 곽상도

30년 전인 1991년 5월에는 이런 의미를 더욱 각인시켜주는 사건들이 있었다. 명지대 1학년 강경대의 죽음으로 시작된 그해 5월, 박승희, 김기설, 김영균, 윤용하, 김귀정 등 잊을 수 없는 죽음으로 필자 역시 거리에서 피와 눈물로 뒤범벅된 시간을 보냈다.

그런데 그해 5월을 떠올리면 이러한 죽음들과 더불어 한 젊은이의 인생을 송두리째 나락으로 떨어뜨렸던 사건을 잊을 수가 없다. 노태우 정권이 '유서대필사건'이라 이름 붙였던 이 사건은 정권의 필요에 의해 한 청년의 인생이 철저하게 파탄 날 수 있음을 보여주었다.

당시 전국민족민주운동연합(전민련) 사회부장이었던 김기설이 열사들의 죽음에 대한 정권의 책임을 묻고, 민주화의 완성을 요구하며 자신의 몸에 불을 붙이고 투신했다. 노태우 정권은 그 죽음의 배후에 어둠의 세력이 있다고 매도하면서 김기설의 친구이자 전민련의 총무부장이었던 강기훈이 김기설의 유서를 대필하고 자살을 방조했다며 그를 체포, 구속했다. 법원은 목격자 등 직접적인 증거도 없이 국립과학수사연구원의 왜곡된 필적 감정 결과를 바탕으로 강기훈에게 자살방조 및 국가보안법 위반으로 징역 3년에 자격정지 1년 6월을 선고했다.

그러나 이 사건은 16년 뒤인 2007년, '진실 화해를 위한 과거사 정리위원회'가 진실규명 결정과 국가의 사과와 재심 등의 조치를 권고하면서 진실이 조금씩 드러났다. 2012년 대법원에서 재심이 개시되었으며, 사건 발생 24년 만인 2015년 5월 14일, 강기훈은 무죄가 확정되었다.

무죄가 확정되던 즈음에 한 언론과의 인터뷰에서 "좀 미안하다고 한마디 정도 해주면 안 되나 하는 그런 개인적인 바람이 늘 있다"라고 소회를 털어놓았던 강기훈은 젊음을 온전히 빼앗겼던 그 긴 세월을 버텨낸 후 현재 간암 투병 중에 있다.

사건 당시 노태우 정권의 법무부 장관이었던 김기춘은 이후 승승장구하여 15~17대 국회의원에 이어 박근혜 정권에서 대통령 비서실장을 지냈다. 또 이 사건의 총지휘 부장검사이자 대검찰청 강력부장이었던 강신욱은 이후 대법관을 지냈으며, 2007년 박근혜 대선 캠프에서 법률지원 특보단장을 역임했다. 수사검사였던 곽상도[171]는 박근혜 정권의 청와대 민정수석을 지낸 후 대한법률구조공단 이사장에 이어 최근까지 국민의힘 소속의 재선 국회의원으로 있다가 탈당했다.

171) 곽상도 의원이 2016년 총선에서 새누리당 후보로 입후보했을 때 대구 시민단체들이 강기훈 유서대필사건 당시 영장발부검사로 곽상도 후보를 지목하고, 국회의원 후보직 사퇴를 요구했다. 이에 대해 곽상도 후보 선거대책본부에서는 "검사 시절 수많은 수사관 중 1명으로 당시 사건에 참여했을 뿐 주임검사도 아니었다"라고 해명했다. 곽상도 의원 역시 사건 당시 선배 검사의 요청으로 저녁 식사 시간에 피의자였던 강기훈을 지켰을 뿐이라고 했다. 그렇지만 2014년, 유서대필사건의 재심 공판 최후진술에서 강기훈 씨는 1991년 당시 책임 있는 사람 중 한 사람으로 곽상도를 언급한 바 있으며, 2015년 대법원에서 무죄 확정판결을 보도한 연합뉴스 기사에서도 수사팀의 일원으로 곽상도 검사를 언급했다.

그러나 이제까지 어느 누구도 강기훈에게 사과한 사람은 없었다.

- 검찰과 언론, 그리고 가짜 뉴스

'유서대필 조작사건'은 우리 사회가 지금까지 겪고 있는 정치적 갈등에서 나타나는 문제점들을 근본적으로 압축하여 보여준 사건이라 할 수 있다.

먼저 검찰의 문제이다. 검찰은 이 사건에서 정권의 지시에 따라 사건을 기획하고, 수사했고, 결과를 발표했다. 강기훈이 유서대필을 하지 않았다는 수많은 증거는 검찰에 의해 무시되었고, 오직 검찰이 사실이라고 믿는, 아니 검찰의 기획에 따라 사실이 되어야 하는 것만을 모아 강기훈을 희대의 범죄자로 몰아갔다.

이러한 행태는 지금도 되풀이되고 있다. 검찰은 자기 조직의 보위와 이해관계가 걸려 있으면 필요에 따라 사건을 기획하고, 수사하고, 그 결과를 발표한다. 이때 검찰의 주장을 반박하는 수많은 증거는 무시된다.

당시 언론 역시 심각한 문제를 보였다. '유서대필 조작사건'에서 언론은 정권과 검찰의 발표를 받아쓰기만을 했다. 그 결과 정권에 민주화를 요구했던 1991년 5월의 정국은 '자살을 방조하는 어둠의 세력이 존재한다'라는 프레임으로 전환되었다.

언론은 선정적 보도를 통해 대중들의 관심을 호도했다. 이는 실체적 진실을 파헤치는 것이 아니라 받아쓰기를 통해 지엽말단적인 문제를 선정적으로 보도하면서 상업적 목표(구독률, 시청률 등)에 집중해 오직 속보 경쟁, 단독 경쟁만을 일삼는 현재 언론의 행태로 이어지고 있다.

1991년 5월에서 나타난 문제점 중에서 특별하게 지적해야 할 점은 가짜 뉴스 문제다. 당시 "죽음을 선동하는 어둠의 세력이 있다"라고 한 박홍 신부의 인터뷰는 지금 표현으로 하자면 전형적인 '가짜 뉴스'였다. 특히 박홍 신부는 어둠의 세력이 북한과도 연계되어 있다는 식으로 발언하였다. 그의 말은 상식을 가진 사람이라면 믿을 수 없는 터무니없는 발언이었으며, 어느 것 하나 사실로 드러난 게 없었다.

그런데도 그는 발언에 대한 책임을 진 바가 없었다. 자신의 터무니없는 발언으로 상처받은 사람들에게 사과조차 한 적이 없었다. 인터뷰 당시 그는 서강대학교 총장이었다. 즉 가짜 뉴스가 장삼이사들의 사적인 자리에서 유포된 것이 아니라, 대학교 총장이라는 공적 지위에 있는 사람에 의해 인터뷰라는 공적인 방식으로 생산, 유포된 것이었다.

오늘날 가짜 뉴스는 정보기술의 발전으로 더욱 그럴듯한 내용과 방식으로 기승을 부리고 있다. 심지어 박홍 신부의 경우처럼 공적 지위에 있는 사람들도 가짜 뉴스를 양산하고 있으면서 전혀 그 결과에 책임지지 않고 있다.

- 586 세대와는 달랐던 1991년 세대의 트라우마

당시 국민은 강경대의 죽음에 분노했지만, 박홍 신부의 발언과 '유서대필 조작사건'에 대한 언론의 받아쓰기 이후 빠르게 식어갔다. 특히 6월 3일, 총리에 내정된 정원식 교수가 대학원 강의를 위해 외국어대학교를 방문했을 때, 대학생들이 항의의 표시로 계란과 밀가루를 던지는 사건이 터지면서 1991년 5월투쟁은 국민으로부터 고립되기 시작했다.

이로 인해 1991년 5월투쟁은 많은 사람에게 트라우마로 남아 있다. 1991년 5월투쟁은 민주주의의 승리로 기억되지 않는다. 아니 패배로 기억되고 있다는 것이 정확한 표현일 것이다.

386(현재의 586) 세대들은 1987년 6월항쟁을 통해 민주화 투쟁을 승리로 이끌었다는 기억을 간직하고 있다. 그러나 6월항쟁에서 불과 4년이 흐른 뒤에 있었던 1991년 5월투쟁은 수많은 열사들의 죽음에도 불구하고 당시 피와 눈물로 거리를 메웠던 세대들에게 트라우마로 남아 있다.

우리의 역사에서 1991년 5월투쟁은 아직 민주화 투쟁의 기록으로 공인되고 있지 못하기에 그 트라우마는 더욱 클 수밖에 없을 것이다. 당시까지도 활발했던 학생운동은 1990년대 중반 이후 그 세력이 급격하게 축소되었다.

특히 1997년 금융위기 이후 한국 사회 내에 신자유주의적 구조조정이 전면화되면서 정치적 민주화운동은 전체적으로 축소되어 갔다. 이러한 현실에서 5월투쟁의 주역이던 세대들은 선배 세대인 386 세대처럼 사회 정치적 의미를 부여받는 세대로 성장하기 어려웠다. 이러한 전개 과정이 이들의 트라우마를 더욱 내재화시켰을 것이다.

- 트라우마, 민주주의 실현 통해 집단적으로 극복해야

민주화 과정에서의 트라우마는 비단 1991년 5월 세대에게 국한된 것은 아니었다. 1970년대의 유신 세대들이나, 1980년대의 386 세대들에게도 비록 그 양상과 정도의 차이는 있겠지만 트라우마가 있을 것이다. 즉 민주화운동 과정에서 트라우마는 모든 세대가 겪는 문제였다. 이러한 트라우마는 개인적 차원에서도 극복되어야 하겠지만, 결국 민주주의의 실현을 통해 집단적으로 극복되어야 할 문제이다.

2016년, 박근혜 정권을 몰아내는 계기가 된 촛불 집회를 통해 우리는 새로운 방식의 민주화 투쟁을 보았다. 거리에는 평화로운 거대한 공론장이 형성되었다. 시민들은 직접 자신들의 다양한 이야기를 풀어냈고, 이를 통해 시민 스스로 민주주의 발전을 위한 의제를 설정했다. 그리고 시민들의 손으로 민주주의의 후퇴를 막아내고, 민주공화국의 주인이 시민이라는 것을 직접 확인하는 민주주의 승리의 역사적 경험을 할 수 있었다.

1991년 5월로부터 30년의 세월이 흐르는 동안 우리 사회는 변화를 거듭했다. 그에 따라 정치·경제·사회적 의제들도 변화해왔다. 이제는 1991년 5월투쟁 세대를 포함하여 과거 민주화 세대들이 이러한 새로운 의제에 적응하고 청년세대와 더불어 그 해결 방안을 모색할 수 있어야 한다. 위에서 지적한 검찰 문제, 언론 문제, 그리고 가짜 뉴스 문제 등도 더 많은 사람들, 특히 청년세대와 공감할 수 있는가를 기준으로 해결 방안을 다시 한번 살펴볼 필요가 있다.

우리가 청년 시절이었던 민주화 투쟁의 시대에 기성세대였던 산업화 세대는 '경제발전을 위해 민주주의를 잠정적으로 유보할 수 있다'거나 '너희가 6.25를 겪어봤냐'는 레드 콤플렉스 논리로 청년세대를 가르치려 했다. 이러한 논리에 대해 당시 청년이었던 우리 세대는 공감할 수 없었다. 그저 같은 사회 속에서 다른 이야기를 하는 기성세대로 치부했을 뿐이었다. 마찬가지로 현재 기성세대가 된 민주화운동 세대 역시 우리의 현재 모습을 청년세대가 어떻게 바라보고 있는지 직시해야 할 것이다.

- 우리가 옳다는 확신 버려야

과거 민주화운동에 대한 성찰을 통해 지난 30여 년의 시간을 돌아보면서 무엇이 어떻게 변화했는지 살펴보아야 한다. 지금의 청년세대는 마치 우리가 청년 시절에 기성세대와 전혀 다른 고민을 했던 것처럼 현재의 기성세대인 우리와 사뭇 다른 고민을 하고 있으며, 현실에 대한 진단과 처방 역시 우리와 다른 점이 많다. 왜 우리와 많은 면에서 다르게 되었는지 알아야 할 것이다.

청년세대와의 소통을 위해서는 '우리가 옳다'는 생각을 바꾸어야 한다. '우리가 옳다'는 생각, 그래서 민주주의에 대한 우리의 가치 기준이 옳다는 확신은 결국 그 확신을 가르치고 강요하려는 태도로 나타날 수밖에 없다.

지금은 나와 생각이 다른 사람들, 특히 청년세대들은 왜 다르게 생각하는지 듣고, 우리의 생각을 조금씩 수정할 수 있는 여유가 있어야 한다. 이럴 수 있을 때 비로소 과거 민주화운동 세대와 청년세대의 소통이 시작될 수 있을 것이다.

지금 청년세대의 이야기를 듣는 것이야말로 1991년 5월, 청년이었던 열사들의 뜻을 지금 청년세대들과 이어주는 길이 될 수 있다. 트라우마의 진정한 극복은 이러한 소통을 통해 우리가 옳다고 생각해왔던 민주주의의 가치를 변화된 현실에 맞게 실현하여 내일의 민주주의를 열어갈 때 비로소 가능할 것이다.

1987년 항쟁은 1991년 5월에 끝났다

홍기빈*

1991년 4월 끝 무렵 명지대학교 학생 강경대 씨가 시위 중 경찰폭력으로 사망하였다. 5월에도 여러 시민이 목숨을 끊으며 완전한 민주화를 요구하는 대열이 계속되었고, 수십만을 헤아리는 시위대가 서울 한복판을 행진하는 나날이 계속되었다. 그랬던 민주화운동의 열기는 6월이 되자 거짓말처럼 사라지고, 1987년 개정 헌법이 만든 6공화국 체제가 본격적으로 시작된다. 2021년의 대한민국은 그 6월에 배태되었다. 지금의 상태를 87년으로부터 이어지는 일종의 '영구혁명'으로 이해해서는 안 된다. 87년 운동의 급진적인 조류는 91년 5월의 투쟁에서 좌절하였고, 그 이상은 그 순간에 결정화(結晶化)되어 지금까지 내려오고 있다. 87년은 91년 5월에 끝났으며, 지금의 현실은 그 단절 위에서 생겨난 '92년 체제'라고 할 수 있다.

* 홍기빈은 정치경제학자로 현재 칼폴라니사회경제연구소(KPIA) 연구위원장과 글로벌정치경제연구소 소장을 맡고 있다.

- 1987년 민주항쟁의 두 가지 흐름 : 반독재 민주화와 자주민주통일

대중운동으로서의 87년 항쟁은 직선제 개헌을 통한 권위주의 정권의 종식을 요구했다고 할 수 있다. 하지만 그 항쟁을 준비했던 당시의 '민족민주운동' 세력은 이보다 훨씬 더 크고 급진적인 사회변혁을 꿈꾸었다. 전두환 군부독재의 타도나 직선제 개헌을 넘어 '민족모순'과 '계급모순'을 지양하여 '자주 민주 통일'이 실현되는 사회를 이상으로 삼았던 것이다. 이것이 당시 '운동권'의 합의였다.

대중운동에서의 구호는 호헌철폐와 직선제 쟁취로 모이는 이른바 '민주화'였다. 하지만 주지하듯이 한국의 '재야' 운동과 학생운동은 80년 광주 이후 새로운 이념과 운동론의 유입으로 급격하게 급진화된 상태였기에, 단순한 직선제와 형식적 민주주의의 보장이 아닌, 계급모순과 민족모순의 근본적 해결을 위한 급진적인 사회변혁이 필요하다는 이념이 지배적인 상태였다. 즉 '자주 민주 통일'이라는 소박하고 대중적인 언어로 표현되지만, 민족민주혁명(NDR) 혹은 민족해방민중민주주의혁명(NLPDR) 등의 근본적인 사회변혁을 통하여 현재의 사회구조를 변혁할 것을 요구하였다.

당면한 호헌철폐와 직선제 쟁취라는 구호를 어떻게 볼 것인가에 대해 급진파와 대중정치파가 그 이용방식에 대해서 견해 차이가 나오기는 했어도 (이른바 CA-NL의 논쟁, '파쇼하의 개헌반대, 혁명으로 제헌의회' 등의 구호), 그러한 대중적 요구에서 보다 근본적 급진적 요구로 이어지는 과정이 하나로 이어지는 연속혁명(permanent revolution)이라는 인식은 차이가 없었다.

87년 직선제가 쟁취되고 88년 여소야대 국면이 만들어진 상황에서 87

년 운동은 이제 노동운동과 통일운동 등으로 발전하면서 급진적인 방향으로 나아가고 있었다.

- 1988년 이후의 정치 상황 : 제도정치와 대중투쟁의 혼재

하지만 1987년 6월이 지나자 시민들은 운동 상층과 지도부의 '변절'과 '무능력'에 계속 좌절해야 했다. 그해 12월의 대통령선거는 김대중, 김영삼 두 정치인의 분열로 결국 '죽 쑤어서 개 주는' 결과를 낳고 말았다. 1990년에는 김영삼세력이 수구세력과 합친 '3당 합당'으로 민주자유당이 태동했다. 그럼에도 전민련 등의 재야운동 지도부나 전대협 등의 학생운동 지도부는 이러한 상황을 뚫고 나갈 전략과 전술을 제시하지 못했다. NL(민족해방)이니, PD(민중민주)니 하는 정파적 논리로 싸우고 심지어 제도정치권의 눈치까지 보면서 무능력을 한껏 과시하였다. 이를 최대한 활용한 당시 지배세력은 통치 주도권에 대한 자신감을 회복하였고, 1991년부터 당시 노재봉 총리의 '공안통치'가 시작되었다. 이후 학생운동과 노동운동에 대한 가혹한 국가폭력이 쏟아졌고, 강경대 씨가 목숨을 잃은 등록금투쟁 같은 학내 시위가 벌어지게 됐다.

이는 제도정치와 대중투쟁의 혼재라는 1988~91년의 독특한 상황을 배경으로 이해해야 한다. 의회 내에서의 (민주자유당 합당 이전까지의) 불안정한 상태는 물론 노동운동, 학생운동, 통일운동의 급격한 발전으로 사회의 정치는 제도정치와 장외의 대중투쟁이 긴밀히 서로 연결되고 또 서로에게 영향을 주는 방식으로 전개되고 있었다. 전대협, 전노협 등의 투쟁은 제도정치에 영향을 주었고, 또 제도정치 내에서 김대중, 김영삼 등의 행보는 전민련 등의 노선에 영향을 주었다.

- 제도정치의 분리와 지도부의 무능력 및 형해화

하지만 시간이 지나면서 그 주도권은 점차 제도정치로 넘어가게 되었고, 특히 민주자유당 합당 이후에는 더욱더 그러하게 되었다. 그 중요한 이유로 앞에서 이야기한 운동 지도부의 무능력과 혼란을 지적하지 않을 수 없다. 이에 87년 항쟁 이후 무엇보다 광주학살 책임자를 처벌하고 수구·반동 세력을 척결한 뒤 급진적인 민주화가 이루어지길 갈망하던 '운동권' 학생들과 활동가들은 그 좌절감이 극에 달하였다. 강경대 씨의 죽음은 하나의 기폭제가 되었다. 자신의 목숨이라도 던져서 이 답보 상태를 뚫고 나가야 한다고 생각한 이들이 한두 명이 아니었다. 스스로 목숨을 끊는 이들의 좌절감은 많은 이들에게 전파되었고, 그것이 엄청난 규모의 시위대로 나타나 1991년 5월 한 달 서울 시내를 꽉 메우게 되었다.

하지만 운동 지도부나 정치권의 무능력과 무관심은 여전했다. 사회운동 지도부는 '정권 타도'라는 무책임한 구호만 남발할 뿐, 대중투쟁의 동력을 당시 현실에 유효하게 정치·사회 개혁의 동력으로 이끌어내는 능력을 전혀 보여주지 못했다. 온통 뒤집혔으나 그 난리통 세상이 답보 상태를 보이자 사회 전체의 피로감과 반감이 누적되고, 시위대 또한 체력적으로 고갈된다.

5월 말이 되자 본격적으로 반동이 시작된다. 정원식 총리가 외국어대에서 밀가루를 뒤집어쓴 사건이 터졌고, 강기훈 씨 유서대필 조작이 시작되었으며, 김지하·박홍 등이 마이크를 쥐게 된다. 6월로 다가온 광역단체장 지방선거에 정신이 팔린 야당들은 상황 수습을 원했고, 운동 지도부는 또 무능력했다. 6월 20일 치러진 지방선거는 민자당의 승리로 끝났다. 그러자 세상은 무섭게 평안하고 틀 잡힌 사회로 돌아간다. 그 꽃다운 청년들의 죽음이 과연 벌어지기나 했을까 싶도록. 그리고 다음 해 대통령선거에서는 김영삼 민자당 후보가 당선된다.

- 6공화국의 위기와 1991년 5월투쟁의 의의

30년 전 일을 차분히 복기하는 이유는 제발 거짓말들 그만했으면 하는 바람 때문이다. 당시의 운동권 지도부 인물들은 아무 일도 없었다는 듯 제도정치인들로 '변절'하여 지금까지 '민주화 세력'을 자칭하고 있다. 그리고 2021년 오늘도 마치 1987년에 못다 이룬 '민주 대 반민주' 구도가 진행되고 있는 듯 외치고 있다. 천만의 말씀이다.

여러 요소들이 있지만, 가장 대표적으로 1991년 당시 운동 지도부의 인적 구성이 대거 제도정치로 편입되어 들어갔음을 주목해야 한다. 전민련 지도부 인사들은 말할 것도 없고, 전대협과 이후의 한총련의 지도부 인사들도 대거 당시 '보수 야당'이라는 이름으로 부르던 김대중의 민주당 계열 정당으로 들어갔다. 이것이 2021년까지도 이른바 '민주화' 세력이라는 이름으로 불리고 있다. 운동 지도부의 제도정치로의 흡수로 귀결된 것이며, 87년 투쟁의 급진적인 부분은 이에 소멸하고 말았다.

87년의 민주화운동은 91년 5월에 그렇게 끝이 났다. 87년의 이상은 91년 5월 그 아프고 꽃다운 죽음들과 함께 꽃상여를 타고 우리 곁을 떠나갔다. 지금 우리가 사는 세상은 이쪽저쪽 할 것 없이, 너나 할 것 없이 이권과 세력에 눈먼 자들이 30년간 되새김질해 놓은 비루한 6공화국일 뿐이다. 5년으로 단명한 '실패한 혁명', 그 87년의 비명을 다시 5월에 새긴다. 우리의 현실을 이해하고 그 돌파구를 모색하는 데 87년을 또 들고 나오는 이들을 그 비명 앞으로 끌고 가고자 한다. 지금의 6공화국은 87년이 아닌 91년 5월에 시작되었다.

하지만 지금 그 6공화국 체제가 뚜렷하게 한계를 보이고 있다. 거대 양당 체제는 이제 대중적인 조롱과 혐오의 대상이 되었으며, 이른바 '민주화'라는 이념 또한 의문에 처하고 있다. 91년 5월의 이상과 이념은 그 시기적 특징에 분명히 묶여 있는 것이지만, 그 근간을 이루는 사회경제적 구조의 불평등 및 부조리, 그리고 한반도의 삶을 불안하게 만드는 외부적 요소에 대한 주체적 대응이라는 요구만큼은 지금 지구적 불평등과 생태 위기와 지정학적 불안정이 닥쳐오는 한반도에서 큰 적실성을 가지고 있다. 화석으로 결정화되어 버린 91년 5월이 2021년의 상황에서 다시 적극적으로 재해석되어야 할 이유이다. 87년의 적자는 6공화국이 아니라 91년 5월이다.

〈언더커버〉,
그리고 1991년 그해 봄날의 기억

안영민*

드라마 〈언더커버〉를 봤다. 이제 막 출범한 공수처에 맞선 국정원, 검찰의 저항이라는 스토리 라인 안에는 30년 전의 이야기가 자리 잡고 있었다. 시위를 하던 한 대학생이 경찰의 폭력진압 과정에서 숨진 뒤 시위가 들불처럼 번져가던 1991년, 국정원과 검찰은 분신한 학생의 선배를 살인 혐의로 구속시켰고, 재판부는 무기징역을 선고한다.

장면들이 익숙했다. 1991년의 대규모 시위, 그리고 노태우 정권의 폭압에 분신으로 저항한 열사들, 이에 유서 대필을 조작해 시위대의 도덕성에 타격을 가했던 국정원과 검찰……. 잊고 있었던 30년 전 이야기를 끄집어낸 〈언더커버〉의 작가와 피디가 무척 고마웠다.

한때 '응사'(응답하라 1994)니, '응팔'(응답하라 1988)이니 하면서 추억 드라마가 큰 인기를 얻었다. 그때 '응답하라 1991'도 한번 하면 좋겠다 싶다가도 이내 고개를 저었다. 그해 봄날의 기억을 다시 떠올릴 자신이 없

* 안영민은 1991년 경북대 총학생회장으로 활동했고, 1991년 열사투쟁 30주년 기념사업회 집행위원장과 (사)평화의길 사무처장을 맡고 있다.

었기 때문이다.

- 그해 5월, 봄날을 수놓은 열사들의 죽음

1991년 5월은 단지 '슬픔' '분노'라는 단어로는 다 담아내지 못할 것이다. 젊은 청춘들이 공권력의 폭력에 스러지고 부서지던 날, 최후의 저항수단으로 자신의 몸을 불살랐던 열사들. 강경대, 박승희, 김영균, 천세용, 박창수, 김기설, 윤용하, 이정순, 김철수, 정상순, 김귀정…….

강경대 열사는 백골단 쇠파이프에 맞아 숨졌고, 김귀정 열사는 백골단의 토끼몰이식 진압과정에 숨졌다. 살인정권을 규탄하며 분신한 박승희, 김영균, 천세용 열사는 이제 갓 스물을 넘긴 대학생이었다. 그런 학생들의 죽음을 헛되이 만들지 말자며 분신한 이정순, 윤용하, 정상순 열사는 아무도 주목하지 않았던 평범한 서민 노동자들이었다. 김철수 열사는 고등학생이었고, 김기설 열사는 재야단체 전민련의 사회부장이었으며, 구치소에서 수감 중 치료차 나온 병원에서 의문의 시신으로 발견된 박창수 열사는 한진중공업 노조위원장이었다.

그때 열사들이 자기 몸을 불살라가며 외치고자 했던 것은 민주주의의 회복이었다. 1987년 6월항쟁으로 대통령 직선제가 이루어졌지만, 그해 12월 대통령선거에서 당선된 건 전두환의 후계자 노태우였다. 김영삼, 김대중 두 야당 후보의 분열로 얻은 군부독재의 승리였다.

하지만 국민은 이듬해 1988년 4월 국회의원 총선에서 여당인 민정당보다 야당 후보들을 더 많이 당선시켰다. 여소야대 정국이 시작된 것이다.

정국의 주도권은 야권으로 넘어갔고, 재야단체와 대학생들은 '양심수 석방', '전두환 이순자 구속'을 외치며 강력히 투쟁했다.

정권이 수세에 몰리던 상황에서 뜻밖의 조치가 벌어졌다. 1990년 1월 노태우, 김영삼, 김종필이 만나 3당 합당을 선언한 것이다. 여당인 민주정의당과 야당인 김영삼의 통일민주당, 김종필의 신민주공화당이 합당하는 것을 매스컴에서는 '구국의 결단'이라고 칭송했다. 마침내 1990년 5월 민주자유당이 창당됐고, 거대 여당의 독주가 시작됐다.

저들은 공공연하게 내각제 개헌을 말하며 공안통치 속에 일당독재 체제를 갖춰 나갔다. 그런 순간에 강경대 열사의 죽음을 계기로 다시 대학생들이 투쟁의 깃발을 올린 것이다. 그것이 바로 1991년 5월투쟁이었다.

연이은 분신 투쟁에 노태우 정권은 당황했다. 정권을 구하기 위해 나선 건 한때 민주화 인사로 존경받던 김지하 시인과 박홍 신부였다. 김지하는 "죽음의 굿판을 당장 걷어치워라" "환상을 갖고 누굴 선동하려 하나"며 국민들을 선동했다. 박홍은 "죽음의 블랙리스트가 있다" "죽음을 선동하는 어둠의 세력이 있다"고 목청을 높였다. 그러자 기다렸다는 듯이 정권은 김기설 열사의 유서를 누군가 대필해줬다며 언론에 흘리더니 김기설 열사의 동료인 전민련 총무부장 강기훈 씨를 유서대필 자살방조 혐의로 구속했다.

여기에 또 다른 사건이 터졌다. 이른바 정원식 밀가루 사건이다. 강경파 노재봉 총리가 물러나고 총리에 새로 임명된 정원식 교수가 6월 3일 외국어대에 강의하러 갔다가 분노한 외국어대 학생들에게 밀가루와 달걀 세례를 받은 사건이었다. 언론에서는 학생들을 패륜아로 몰아갔다. 학생회와 재야단체의 간부들에게 일제히 수배 조치가 떨어지고, 이 과정을 거치면서 투쟁 동력도 급격히 꺾일 수밖에 없었다.

- 1991년 투쟁은 성공한 투쟁인가, 실패한 투쟁인가

1991년 투쟁은 1987년 6월항쟁과 여러모로 대비된다. 직선제 개헌이라는 구체적인 성과물을 쟁취해낸 6월항쟁은 이제 4·19와 5·18의 뒤를 이은 민주화의 상징이 되었다. 하지만 1991년 투쟁은 6월항쟁처럼 주목받지 못하고 소진되어 왔다.

과연 1991년 투쟁은 성공한 투쟁인가, 실패한 투쟁인가. 그토록 많은 사람이 목숨을 던졌지만 6월항쟁 때처럼 가시화된 성과를 얻지 못하고 끝났으니 실패한 투쟁이라고 할까. 하지만 역사에서 민중의 투쟁을 어찌 현상의 결과만 놓고 성패를 따질 수 있을까. 갑오년 동학혁명 때도 전봉준 장군은 처형당하고 무수한 농민군의 주검만 남았지만 농민군이 내세운 반외세, 반봉건의 시대정신은 20세기를 관통하는 역사가 되었다. 4·19와 5·18도 시간이 흘러서야 민주화의 상징으로 부활했다.

1991년 투쟁도 마찬가지다. 6월항쟁의 결실인 대통령 직선제를 내각제로 바꾸려 했던 민자당의 반동적 음모에 맞서 싸운 투쟁이며, 결과적으로 내각제를 저지했던 투쟁이었다. 또한 6월항쟁의 성과로 노동조합, 농민회, 학생회, 청년회 등 각계각층 대중조직의 결성이 활발했는데, 이들은 1991년 투쟁을 거치면서 '민주주의민족통일전국연합'이라는 해방 이후 최대 규모의 연합조직을 만들었다.

이와 달리 대규모 거리투쟁 방식의 한계와 민주주의 내용의 확장성에 주목한 이들도 있었다. 1993년 창립한 환경운동연합과 1994년 창립한 참여연대는 1991년 투쟁에 대한 성찰을 통해 시민운동이라는 새로운 대안을 모색한 결과라고 할 수 있다.

제도권 정치에서 민주화의 문제를 풀려는 사람들도 나왔다. 이들은 1992년 총선과 대선 때 야당에 입당하거나 독자 정당을 만드는 방식으로 직접 정치에 뛰어들었다. 이 역시 재야운동은 정치와 거리를 두어야 한다는 기존의 인식에서 탈피해 새로운 모색을 시도한 것이다.

이처럼 전국연합으로 대표되는 전선운동과 다양한 영역과 주제로 성장 발전한 시민운동, 재야 입당파라는 이름으로 시작한 제도권 정치 속에는 1991년 투쟁의 경험과 성찰이 함께 담겨 있다. 이러한 경험과 성찰이 모여 새로운 2000년대 촛불투쟁의 씨앗이 된 것이다.

- 제대로 기억하고, 올바로 기록하는 일

지난 2021년 2월, 1991년 열사들의 추모사업회와 1991년 학생회를 이끌었던 5기 전대협과 '경대 친구 91학번' 모임이 중심이 돼 '1991년 열사투쟁 30주년 기념사업회'를 결성했다.

1991년 열사투쟁 30주년 기념사업회 집행위원장으로서 그동안 많은 '1991년 세대'를 만났다. 1991년 학생회, 전대협 5기의 학생운동에 참여했던 이들의 30년 후 오늘 모습은 지극히 평범하다. 이제 50대로 접어든 나이다. 과, 단대, 동아리, 교지, 학보사 등 당시 학생운동의 다양한 영역처럼 참 다양한 곳에서 다양한 모습으로 살아간다. 공통점이 있다면 결혼하고 아이 키우며 경제활동 하는 속에서도 사회문제에 대한 관심을 놓지 않고 정치적인 활동에도 꾸준히 참여해 왔다는 점이다.

이들이 기억하는 1991년은 어떤 모습일까. 여러 복합적인 감상이 겹치기에 딱 하나로 규정하기는 쉽지 않았다. 하지만 한 가지 공통의 감정은 '미안함'이다. 열사들이 그렇게 세상을 떠났는데, 나는 그동안 뭘 하고 살았나 싶은 회한과, 먹고사는 문제에, 애 키우는 문제에 빠져 있다 보니 그때를 잊고 산 건 아닌가 싶은 미안함이다. 거기에 덧붙여 여전히 '좋은 세상'에 대한 기대와 그런 세상을 만들어야 한다는 책무도 깔려 있다.

올해 30주년 기념사업의 핵심은 1991년 투쟁을 제대로 기억하고, 올바로 기록하는 일이다. 얼마 전 한 일간지의 논설위원(그도 1991년 세대였다)은 1991년 투쟁을 마이너리티의 죽음이라는 글귀와 함께 '참담한 패배의 기억'으로 표현했다. 패배와 좌절, 분노와 슬픔, 아픔과 상처 등 그동안 1991년 투쟁을 짓누르고 있었던 것은 회색 빛깔의 우울함이었다. 당시의 우리로서는 감당하기 힘들었던 죽음이라는 무게가 투영된 시대의 색깔이었다. 한편으로는 그것이 1991년을 제대로 기억하고, 올바로 기록하는 것을 막아서기도 했다.

1991년의 우리는 시대에 충실했다. 그 후로도 우리는 열사들의 죽음에 부끄럽지 않게 살아왔다. 1991년을 참담한 패배로 낙인찍으면 과연 오늘을 무엇으로 설명할 수 있을까. 정권교체도, 남북관계 개선도, 촛불항쟁도 그때의 우리가 변함없이 살아오면서 이룬 민주주의의 성과다. 30주년을 맞아 재조명하고 싶은 것도 바로 이 대목이다.

얼굴 한 번 본 적 없지만 30년 동안 내 곁에 살아 있는 친구

최현진*

경대는 내 친구다. 그런데 나는 단 한 번도 경대의 얼굴을 본 적이 없고, 단 한 번도 이야기를 나눠본 적이 없다. 하지만 내게는 그런 경대가 가장 강렬한 인상을 가진 친구로 다가와 있다.

경대와의 인연은 아마도 1989년이 처음일 것 같다. 1989년! 고등학교 3학년이었던 경대와 나는 학교는 서로 달랐지만 같은 마음을 가지고 있었다. 그해 5월 선생님들이 전교조를 결성했을 때, 당시 고등학생들은 너나 할 것 없이 전교조 선생님들에게 응원을 보냈다. 선생님을 도울 수 있는 일이라면 뭐든지 했다.

* 최현진은 강경대 열사와 같은 91학번들의 모임 '경대 친구 91학번'의 대표를 맡고 있으며 1991년 열사투쟁 30주년 기념사업회 공동집행위원장으로 활동하고 있다.

- 전교조 참교육 세대와 1991년 투쟁

당시 경대는 명동성당에서 농성 중인 선생님들을 응원하러 가기 위해 어머니에게 도시락을 5개나 사달라고 부탁했다고 한다. 왜 그러냐고 묻는 어머니께 경대는 도시락을 못 싸 오는 친구들이 있어서 그런다고 둘러댔다고 한다. 그렇게 경대는 선생님들을 만나러 명동성당을 찾아가는 수고로움을 기쁘게 해냈다.

내가 다니던 학교에는 다행히 전교조에 가입했다고 교단에서 내쫓기는 선생님이 없었다. 당시 전교조 활동을 하던 선생님들은 학창 시절 나의 우상이었다. 나는 전교조 선생님들을 따라다니며 함께 이야기하고, 신촌에서 열리는 전교조 집회에 나가 선생님들을 응원하곤 했다. 이렇게 전교조 1세대인 경대와 나는 서로 있는 곳은 달라도 같은 생각을 품고 같은 뜻이 있었다.

당시 재수는 필수! 삼수는 선택! 이라는 우스갯소리가 나올 만큼 어려웠던 대학 입시에서 경대와 나는 똑같이 필수라는 재수를 선택했다. 재수 시절이 끝나고 대학 입학을 기다리던 때, 미국이 1차 이라크 침공을 시작했다. 당시 이라크 바그다드에서 벌어진 미군의 새벽 공습은 분단된 한반도를 살아가는 경대와 나에게도 매우 잔인한 공포의 시작이었다.

경대는 미국의 이라크 침공을 보면서 미국은 민주주의라는 허울을 쓴 채 자신의 이익을 위해서는 물불을 안 가리는 추악한 모습의 나라라고 말했다. 나 역시 먼저 대학에 간 친구들과 미국의 폭력적 침략에 대해 분노하며 전쟁광 미국에 대한 이야기로 술잔을 기울였다.

그렇게 경대와 나는 대학에 갔고, 드디어 신입생 오리엔테이션을 맞이했다. 경대가 오리엔테이션에서 본 영화 〈파업전야〉! 나 역시 〈파업전야〉를 봤다. 그 영화 속에서 보여주는 노동자의 삶이 바로 우리 민중들의 삶이라는 것을 우리는 똑같이 깨달았다. 경대와 나는 그렇게 아니 어찌 보면 너무도 당연하게 학생운동 속으로 조금씩 들어가게 되었다.

대학 입학과 함께 3월의 뉴스를 통해 들려온 낙동강 페놀방류사건! 경대는 정경유착을 통해 환경을 파괴하는 비인간화된 기업의 영리추구에 대해 비판했다. 나 역시 두산이라는 기업이 자신의 생산품은 없이 해외 프랜차이즈 사업만으로 돈을 벌어온 매판자본이라고 비판하고 있었다.

그리고 경대와 나에게 잔인한 4월이 왔다. 노태우 정권은 학원 자율화라는 미명 하에 천정부지로 등록금을 인상시켰고, 학생들은 학원 자주화의 기치를 들고 노태우 정권과의 한판 싸움을 준비했다.

이 과정에서 경대 학교의 총학생회장이 연행되었고, 경대는 집회에서 직격탄을 맞아 다치기도 했다. 경대의 아버님과 어머님은 경대에게 "대학생들이 데모를 하는 건 필요한데 그래도 너는 앞장서지 말고 뒤에만 있어라"고 신신당부하셨다. 나의 어머니 역시 내게 "대학생들이 데모를 할 수밖에 없지만 너는 앞장서지 말고 뒤에서 조용히 있어라"며 신신당부하셨다.

경대와 나는 아침마다 부모님께 '네'라고 말하고 학교에 갔지만, 우리는 노태우 정권과 맞서 잘못된 사회를 제대로 고쳐야 한다는 똑같은 열정을 가지고 있었다.

- 내각제 개헌이라는 '반동'을 막아낸 투쟁

그렇게 시작한 1991년 봄, 경대는 나를 대신해 광기의 권력이 휘두른 쇠몽둥이에 끝내 쓰러지고 말았다. 그리고 들리는 연이은 분신 소식! 전남대에서 박승희가, 안동대에서 김영균이, 경원대에서 천세용이 쓰러졌다. 노태우 정권은 한진중공업의 박창수 전 노조위원장을 죽음으로 내몰고 그 시신마저 백골단을 동원해 강제로 탈취하는 만행을 저질렀다.

저항은 범국민적인 항쟁으로 번져 나갔다. 국가의 폭력적 만행에 저항하는 시민들의 분노는 높아만 갔다. 살인정권에 대한 시민의 항거가 다시 분신으로 이어졌다. 김기설, 윤용하, 이정순, 김철수, 정상순 열사! 정부의 살인적 폭력은 또다시 성균관대 여학생 김귀정을 시위진압 도중 압사시키는 만행을 되풀이하고야 말았다.

정부는 분노한 민심을 달래기 위해 노재봉 내각의 사퇴를 결정했지만 다른 한편으로는 김기설 열사의 유서를 대필했다는 혐의를 조작해 강기훈 씨를 구속하고, 외국어대 학생들이 정원식 총리 지명자에게 달걀과 밀가루를 투척한 사건을 빌미로 언론을 앞세워 학생운동을 패륜 집단으로 몰아붙였다. 결국 투쟁은 하나둘씩 꺾였다. 우리는 투쟁 구호였던 '타도 노태우'와 '해체 민자당'을 끝내 이뤄내지 못했다.

그 이후 다시 수많은 열사가 삶의 현장에서 생존권 사수를 요구하며 분신으로 투쟁했다. 이진희, 석광수, 김처칠, 권미경, 탁은주, 손석용, 양용찬 열사! 그렇게 우리들의 1991년은 한 해 내내 열사들의 투쟁으로 이어진 날들이었다.

많은 사람이 1991년 투쟁을 '5월'이라는 시간적 제약을 통해서 이야기한다. 눈에 보이는 투쟁의 촉발은 4월 26일 강경대의 죽음에서 비롯되었고, 6월 3일 정원식 밀가루 사건을 계기로 여론이 역전되고, 6월 20일 새로 부활한 전국지방의회 선거에서 민자당이 승리하면서 항쟁의 열기도 꺼졌다고 말한다. 그래서 1991년 항쟁을 '5월'이라는 시간 속에 가두어 버린다. 그러나 1991년 투쟁은 1987년 6월항쟁으로 이뤄낸 정치적 성과물인 대통령 직선제를 내각제로 바꾸려 한 반동적 음모를 막아내기 위한 일련의 과정 속에서 바라봐야 제대로 이해할 수 있다. 그런 점에서 1991년 투쟁은 1997년 대선에서 정권교체를 이루는데 큰 밑거름이 된 투쟁이다.

- 경대 나이의 자식을 둔 부모가 되다

1991년 열사투쟁은 아직 끝나지 않았다. 여전히 현재 진행형으로 남아 있다. 2021년 플랫폼노동자라는 새로운 형태의 노동시장에서 수많은 노동자들이 과로와 안전 불감증으로 죽어가는 현실은 1991년 열사들이 외쳤던 노동해방의 구호가 여전히 유효함을 알려준다. 20세기의 악법 국가보안법은 여전히 살아 있고, 대한민국은 아직도 외세의 눈치를 보며 분단의 벽 앞에서 한 발짝도 나아가지 못하고 있다.

경대를 떠나보내던 아버지의 나이가 되고, 경대만 한 스무 살의 자식을 키우고 있는 1991년 청춘들! 이처럼 1991년은 오늘도 계속된다. 2021년까지도 남아 있는 왜곡된 현실을 타파하고, 민주주의와 노동해방, 자주통일을 실현할 때 비로소 우리들의 1991년 열사투쟁도 마무리될 것이다.

10년, 20년, 이제 한 세대를 의미하는 30년이 흘렀다. 지난 30년 동안 경대가 항상 내 옆자리에서 내 삶의 승리자가 되도록 지켜주었듯이 우리 91학번 경대 친구들도 앞으로 영원히 경대와 함께 있을 것임을 약속한다.

미안하다! 사랑한다! 보고 싶다!
경대야!

패배로 기억되건 말건
승리로 나아가자

김준모*

"준모야, 우리에게 열사 친구가 생겼구나. 영균이가 열사가 되어버렸어."

옆에 앉은 친구의 목소리가 꿈결처럼 들려왔습니다. 영균이, 김영균 열사와 한 방에서 함께 자취했던 그 친구에게 대답할 말을 찾지 못하고 있는데 "열사의 뜻 이어받아 노태우 정권 타도하자"는 구호가 밤새도록 우리에게 답을 해주던, 1991년 5월 2일 경북대병원 화상 병동의 밤을 잊지 못합니다.

- "준모야, 우리에게 열사 친구가 생겼구나"

달리기를 멈출 수가 없었습니다. 안동대 사범대 쪽에서 불덩이로 뛰어오던 몸짓이 학생회관 앞 집회 군중에 다다르지 못하고 쓰러져 버린 그

* 김준모는 안동대 김영균 열사의 동기로 김영균열사추모사업회 회원이다.

날 이후, 김영균 열사가 가려던 곳을 향해 달리지 않고는 배길 수 없었습니다. 김영균 열사가 달려가려던 그곳은 20여 년 전 '태일이 형'이 원했던 세상입니다. 그곳은 겨울방학에 공장에서 만난 '재단사 칠석이'가 꿈을 꿀 수 있는 세상입니다. 그곳은 '민중이 깨어나 투쟁하지 않는 한' 갈 수 없는 세상입니다.

그곳으로 가려면 김영균 열사가 온몸으로 불사르려던 온갖 것들을 태워 없애야 합니다. 그곳은 영남의 식수원 낙동강에 공업폐수 독극물 페놀을 쏟아붓는 두산전자 같은 재벌기업, 서민 주거용 공공택지 강남 수서 노른자위 땅을 불법으로 특혜 분양하게 하려고 검은돈 뿌리고 다닌 한보그룹이나 그 돈 받아먹고 챙겨 먹은 노태우 같은 정치인까지 총 망라된 지저분한 인종들. 그 더러운 놈들이 싸질러놓은 온갖 오물을 태워 없애고 가야 하는 세상입니다.

그놈들이 강했는지 우리가 약했는지, 우리가 흩어졌기 때문인지 그놈들이 똘똘 뭉쳤기 때문인지, 거리를 가득 메운 달음박질이 마침내 멈췄습니다. 분신 배후라는 입에 담지도 못할 흉측한 음모에, 음모를 사실로 만드는 조작과 고문 수사에, 분신 배후가 안 통하자 덮어씌운 조직 사건에, 최루탄과 몽둥이 토끼몰이 진압에, 갖은 탄압 속에서 한 달을 넘게 달리던 우리는 멈출 수밖에 없었습니다.

달리기를 멈추니 열사가 된 친구의 모습이 꿈에도 생시에도 보였습니다. 매일매일 친구로 남은 열사에게 미안해했습니다. 조금만 더 눈치가 빨랐더라면 열사가 아닌 친구로 살릴 수도 있었을 거라는 회한이 간장을 지져댔습니다. 매일매일 열사가 된 친구에게 위로를 받았습니다. 너무 멀어 아득한 길에 지칠 때는 열사가 된 친구가 앞서 나가 저 앞에서 손짓하니 힘을 내어 나아갈 수 있었습니다.

회한과 위로도 일상이 되니 무뎌지더군요. 간장을 지지던 아픔도 그저 아릿한 통증으로 견디게 되더군요. 하지만 5월이 가까워져 오면 무뎌졌던 아픔과 그리움이 되살아나기도 합니다. 특히 10년 주기로 무관심했던 세상마저 관심을 갖고 기억해주니 덩달아 감정이 증폭되기도 하더군요. 강경대, 박승희, 김영균, 천세용. 동갑내기 열사들은 스무 살에 나이를 멈추고 서른, 마흔, 오십이 되는 우리는 10주기, 20주기, 30주기로 열사들을 추모합니다.

서른 살, 1991년으로부터 첫 번째 10년이 돌아온 2001년에는 격한 감정을 억누르지 못했습니다. 10년은 담담해지기에는 너무 짧은 세월이었고 10주기라는 상징성은 마음을 흔들어놓기에 충분했습니다. 아직 우리는 길 위에 있었고, 길을 벗어났어도 같은 방향으로 나아갈 거라고 다짐했습니다. 적어도 우리는 5·18 민중항쟁 20주기 전야제를 하고 나서 룸살롱에 모여 회포를 푸는 따위의 짓거리는 상상할 수도 없었습니다.

노점을 하면 기초생활수급자에서 탈락하고 수급비만으로는 생활할 수 없었던 중증장애인 최옥란 열사가 목숨을 던졌다는 소식과 함께 2001년은 저물고, 2002년 월드컵의 해에 중학생이던 효순이와 미선이가 미군 장갑차에 깔려 죽었습니다. 노무현 대통령 탄핵 소추에 반대하는 촛불이 광장을 메웠고, 평택 대추리 사람들을 쫓아내고 만드는 미군기지에 반대하던 우리는 방패로 찍히고 곤봉으로 두들겨 맞아야 했습니다.

농민들이 경찰에게 맞아 죽어도 밀어붙이는 신자유주의 세계화 속에서 가난한 이들은 나락으로 몰리고 부자는 더욱 부유해지는 나라가 되었습니다. 용산 참사의 지옥도 위에 쌍용자동차 노동자들의 죽음이 줄을 잇는 가운데 우리는 두 번째 20년, 2011년을 맞았습니다.

마흔 살, 1991년으로부터 두 번째 10년이 돌아온 2011년에는 '재조명'

이라는 단어가 많이 들렸습니다. 91년 5월 열사들을 기리는 추모단체들이 주관한 '91년 5월 대투쟁 20주년 심포지엄'의 부제는 '5월 대투쟁의 재조명과 우리의 과제' 였습니다.

- 2021년, 과연 무엇으로 '승리'를 말할 수 있나?

다시 또 10년이 흘렀습니다. 1991년으로부터 30년이 흘러, 나이를 오십이나 먹은 올해에는 '1991년 열사투쟁 30주년 기념사업회'가 꾸려져 "패배와 좌절로 기억되는 1991년 열사투쟁을 온전하게 평가하고, 1991년의 열사투쟁이 민주화운동의 역사에서 어떠한 역할을 했는지 온전하게 복원"하는 사업을 추진한다고 합니다. 이번에도 10년 전처럼 '패배와 좌절'로 기억되는 세간의 평가를 온전하게 '재조명'하려나 봅니다.

뭐가 그리 어려워서 20년 동안이나 재조명해도 온전한 평가와 복원을 하지 못했을까요? 무엇이 그리 절실하여 30년이 지난 다음에도 그때를 붙잡고 평가하려는 걸까요? 흔히 91년 5월은 '패배', '실패한 투쟁', '트라우마'와 같은 단어들이 따라옵니다. 그에 비해 87년 6월은 '승리'로 기억된다고들 합니다.

1987년 6월의 함성에서 대통령 직선제 하나만 집어내어 '6.10 민주항쟁 기념일'로 국가 차원에서 기념하는 것이 자랑스러운 일인지 잘 모르겠습니다. 87년 7, 8, 9월 노동자대투쟁은 빼고, 전두환과 함께 군사 반란의 수괴였던 노태우를 권좌에 앉힌 것까지 '민주화'로 기념하는 '승리'라면 승리가 오히려 치욕일 수 있습니다.

'맷값 폭행'으로 이름난 재벌그룹이 독극물 가습기 살균제를 팔아먹고도 여전히 부귀영화를 누리는, 여야 막론하고 정치인들과 LH 직원들이 집값을 천정부지로 올려놔도 내심 그 판에 끼지 못한 것이 억울할 뿐인, '송파 세 모녀'가 'OO 부자', 'XX 일가족'으로 반복되고, '구의역 김 군'이 '김용균'들로 무수히 복제되는 세상, 이런 세상을 만들어놓고 감히 승리라니요!

7년이 지나도록 거리에서 싸우는 '세월호' 유족들 앞에서 '승리'를 운운하는 건 단식하는 이들 앞에서 치킨을 뜯어대던 '일베'들이나 할 법한 언사입니다. 30년 전의 페놀방류와 수서 비리가 가습기 살균제와 광명, 시흥 땅 투기로 반복되는 것이 패배입니다. 30년 동안 반복되어온 무엇 무엇들, 사람을 죽이고 세상을 죽이는 죽음의 행렬에 익숙해지다 못해 그 대열에 끼어 부스러기라도 얻어먹으려고 안달 난 것이 패배입니다. 30년 전이 패배로 기억되건 말건, 지금 우리가 30년 전 열사들이 내달리던 방향으로 나아가야 '승리'를 꿈꿀 수 있습니다.

1991년 투쟁과 전교조 세대 “여기, 고등학생도 있습니다”

송영우*

퇴근하며 현관문을 열었는데 신발장 바로 앞에 책가방과 신발주머니가 어지럽게 널브러져 있다. 문을 열자마자 마구 던져놓고 어디론가 나가버린 모양이다. 종종 내 잔소리의 대상이지만 자식이 곁에 있다는 사랑스러운 흔적이기도 해 그냥 웃고 만다. 중3인 큰애의 중간고사가 끝났다. 친구들과 어울려 놀러 간 아이는 어두워지도록 돌아오지 않았다.

- 하나의 대오로 투쟁에 참여한 고교생들

그해 봄날, 나도 중간고사를 치르고 있었다. 영진고등학교 3학년생인 나는 하교하자마자 책가방을 팽개치고 집을 나섰다. 때로는 집에도 안 가

* 송영우는 1991년 당시 대구 영진고 학생회장으로 고등학생들과 함께 투쟁에 참여했고, 현재 진보당 대구시당 사무처장으로 활동하고 있다.

고 무거운 책가방을 그대로 둘러맨 채 동인동 경북대 의과대학 앞마당으로 달려갔다. 혼자는 아니었다. 학교 민주화를 위해 비밀 소모임을 하던 친구들이 있었다. 모임을 함께 하던 2학년 후배들도 같이 그 캠퍼스 마당에 섰다.

햇살이 뜨거워지던 5월이었다. 나흘씩이나 시험을 치르던 중간고사 기간 내내 우리는 점심 무렵부터 쏟아지는 최루탄을 피해 짱돌을 던졌다. 그렇다고 대학생 형들을 따라다닌 것만은 아니었다. 당시 고등학생운동은 하나의 대오를 조직적으로 이룰 만큼 성장했고 정치적 주체로서 이 항쟁에 기여하고자 했다. 우리 학교만이 아니라 적어도 열다섯 개 이상의 고등학교 학생들이 삼삼오오 짝을 이뤄 치열하게 싸워나갔다.

출정식이 열리던 동인동 캠퍼스였다. 군사독재정권 치하였으니 야당도 이 투쟁에 합류하고 있었다. 그러나 무대에 선 야당의 연사는 연설을 채 마무리하지 못했다. '보수 야당 물러가라'라는 구호가 여기저기서 터져 나왔기 때문이다. 울분을 토하며 야당도 함께 하겠다고 외쳤으나 그걸 듣는 둥 마는 둥 대오는 재빠르게 공평네거리 방면으로 진출했다. 혈기 넘치는 고등학생 대오도 맨 앞에서 싸우기를 자청했다.

노태우 정권 말기였던 1991년 5월. 최루탄 총과 곤봉을 든 전투경찰의 무리는 인정사정이 없었다. 최루탄 연기로 가득 찬 거리에서 가쁜 숨을 몰아쉬던 행인이 쓰러지든 말든, 토끼몰이에 걸려 두들겨 맞은 시위 참가자가 피를 흘리든 말든 또 어디론가 주체할 할 수 없는 살기(殺氣)를 띤 채 사라졌다. 그러나 우리는 무력하지 않았다. 경찰의 정보원보다 한발 앞서 신출귀몰했고, 시민의 박수 세례를 받으며 도심을 휘저었다.

시위는 해 질 무렵에나 끝났다. 매캐한 거리에서 누군가가 동료의 목마를 타고 올라와 내일의 투쟁을 기약하자는 연설을 했다. 당시 경북대 총학생회장이었던 안영민 선배였다. 때로는 경북대 야외공연장에서 정리 집회를 할 때가 있었는데 사회자가 수고하셨다며 참가 대학들을 호명할 때 우리는 일제히 소리쳤다. “여기, 고등학생 대오도 있습니다.”

- 1989년, 전교조 세대가 되다

1989년 나는 고등학생이 되었다. 그리고 5월, 학원과 사회를 강타한 전교조 결성 사건을 겪으며 혼란스러운 시대의 한가운데 서게 된다. 처음에는 이러한 사회 갈등을 외면했다. 시문학동인회 동아리에 들어간 친구가 박노해의 〈노동의 새벽〉을 권했을 때 괜스레 김동리의 단편집 〈무녀도〉를 집어 들었고, ‘노래를 찾는 사람들’의 노래 테이프를 샀다며 〈솔아 솔아 푸르른 솔아〉를 흥얼거릴 때 일부러 ‘소지로’의 〈대황하〉를 들었다.

그러나 언제까지고 이 시대를 외면할 수는 없었다. 좋아하던 선생님들이 하나둘씩 해직의 위기에 몰렸기 때문이다. 인근 학교에서는 전교조 탈퇴서를 쓰지 않았다는 이유로 다수 교사가 잘려나갔다. 그리하여 ‘선생님 지키기 투쟁’이 시작되었다. 6월이 되자 교실보다 운동장에 나갈 일이 점차 많아졌다. 이제 나도, ‘우리’가 되었다. 그렇게 우리는 전교조 세대가 되었다.

이후 우리는 ‘선생님 지키기 투쟁’을 넘어 ‘학교 민주화 투쟁’의 주체로 성장해 나간다. 학년별 비밀소모임이 만들어졌고 학생회장 직선제 쟁취를 목표로 학생 자치권을 인정받기 위한 활동을 치열하게 벌여나갔다. 영진고등학교의 ‘10월 18일’의 거사는 이런 과정을 통해 만들어진 것이다.

점심시간을 알리는 종이 울리자마자 누군가가 부르는 약속된 호각소리에 맞춰 학생 1300여 명이 일제히 운동장으로 몰려나왔다. '참교육을 실현하라', '학생자치권을 보장하라' 외치며 스크럼을 짰고 〈아침이슬〉을 부르고 연좌를 했다. 조용하게 학력고사를 준비하던 학교가 발칵 뒤집혔다. 담임 선생님은 학생회장으로 시위를 주도한 나에게 퇴학시킨다고 으름장을 놓았다.

당시 투쟁을 지휘한답시고 처음으로 일주일을 가출해 경북대 사범대 학생회실에 머물렀는데 사실 몹시도 힘겨웠다. 우리의 투쟁이 어떻게 끝날지 아무도 장담할 수 없었기 때문이다. 그런 어느 날 누군가가 하얀 봉투를 전달해왔다. 어떤 고등학교의 비밀소모임에서 모아준 투쟁기금이었다.

마음이 짠했다. 한두 학교가 아니었다. 투쟁기금 봉투는 매일 밤 전해져왔다. 경상고, 성광고, 대구공고, 영신고, 성화여고, 신라여고, 경명여고, 경화여고, 경덕여고, 제일여상, 대구고, 협성고, 혜화여고, 경원고, 송현여고, 덕원고…. 하얀 봉투에 적힌 학교 이름을 보며 다시 힘을 낼 수밖에 없었다. 두렵고 힘겨운 마음을 이겨낸 것이다.

그렇게 우리는 물러서지 않았고 보름여가 지난 어느 날 마침내 승리했다. 학생회장 입후보 자격인 성적 제한은 극소수 상위에서 대폭 완화되었고, 의견 수렴 기구에 불과했던 학생회의 의결권은 부분적으로 강화되었다. 그리고 시위를 주도했다는 혐의로 나와 함께 동료 3명이 받은 무기정학은 철회되었다.

- 1989년과 1991년, 그리고…

그때 투쟁기금을 모아준 대구의 고등학생들이 곧 1991년 5월투쟁의 한 축이었다. '선생님 지키기 투쟁'에서 처음 만난 우리는 민주적인 학생회 활동을 탄압하는 학교 당국에 항의하며 투신한 고 김수경 열사(1990년 당시 경화여고 3학년)의 죽음에 분노하면서 더욱 결집했고, '새벗청소년도서원'과 '열린교실'을 통해 하나가 열을, 열이 백을 만드는 조직 활동을 이어갔다. 그런 우리에게 그해 5월의 항쟁은 새로운 사회로 나아가는 단련의 학교였으며 연대의 가치관을 심어준 용광로였던 것이다.

매일 같이 들려오던 열사의 분신 소식에 우리는 눈물을 머금고 거리로 달려나갔다. 같은 고등학생이었던 고 김철수 열사(1991년 당시 전남 보성고 3학년)의 분신 소식까지 들리던 때였다. 승리할 것인가 말 것인가를 고민할 새도 없었다. 긴장되는 마음으로 집에도 안 가고 가방을 둘러맨 채 거리에 섰던 나에게, 우리에게 5월은 그저 민주주의, 그 자체였다. 민주주의의 함성이 데우는 그 뜨거운 열기의 한복판에 있었을 때 우리는 가장 인간적이었다.

2021년이다. 벌써 40대의 마지막이다. 누구는 죽음의 굿판이라 저주했고 또 누구는 실패한 투쟁이라 비평한다고 해도, 나 하나가 역사가 되고 그 역사가 너의 삶이 되어 함께 더 나은 내일을 열어나가자는 그날들의 뜨거웠던 약속만큼은 살아 있다고 믿는다.

30년 전 몰려오는 독재정권의 군홧발을 피해 손 꼭 잡고 거리를 누볐던 많은 고등학생 동료들이 여전히 우리 사회 일선에 땀 흘리며 활약하고 있다. 서 있는 곳은 달라도 따뜻한 인간의 사회를 열기 위한 연대의 끈을 놓치지 않으려는 사람들이다. 그리하여 1991년 5월투쟁은 여전히 우리의 가슴 속에 살아 있다고 믿는다. 비록 변하지 않은 오늘의 고통 앞에 때로 절망할지라도, 우리는 그 약속을 잊지 않았다.